考古遗产研究

ARCHAEOLOGICAL HERITAGE STUDIES

————中国考古学会考古遗产专业委员会 编————

第一辑　NO.1

科学出版社
北　京

内 容 简 介

本书以考古遗址、遗址博物馆、考古出土文物等考古遗产为研究对象，围绕考古遗产的保护、利用、管理、运营、展示、活化等研究领域，收录相关学术研究成果，分为"理论研究""实践探索""科技保护""活化利用"四个专题，其中包括大遗址保护、遗址博物馆理论研究与实践探索等成果，为考古遗产保护、遗址博物馆发展等提供了参考资料。

本书适合考古、文化遗产、遗址保护、遗址博物馆等方面的专家学者、在校师生及爱好者阅读参考

图书在版编目（CIP）数据

考古遗产研究.第1辑／中国考古学会考古遗产专业委员会编.--北京：科学出版社，2024.6.-- ISBN 978-7-03-078929-7

Ⅰ. K870.4

中国国家版本馆CIP数据核字第2024MS0969号

责任编辑：张睿洋／责任校对：张亚丹
责任印制：张　伟／书籍设计：北京美光设计制版有限公司

科 学 出 版 社 出版
北京东黄城根北街16号
邮政编码：100717
http://www.sciencep.com
北京汇瑞嘉合文化发展有限公司 印刷
科学出版社发行　各地新华书店经销
*
2024年6月第 一 版　开本：889×1194　1/16
2024年6月第一次印刷　印张：12
字数：350 000

定价：188.00元
（如有印装质量问题，我社负责调换）

理论研究

实践探索

主　编：孙英民

执行主编：顾万发

副 主编：胡继忠

编　辑：

戴建增　王双双　冯晓濛

科技保护

活化利用

在中国考古学会考古遗产专业委员会成立暨
考古遗产保护利用研讨会上的致辞

王 巍

中国社会科学院学部委员、历史学部主任、研究员

中国考古学会理事长

尊敬的刘曙光理事长、孙英民会长、各位领导、各位专家：

大家上午好！

首先，我谨代表中国考古学会向中国考古学会考古遗产专业委员会的成立表示热烈祝贺！向所有参会的来宾致以诚挚的问候！

考古遗产包括田野考古发掘所获取的所有遗址、遗迹、遗物等物质遗产，同时也包括由此而建立的遗址类博物馆、考古遗址公园等，是文化遗产的核心组成部分。考古遗产承载着丰富的历史信息和文化基因，是我国百万年人类史、一万年文化史、五千多年文明史的重要实证，在活化文化遗产、延伸历史轴线、增强历史可信度、丰富历史内涵等方面发挥了关键作用，具有不可再生性和不可替代性。考古遗产系统反映了中华文明起源和发展的历史脉络，展示了中华文明的灿烂成就，彰显了中华文明对世界文明进步事业做出的重大贡献。保护和利用好考古遗产，对于传承弘扬中华优秀传统文化、增强中华民族自豪感和凝聚力，具有十分重要的意义。

中国考古学会考古遗产专业委员会于 2021 年 12 月 30 日经中国考古学会第七届理事会第七次常务理事会议批准成立。专业委员会由考古遗产保护管理研究专业人员组成，致力于考古遗址、考古遗址公园、考古遗址博物馆的管理和运营研究，提升考古遗产保护管理水平，服务于考古学研究和文化遗产展示利用，促进考古与文旅产业深度融合。

党的十八大以来，以习近平同志为核心的党中央高度重视文物考古工作，对于考古遗产保护利用提出了一系列重要指示批示。2022 年 5 月 27 日，习近平总书记在主持中央政治局第三十九次集体学习时强调，"文物和文化遗产承载着中华民族的基因和血脉，是不可再生、不可替代的中华优秀文明资源。要让更多文物和文化遗产活起来，营造传承中华文明的浓厚社会氛围。要积极推进文物保护利用和文化遗产保护传承，挖掘文物和文化遗产的多重价值，传播更多承载中华文化、中国精神的价值符号和文化产品"[1]。"要同步做好我国'古代文明理论'和中华文明探源工程研究成果的宣传、推广、转化工作，加强对出土文物和遗址的研究阐释和展示传播，提升中华文明影响力和感召力"[2]。习近平总书记在党的二十大报告中还提出，"加大文物和文化遗产保护力度，加强城乡建设中历史文化保护传承"[3]。习近平总书记站在历史和时代的高度，深入剖析了考古遗产的重要历史意义和现实意义，为考古遗产保护利用工作迈向深层次发展指明了重要的

前进方向，为推动全党全社会增强历史自觉、坚定文化自信提供了重要的理论指引。

今天我们在这里隆重集会，召开中国考古学会考古遗产专业委员会成立暨考古遗产保护利用研讨会，围绕考古遗产的活化利用、考古遗产资源化、新视野下的考古遗产保护等议题开展研讨和交流，深化考古遗产理论探索，相互借鉴考古遗产管理经验，就是贯彻落实习近平总书记"9·28""5·27"重要讲话精神、致仰韶文化和中国现代考古学诞生 100 周年贺信精神和党的二十大精神的重要实践。

考古工作是展示和构建中华民族历史、中华文明瑰宝的重要工作，认识历史离不开考古学。一百多年来，经过几代考古工作者筚路蓝缕、不懈努力，取得了丰富的历史考古资料和理论研究成果，为展示和构建中华民族历史、中华文明瑰宝做出了重要贡献。广大考古工作者长年奋斗在田野一线，最为了解考古遗产的丰富内涵和重要价值，他们不应缺位考古遗产的保护和利用工作，特别是在遗址博物馆和考古遗址公园建设中，考古工作者应当发挥核心作用。

当下，考古遗产在国内仍是一个新兴的研究领域，我们对这一领域的认识还是初步的和阶段性的，还有许多重要的学术问题有待进一步解答。要坚持以习近平总书记关于考古工作和文化遗产保护工作的重要论述为最高纲领，不断深化考古遗产保护利用的理论探索和技术创新，进一步厘清田野考古在考古遗产保护利用过程中的核心定位与关键作用，推动建立完善我国考古遗产保护利用学科体系、学术体系、话语体系。

同时，广大考古工作者应该联合各地政府同步做好考古成果的宣传、推广、转化工作，促进考古资源向社会公共文化资源转变，使考古成果真正惠及社会公众。加快推进考古遗址博物馆和考古遗址公园规划建设，在对考古遗址进行严格保护的基础上，建设一批规划合理、策展精良、管理完善的中国特色考古遗址博物馆和考古遗址公园，实证中华文明起源发展脉络，充分发挥其在提供公共文化服务、满足人民美好生活需求中的积极作用，营造传承中华文明的浓厚社会氛围。积极推动重要考古遗址申报世界文化遗产，展现中华文明的悠久历史和人文底蕴，提升中华文明的影响力和话语权。

保护好、传承好、利用好我国考古遗产，就是对历史负责、对人民负责。希望今后中国考古学会考古遗产专业委员会能够整合全国各地从事考古遗产保护、管理、研究的力量，充分发挥考古学发掘、整理、研究的优势，积极开展学术交流活动，为从事考古遗产保护管理及相关领域研究的专家学者搭建学术合作平台，促进考古遗产保护、利用和管理水平提升，推动考古遗产的有效展示利用。同时，中国考古学会考古遗产专业委员会也应与其他专业委员会加强沟通，促进学术交流互鉴，共同为建设中国特色、中国风格、中国气派的考古学作出积极贡献！

预祝本次研讨会取得圆满成功，谢谢！

注释

[1]　习近平：《加强文化遗产保护传承 弘扬中华优秀传统文化》，《求是》2024 年第 8 期。

[2]　习近平：《把中国文明历史研究引向深入 增强历史自觉坚定文化自信》，《求是》2022 年第 14 期。

[3]　习近平：《高举中国特色社会主义伟大旗帜 为全面建设社会主义现代化国家而团结奋斗——在中国共产党第二十次全国代表大会上的报告》，新华社 2022 年 10 月 25 日。

考古遗产保护利用与遗址博物馆建设

刘曙光

中国博物馆协会理事长、《中国博物馆》主编、研究馆员

中国考古学会新近成立考古遗产专业委员会，致力于考古遗址、考古遗址公园、考古遗址博物馆的管理和运营研究，提升考古遗产保护管理水平。这在考古学界和博物馆界，都是一件值得关注的大事，折射出新时代考古和博物馆事业发展的新阶段。

虽然国际古迹遗址理事会早在 1990 年就通过了《考古遗产保护与管理宪章》，明确"考古遗产是根据考古方法提供主要资料实物遗产部分，它包括人类生存的各种遗存，是由与人类活动各种表现有关的地点、被遗弃的结构、各种各样的遗迹（包括地下和水下的遗址）以及与上述有关的各种可移动的文化资料所组成"[1]。但由于诸多原因，这一宪章无论在我国的考古界、遗产保护界和博物馆界的影响力都不大，虽然我们已经开展了一些与"考古遗产"研究、保护、利用有关的实践。

从博物馆界的角度来看，我认为考古遗址博物馆是考古遗产研究、保护、利用的主流，占据着重要的位置，决定着考古遗产相关工作的质量。

考古遗址博物馆是什么？它们的独特作用和魅力是什么？中国的考古遗址博物馆走过了怎样的道路、有哪些特色？观众在这些博物馆里能看到、体验到什么？在保护、传承——弘扬考古遗产方面，遗址博物馆能发挥什么样的作用？

对于考古遗址博物馆，应该明确一个立足于实际工作的大概念，而不是拘泥于词句和所谓义理的小概念。据此，可以把考古遗址博物馆定义为保护、研究、展示"考古遗产"的专题博物馆，同时也是文化景观、自然环境、考古遗迹和博物馆有机结合的场域空间。

国内外经常有专业人士把考古遗址博物馆与"遗址博物馆"混称，后者是泛指那些建造在古遗址、古墓葬、古建筑、近现代旧址甚至自然遗迹上的博物馆。英文中有"site museum"和"archaeological site museum"两种名称，都是与考古遗址现场博物馆相对应的，都强调"遗址"的考古学概念，专指以博物馆方式经营现场，保存、展示考古遗址的博物馆。由中国博物馆协会编印的《中国考古遗址博物馆》认为，考古遗址博物馆就是那些依托考古遗址或者在考古遗址原地兴建的专题博物馆，它们是以遗址保护为前提，以遗址价值展示为目的，对文化和自然遗址本体及（或）其出土（附属）的可移动文物进行保护、收藏、研究和展示[2]。从博物馆建筑上来说，

包括了为保护遗迹、遗物而建造的覆盖物和收藏、展示陈列文物的展厅建筑。从展示范围和内容来说，考古遗址博物馆不仅仅局限于馆舍之内的陈列，遗迹本体的展示也是重要内容。总之，考古遗址博物馆必须与遗址紧密相关，它的主要功能就是为保护遗址、遗迹，从而与那些以展示可移动文物为主的历史类博物馆区别开来。

考古遗址博物馆首先是公众考古与应用考古的问题，是考古研究和历史研究的问题。例如，洛阳的二里头夏都遗址博物馆，定位为全国大遗址保护、展示和利用的示范区，中国早期国家形成和发展研究展示中心，"夏商周断代工程"和"中华文明探源工程"研究、展示基地。该馆的基本陈列由著名考古学家李伯谦先生和王巍先生负责，由知名夏商考古学家孙庆伟教授执笔，展品主要以二里头遗址出土文物为主，辅以全国各地反映夏代历史和夏文化的出土文物。展览还对百年来夏文化探索历程进行全面总结，着重介绍了顾颉刚、徐旭生、夏鼐、赵芝荃、邹衡、安金槐六位著名古史学家、考古学家的生平事迹及对夏文化研究探索的重要贡献。同时，对"夏商周断代工程"和"中华文明探源工程"两大国家工程做了概述。这样的展览，与馆外的遗址及遗迹展示相呼应，做到了见文物，也见人物；见学术，也见保护；见河南，也见全国；见中国，也见世界。该展在 2020 年荣获全国博物馆十大陈列展览精品，可谓实至名归。

考古遗址博物馆是经济发展、社会进步和学科成长的直接反映。如同考古学是舶来品一样，考古遗址博物馆也首先产生在西方，伴随着考古学者在田野发掘中保护、展示考古遗迹、遗物的实践而兴起。

从博物馆自身发展历程来看，在考古学产生之前，无论是私人藏家还是公共博物馆，都是基于珍稀性对藏品进行价值判断，而在考古学发展、成熟之后，博物馆逐渐将具有考古学意义的普通物品纳入自己的藏品体系。这也是考古遗址博物馆产生的驱动力之一。

19 世纪初期，欧洲出现了专门的遗址保护与展示建筑（遗址博物馆的雏形）；1956 年，联合国教科文组织第九届大会通过的《关于适用于考古发掘的国际原则的建议》提出"在重要的考古遗址上应建立具有教育性质的小型展览或博物馆，以向参观者宣传考古遗存的意义"；其后，联合国教科文组织在《关于保护景观和遗址的风貌与特性的建议》中再次提出对景观和遗址"应考虑建立专门博物馆"。1990 年，国际古迹遗址理事会颁布了《考古遗产保护与管理宪章》，认为向民众展示考古遗产是促进了解现代社会起源和发展至关重要的方法，需要政府当局、学术研究人员、公私企业以及一般民众的合作 [3]。

在中国，最早的具有考古遗址博物馆意味的，是 1951 年由竺可桢院士倡议、1953 年 9 月正式对外开放的北京周口店"中国猿人陈列室"；1958 年在半坡遗址发掘现场开放的西安半坡博物馆，被普遍认为是我国第一座真正意义上的考古遗址博物馆。最早提出建馆之议的，是在半坡遗址进行考古实习的北京大学的学生们，这就让人产生一个有趣的猜想：他们究竟是从周口店的陈列室中获取了灵感？还是从国外案例中受到的启发？

从某种意义来说，我国考古遗址博物馆建设的真正起步，是 1976 年 9 月秦始皇帝陵博物院兵马俑一号坑展厅的修建。这座 1979 年国庆节正式对公众开放的博物馆，以前所未有的边发掘边展出的方式而大获成功，成为我国考古遗址博物馆发展历程的重要转折点。一方面，随着改革开放以经济建设为中心的深入，配合基建工程的考古发掘量激增，新的考古发现和重要考古成果大量涌现，建立考古遗址博物馆的机会大大增加。另一方面，国家对考古工作投入的人力、物力和财力支持不断增多，各地纷纷恢复或成立考古科研机构，中国考古学的学科体系建设得到极大提升。2005 年始，国家将大遗址作为"中华民族文明发展史最具代表性的综合物证和弥足珍贵的文化遗产"设专项保护，在推动建设考古遗址公园的同时，也明确要"建成一批特色鲜明、具有较高展示水平的遗址博物馆"。于是，新的建设热潮如期而至。

在考古遗址公园建设、成长的过程中，我们能真切地看到党和国家领导人对文物考古工作的重视和关怀，以及文化遗产事业的发展、进步。例如，良渚遗址区曾经"炮声隆隆如战场"，深陷采石破坏的危局之中，靠时任浙江省委书记习近平同志的干预才转危为安。2016 年，习近平总书记在关于良渚遗址给四位考古学家的回信中指出："要加强古代遗址的有效保护，有重点地进行系统考古发掘，不断加深对中华文明悠久历史和宝贵价值的认识。"[4] 使得良渚遗址保护利用驶入快车道，最终成为世界文化遗产。

在考古遗址博物馆里还可以看到充满想象力的设计和科技的力量。例如，汉阳陵博物馆的地下展示厅内，一道中空镀膜电加热玻璃幕墙和通道，将文物和游客分隔在两个截然不同的温湿度环境中，在最大限度科学保护文物遗存的前提下，使游客在充满神秘感的环境中近距离、多角度欣赏大量的文物遗存。在重庆的涪陵，观众乘坐 100 多米长的电梯直达长江水下 40 米，透过窗口观看有 1200 多年历史的白鹤梁题刻，这处极其珍稀的人文和水文遗产，是当年修建三峡大坝工程时文物保护中难度最大、科技含量最高的项目，采用中国工程院院士葛修润提出的"无压容器"方案，在白鹤梁上修筑一个罩子，里面注满清洁的长江水，使罩体内外的水压基本保持一致。博物馆建筑如同一个潜水艇，保护了白鹤梁题刻。这座博物馆，被联合国教科文组织誉为"全球首座非潜水可到达的水下遗址博物馆"向全球推广，其想象之大胆、设计理念之科学、施工难度之巨大，至今无与匹敌。

当前我国主要的考古遗址博物馆，大多建在中国古代史特别是古代都城（城市）发展历程上的重要驿站的遗址之上，反映着中国古代文明起源和古代中国的"高光时刻"。它们又大多与国家考古遗址公园建设相伴，以遗址及其背景环境为主体，具有科研、教育、游憩等功能，在考古遗址保护和展示方面具有全国性示范意义；同时，它们还是"夏商周断代工程""中国古代文明探源工程""考古中国"等国家重大科研项目重点关注的对象，甚至像二里头夏都遗址博物馆建设的本身，就是国家重大文化工程；这些考古遗址博物馆往往同时还是世界文化遗产地、全国重点文物保护单位、各级爱国主义教育基地和科普教育基地、各级风景名胜区和旅游景区和各级历史文化名城（村、镇）等，可谓集多种资源优势和政策利好于一身，总体质量比较高，堪称博物馆中的精锐。

考古遗址博物馆的展览展示，研究性、学术性、原状性和在地化特色鲜明，给人提供丰富多样的文化体验。曾几何时，普罗大众对考古学、考古工作、考古成果存在着较多的认知困难：那些支离破碎的考古发现，那些艰涩枯燥的专业说明，都让人看不明白、听不懂、想不通，再加上考古人、博物馆人"讲故事"的训练和能力不够等，以至于在很长一段时间里，不少考古遗址博物馆因为展览的乏善可陈而门可罗雀。

把考古工作搬进博物馆、使考古工地成为展示手段之一，是考古遗址博物馆最引人入胜的地方，其增强历史信度、丰富历史内涵、活化历史场景的功效，远胜其他。例如，秦始皇帝陵博物院对三个秦兵马俑坑采取边发掘、边开放的展示模式，把考古发掘现场变为文化遗存的展示场。一号兵马俑坑已发掘了三分之一，三号兵马俑坑已全部发掘，二号兵马俑坑则正在发掘中。观众在这里能看到兵马俑的原始风貌，如兵马俑出土的原状、俑坑的形制、结构和俑坑倒塌破坏的情况等。有些迹象，只有在考古发掘现场才能看到，如 2000 年前修建兵马俑坑时工人留下的脚印、挖土时留下的工具痕迹、向俑坑内运送陶俑、陶马时留下的车辙印痕，还有后来盗掘者挖的盗洞等。

再如，为让观众对遗址和考古发掘本身产生真实的现场体验感，成都金沙遗址博物馆特设置一条长约 100 米、宽 5 米的弧形步道从遗迹馆中部穿过，使参观者能走进考古现场，与远古遗存零距离接触。期间设置三处高低不同观望平台，以不同视点、多角度近距离来观看遗址。象牙堆积、野猪獠牙及鹿角堆积、古老河道、大型树根遗迹等，各种考古遗迹就在观众眼前，仿佛触手可及。出土文物的大幅照片准确地摆放在其原出土地点，使人们有了更直观的空间感受。一些地方仅露出了象牙的一角，提示观众地层中仍深埋着大量的象牙和各种器物，为观众带来了无尽的期待与想象。

最近十几年来，考古遗址博物馆化展示的方式已成体系。许多博物馆从实际出发，分别对遗迹采取布置标识或原址复建、覆土或覆石、原址建大棚或展厅、重要考古遗迹（地层）搬迁等手段来保护展示，大大提高了遗址的可读性和活力度；在博物馆陈列方面，也更加注意传播语言和叙事方式的创新、展陈结构的调整和观览体验的丰富，从而大大提高了展览的观赏性和感染力。由于考古遗址博物馆的展览展示是布置在田野和室内的，因此就关联到遗址的整体保护，关联到文化景观（自然环境）保护；既与考古调查、发掘、科学研究密切相连，又与遗迹和遗物的保护、修复密切相连。这些以"原物＋原址"为核心的展览展示，具有研究型、复合性、形式多样、难度较大的特点，更具有"真实性＋本土化＋大地景观＋展陈艺术"的非凡魅力。

在其他类型的博物馆里，由于展出的文物脱离其原本的时空背景而成为失去了原生语境的"博物馆物"，需要一个新的语境化阐释或者"博物馆化"的解读，如果处理不好，很容易造成历史信息的扭曲以及文物价值的损失。而考古遗址博物馆布置在"野外"和室内的遗迹、遗物展示，在保持考古发掘现场本体的完整性与真实性、体现遗迹和遗物的"本土性"方面，具有先天优势，帮助观众将遗址及其出土文物联想成一个整体，沉浸于身临其境的真实感之中，更易于唤起观众的本土集体记忆，从热爱家乡的自豪感出发，增强对历史和文化的认知和理解。

可以预期，从"十四五"开始，直到 2035 年，考古遗址博物馆由于处在学科交融的前沿和文化传播的终端，理应在建设与管理、研究与展陈、推广与传播等诸多方面成为排头兵，走在全国博物馆系统繁荣发展的前列，成为中国考古事业和博物馆事业发展的一个重要增长点和价值点。

提高考古遗址博物馆的专业化水平，加强业务能力建设，解决考古遗址博物馆的发展瓶颈问题，是推动考古遗产保护利用和博物馆事业繁荣的关键。毫无疑问，除了一般博物馆管理运营的问题之外，考古遗址博物馆大都面临着文物、遗址和遗迹保护方面的许多难题和压力。实际工作中，我们也能发现它们的专业程度参差不齐，展览展示和宣传教育活动方面的水平和能力建设亟待加强。令人欣喜的是，在建设文化强国的时代背景下，各家考古遗址博物馆正在积极拓展新思路，学习和掌握新方法、新技术，提升展示和宣教能力。例如，2019 年建成开放的南昌汉代海昏侯国遗址博物馆，利用智能体感捕捉、沉浸式裸眼观影剧场、VR 互动、三维打印等各类新手段，实现趣游博物馆。

习近平总书记指出："考古工作是一项重要文化事业，也是一项具有重大社会政治意义的工作。"[5] 要把中国文明历史研究引向深入，推动增强历史自觉坚定文化自信，为考古遗址博物馆的高质量发展提供了新的动力、创造了新的机遇。宏观来看，百年中国考古正在进入以重视考古成果的"博物馆活化"为特征的发展新阶段，考古遗址博物馆作为连接考古学和博物馆的桥梁，要不断增强普及中华文明的行动自觉和考古学科能力，深刻认识中华文明普及教育的重大意义，勇挑讲述中华文明故事的时代重任。

注释

[1] 国际古迹遗址理事会：《考古遗产保护与管理宪章》，《中国长城博物馆》2013 年第 2 期。

[2] 中国博物馆协会：《中国考古遗址博物馆》，江苏：江苏凤凰文艺出版社，2022 年。

[3] 国际古迹遗址理事会：《考古遗产保护与管理宪章》，《中国长城博物馆》2013 年第 2 期。

[4] 2016 年 6 月，习近平总书记给宿白等 4 名考古学家的回信《关于良渚遗址申报世界文化遗产、标示中华五千年文明的建议》。

[5] 习近平：《建设中国特色中国风格中国气派的考古学，更好认识源远流长博大精深的中华文明》，《求是》2020 年第 23 期。

考古遗产保护管理制度的一点思考

柴晓明

中国文化遗产研究院研究馆员、中国古迹遗址保护协会副理事长

考古遗产一般包括考古发掘所得的遗物和遗迹，均可归入《中华人民共和国文物保护法》界定的"可移动文物"和"不可移动文物"范畴。其中不可移动文物主要指各类遗址、墓葬以及相关水下遗迹。1990 年的《洛桑宪章》(《考古遗产保护和管理宪章》) 对考古遗产的定义也大致如此。21 世纪初启动的大遗址保护行动就是对考古遗产开展的专题保护。本文将在对大遗址保护行动简单回顾的基础上，就笔者关于考古遗产特别是以大遗址为代表的大型复杂考古遗产保护利用制度的零星思考做一简要梳理。

在中国近 80 万处各类不可移动文物当中，遗址即考古遗产占了近一半 [1]。其中既有规模巨大的大型遗址，如跨越数省、十数省的长城、大运河及海防遗址，数十上百平方千米的历代都城遗址，也有人类社会发展初期石器时代遗留下来的面积达数十万、甚至上百万平方米的早期聚落遗址，无论是从数量还是跨越时代等各个方面看，考古遗产都是其他类文物远远不可比拟的。因此，说考古遗产构成了中华文明历史遗存的躯干也不为过。考古遗产又是珍贵而特殊的国有资产，具有与所在土地不可分割的特性，使得考古遗产不仅是重要的公共文化资源，也是有形的土地资产。土地资源稀缺与人口密集引发的矛盾在大遗址等考古遗产保护方面极其尖锐，并成为文物工作中最为复杂、最为棘手的问题。

一、大遗址等考古遗产特点与保护困境

从 2005 年设立大遗址保护专项算起，国家组织大规模考古遗产保护专项行动已近二十年，无论是对大遗址等考古遗产的研究、认知还是保护实践，都取得重要进展与举世瞩目的成就。二十年来，不仅基本摸清了大遗址等考古遗产的家底，同时对其特点、保护利用难点、焦点等问题的认识得到了不断深化。

（一）大遗址等考古遗产的特点

考古遗产总体数量大，分布范围广，延续时间长，类型复杂，蕴含历史信息丰富，价值大。第三次全国文物普查数据显示，我国有不可移动文物约 76 万处。其中，遗址类（主体大多埋藏于地下，其地面原有建、构筑物大多无存或残缺不全）不可移动文物也就是考古遗产 33 万多处，约占不可移动文物总量的 45%。可见，我们有接近半数的文物古迹可纳入考古遗产范畴。除港澳台地区以外（未做统计），其他 31 个省、自治区、直辖市均有考古遗产类不可移动文物分布，平均每个省级行政单位拥有 1 万多处，陕西省和四川省各 3 万处以上，河南省、湖北省和河北省各 2 万处以上。"十一五"开始的被纳入大遗址保护行动进行重点保护的 150 处"大遗址"即是从中选择的。据统计，考古遗产是现存从旧石器时代至明代各个历史时期不可移动文物的主体。其中，从旧石器时代到秦汉两晋，遗址类考古遗产几乎是不可移动文物的全部；南北朝、隋唐五代、宋辽金元，80% 以上；到了明代，遗址类等考古遗产也有 60%；到了清代，建筑类占 64%，遗址类仍占 30%。由此可见，大遗址等考古遗产是中国不可移动文物中数量最多的，是反映中国 17 世纪中叶以前历史的主要实物例证。大遗址等考古遗产内涵丰富复杂，同一个遗址往往包含反映当时政治、经济、军事、社会生活、宗教、信仰等各个方面情况的遗存。比如，史前聚落遗址往往包含房屋、窖穴、窑场、墓葬、围墙环壕等遗迹；城市遗址更是有城墙、宫殿、庙宇、衙署、民居、作坊及交通、水利、军事等设施和墓地等遗迹。可以毫不夸张地说大遗址等考古遗产是中国古代文明信息的主要载体，具有很高的历史、科学、研究和应用价值，也是当今中国文物保护工作的主要对象之一。

（二）大遗址等考古遗产保护、展示的难点

大遗址等考古遗产未知成分多，可观赏性差，保护、展示难度大，技术要求高。中国传统建筑材料以土、木质为主，以这些材料建造的建筑物不耐久，易坍塌腐朽，并很快被埋入地下而地面无存，不仅辨识困难，且未知成分多，同时因形态残缺甚至全无，从而不具观赏性，易被忽视、遭受破坏。大遗址等考古遗产文物遗存以土质为主，自身脆弱。特别是考古发掘后露天展示的遗迹，因水分蒸发、盐分聚积、菌类苔藓等生物滋生而龟裂、污染甚至坍塌等情况非常普遍。这些物理的化学的生物的变化都对相关文物保存产生了严重危害。这些病害产生原因复杂，因此对保护技术的需求也相对复杂，要求也比较高。同时，遗址中的文物遗迹大多残缺甚至模糊不清难以辨认，认识其价值并用合适的技术、方法进行保护展示，比在保存相对完整的地上文物古迹（古建筑等）身上做同样的工作要困难得多。发现、找准该遗址的价值所在，采取正确的展示方法，把遗址的价值展现给一般社会公众，并被后者理解、接受也要困难得多。因此，需要更强的研究能力和更好的技术。

（三）大遗址等考古遗产的保护工作涉及面多、协调难度大

大遗址等考古遗产面临的经济、社会背景复杂，与经济社会发展纠缠多、矛盾大；利益相关

者众多且成分复杂、诉求差异大，利益协调难度大。我国基本土地国情是幅员辽阔，但可用、适用的土地资源少。瑷珲—腾冲一线以东约 40% 的国土，集中了全国 90% 以上的人口；快速城镇化导致建设用地爆炸性增长，大遗址所在土地往往是优质农用地或建设用地，与城镇建设、经济建设空间高度重合。这个基本国情决定了众多人口和经济社会快速发展需求与土地资源短缺的矛盾非常突出；也决定了数量众多、面积巨大且地域分布广泛的大遗址作为国土资源面临着比其他类型文物保护更多的来自土地经济的压力与挑战。仅就 150 处大遗址来看，其中 14% 位于城市中心区，66% 位于城市边缘或近郊区，即建设活动最活跃的地区，20% 位于城市远郊区或乡村地区。这些地区建设活动也在快速增长，有的地方甚至超过了城市地区。承载大遗址等考古遗产的土地同时承载着大量人口（意味着要承载大量的经济、生活、娱乐设施），承担着满足人们从基本生存（如粮食生产）到更高的物质文化（高度发达的经济、良好的居住条件和服务娱乐设施、便捷的交通等）需求，大遗址等考古遗产本身并不具备这样的功能，满足这些需求必须进行新的建设，而新的建设在很多情况下都会对大遗址等考古遗产产生不良影响，经济社会发展与大遗址保护的矛盾几乎无法避免。

大遗址等考古遗产所在土地所有权既有国家所有也有集体所有，使用权更是五花八门。大遗址所在区域有城市，也有乡村。区域内相关建筑、设施设备的所有者有国家、各级政府机关、国有和私营企事业单位（工厂、公司、学校、医院、博物馆、影剧院、庙宇等）、居民和农民个人、社会团体等。大约十年以前，笔者调研了 150 处大遗址之一的隋唐洛阳城遗址。47 平方千米遗址区，洛北为城市建成区，居住人口 33 万人，建设用地近 100%；洛南土地 25.81 平方千米，属洛龙区 3 个乡镇的近 30 个村集体所有，居住人口 6 万，农业用地 15 平方千米，其余为乡镇建设用地，有企业 350 家，事业单位 92 家。这些都是利益相关者，成分非常复杂。利益相关者所处位置不同、职责不同，利益诉求差异也很大。中央政府从国家整体利益考虑，保护大遗址的意愿强烈。地方政府因面临经济社会发展和百姓生活等直接压力，有时甚至会影响社会稳定，进而影响政绩，保护大遗址等考古遗产的意愿弱，至少是顾虑重重；工矿企业更关注自己的经济利益能否最大化；居民个人更关心自己的生活条件、环境等能否得到改善。上述诉求有时是矛盾甚至是对立的，协调非常困难。

（四）考古遗产保护历史欠账多，对人力、资金等需求大

数十万处的考古遗产保护需要投入大量人力和物力。近现代以来，中国人主要为解决生存、温饱问题而奋斗，直到今天我们才全面摆脱了绝对贫困，如何解决、确保 14 亿人吃饭，仍是中国政府的长期任务之一。如此，相当长一段时间对文物保护特别是考古遗产的投入肯定还远不能满足需要。近年经费投入大增，意味着考古遗产保护任务量大增，而专业人才、队伍不能满足需要的矛盾凸显。

政府主导的以大遗址保护行动为代表的考古遗产保护成就非凡。推动了社会、各级政府对大遗址等考古遗产保护认知和重视，一批面临毁灭的考古遗产得以生存下来，考古遗产整体生存环境得到改善（社会、自然等），部分重点考古遗产如大遗址保护管理水平大幅提升，并向社会提供

文化、旅游服务，少量大遗址创造了较好的社会和经济效益。同时，考古及考古遗产保护队伍得到加强，能力得以提升。但不可否认，考古遗产保护面临的主要问题仍然存在。一是大遗址等考古遗产保护与建设和城乡发展的矛盾依然尖锐复杂。主要表现在考古遗产保护管理与土地制度没有相互协调，文物保护规划未被真正纳入国土空间规划，土地等不动产登记与文物遗址登录互不相关，信息不共享，建设项目立项开工后遇到考古遗产保护处理起来成本巨大；考古遗产保护与所在地各类机构、居民日常生产生活协调不畅、矛盾不断。机构、居民日常屋舍修建、交通、耕种导致考古遗产损毁，机构、居民生产生活受到文物保护制约，考古遗产范围内城乡社会经济发展落后于其他地区；管理部门缺乏有效协调、监管、控制手段。二是大遗址等考古遗产日常保护管理工作积贫积弱，基础工作不实。许多地方法定"四有"工作制度几乎形同虚设，不能系统性积累相关资料，难以为文物执法、保护和研究提供依据和支撑。三是价值阐释与传播效果不佳。考古及考古遗产保护研究成果共享难、转化缺乏动力。专业机构重保护轻阐释宣传，或者没有精力支撑展示宣传；考古遗产日常管理机构对文物保护、考古研究成果吸纳、消化能力差，展示内容质量不佳、吸引力不强；旅游开发热、公益文化服务冷，考古遗产展示利用过分依赖土地开发等商业运作；考古遗产保护、展示与社区联系不紧密，社会力量参与不活跃，考古遗产保护的社会经济生态文化综合效益发挥不足，缺乏调动社会资源投入考古遗产保护展示的法律保障和综合能力保障等。

上述问题成因复杂，有认识不到位、经费不足、专业人才缺乏等方面原因，但主要还是体制、制度缺陷。最为明显的是文物资源资产管理体制尚未建立，同时土地、经费、机构等方面保障制度脱离考古遗产保护实际，甚至扭曲。

从文物资源管理体制方面看，目前包括考古遗产在内的文物管理仍然以行政手段为主——属地管理、逐级行政审批、政府财政经费补助和行政执法，一直延续新中国成立初期形成的计划经济特色体制，只有数量和主体变化，无实质性体制改革。受到行政体制束缚，文物政令往往不出文物系统，相关各类政策难以协调落实；中央财政无法全方位支持大遗址等重大考古遗产的管护；包括考古遗产在内的文物资源资产运行管理的实体化建设不受重视，大遗址等考古遗产日常运行管理机构机关化、空心化；属地管理导致国家对考古遗产等重大国有资产的权益弱化。这与长期以来对文物是国家重要的资源资产及其产权属性、文物资产管理体制不同于行政体制等的研究、认识不足密切相关。

从文物保护与土地等相关制度配套方面看。首先，在土地制度方面，大遗址等考古遗产的一个最典型特征就是与所在土地相互依附无法分割。在我国土地国家和集体所有制度下，土地所有权和使用权分离，土地使用者往往是单位或个人。这种制度导致大遗址等考古遗产相关权利不明晰甚至虚化。各级文物行政部门和文物管理机构对于土地所有者、使用者如何使用土地没有发言权，而土地所有者或使用者对所属土地的处置也因国家法律限制而举步维艰。密不可分的考古遗产与所在土地有至少两个所有者或使用者，其所有权和使用权的落实也就成了一个长期无法解决的死结。其实，这与长期忽视或者回避文物的资产（产权）属性密切相关。担心承认文物资产属性会导致文物被商品化，甚至鼓励盗窃、盗掘、非法买卖文物，以及各类破坏文物行为爆发、多发。长期回避文物资产属性在制度层面的一个重要结果就是土地与文物保护相关制度互不相关、互为孤岛，甚至相互掣肘、冲突等。前述文物所有权与土地所有权、使用权相分离，信息不共享，文物保护规划不能真正纳入国土空间规划，缺乏法律刚性，建设与城乡发展、日常生产生活等一系列矛盾等问题均与此相关。其次，按现行财政制度，中央和省级财政（文物保护经费主要来源）经费只能用于国保（省保）和部分重要文物本体维修，不能用于国有文物土地征收、权利补偿、日常养护、基础工作（档案建设、信息采集、研究等）和公共文化服务等，使文物保护工作基本是运动式（如三次文物普查）、项目制（维修）的，资源资产寿命周期的日常工作经费保障机制存在重大结构性缺陷，加剧上述大多数问题的产生和积累，并妨碍上述问题解决。再次，就是人的问题，也就是机构人事制度问题。强有力的文物保护专业和日常保护管理机构是解决上述问题的基本保障。然而，目前大遗址等考古遗产运行管理机构与文物资源资产之间的产权关系不明晰，职能和责任模糊。如对大遗址所依附土地，由于遗址管理机构没有相关土地的产权，其对相关土地大多没有任何管理权，对在相关土地上发生的可能危及文物安全的行为难以及时干预、制止。大遗址保护专业技术力量更是集中于国家和省级的科研机构，无权管理、处置文物资源及相关问题。大遗址等考古遗产运行管理机构一般由文物所在市县设立，既缺乏（没有）专业人员，也缺日常管护人员，资金短缺，大部分遗址及野外文物的日常管护形同虚设。这些更是大遗址等考古遗产保护最致命的短板和最大危机。

二、大遗址等考古遗产保护制度探讨

根据《"十四五"文物保护和科技创新规划》，"十四五"时期大遗址保护在实现路径上将呈现以下特征和趋势：一是更加注重考古调查研究，二是更加注重与国土空间规划的协同，三是更加注重科技创新和价值展示阐释。显然，这是针对前一阶段大遗址保护利用工作的短板而提出的。要实现大遗址等考古遗产保护利用的科学化，实现"十四五规划"确定的大遗址保护利用目标，不仅需要在保护技术方面有重大创新、发展，在管理方面进行深入改革也非常关键，这也是本文重点讨论的。

（一）毫不动摇推进文物资产管理体制改革

建立"地随文物走"的文物产权法律制度。以当前正在进行的《文物保护法》修订为契机，对该部法律结构和内容进行彻底修订，加强文物物权相关内容和程序规定，明确文物国家所有权主体、范围、内容等的授权认定和变更转让程序、登记制度等。其中关键是确定每一处大遗址国家所有权的具体主体责任单位，像故宫、敦煌那样，有明确的责任单位、责任人。明确包括考古遗产在内的文物所有权与土地所有权和使用权协调统一，建立"地随文物走"的文物产权法律制度。也就是说，在精准确定大遗址等考古遗产范围的前提下，明确大遗址所在土地的产权与大遗址文物一同由大遗址保护管理的主体责任单位行使。同时，以大遗址为主开展文物产权确权调研、试点，摸索大遗址考古遗产等文物国家所有权主体授权认定和职责落实的具体内容、方式、途径等，为全面落实大遗址等考古遗产保护主体责任积累经验并适时推开。

（二）开展考古遗产文物不动产登记，并与土地管理制度统筹协调

作为文物资产管理体制改革的基础，考古遗产及其所在土地的调查，明确二者准确边界等需要专项展开，并将其调查结果补充进最近一次完成的不可移动文物普查和土地国情基本调查成果中。同时明确，今后的土地国情基本调查要包括大遗址考古遗产等不可移动文物调查，实现文物调查常态化和土地、文物信息共享；明确国家不动产登记，包括考古遗产等不可移动文物，并将其纳入不动产统一登记制度，为建立以产权为基础的业主文物保护责任体系、文物资源资产权利（土地使用权、地役权等）补偿机制、使用权经营权转让机制等奠定基础。需要注意的是，这里所说的业主文物保护责任体系不同于现行各级行政责任体系。目的在于补齐当前大量不可移动文物，特别是考古遗产由所在地政府文物行政主管部门代行业主职责，解决受制于人员编制、经费等无法落实的短板，实现每个大遗址、每处考古遗产、任何一处文物都有具体承担保护职责的责任单位、责任人。责任单位、责任人不仅有责任，也有权利，对登记在自己名下的文物资源资产的相关权利，诸如相关土地使用权、经营权等有依法处置的权力。同时，也可依据国家政策就因保护文物而承担的损失获得补偿等。

（三）建立与资产管理事权配套的考古遗产保护财政保障体系

从本质上讲，考古遗产等文物保护属于文化活动，是事关国家文化安全的一项事业。因此，文物保护所需经费应该由政府、各利益相关者承担，而不是通过各个文物管理机构自身想办法赚钱以筹集资金。当前，依托文物开展旅游是相关地方的一个重要经济增长点。丰富多彩的文物是发展旅游业的重要基础，但绝不能把文物保护与旅游工作混同，即文物保护事业及从业者的主要职责是文物价值、保护理论与技术的研究研发，保护文物本体及其环境安全并阐释相关成果，而不能越俎代庖做旅游的事，甚至不务正业依托文物去赚钱。因此，文物保护事业所需经费必须由政府保障，并提倡社会资金、资本支持。当前最紧要的是完善相关法规和制度，改革中央和省级财政的文物保护专项经费支出结构，保障大遗址等考古遗产文物资源的日常管护、保护修复、公共文化服务等需求，进而常态支持文物保护所需资金，比如大遗址等考古遗产所在土地的所有权征收，经济欠发达地区考古遗产的日常管护所需经费等；还要针对文物保护特点研究设立若干文物保护专项资金，如考古基金、国有文物及附属土地征收基金等，以适应考古遗产类文物保护特殊情况多、年度预算无法应对等特点。

（四）试点建立一批职责明晰、综合性的大遗址日常运行管理机构

实践表明，文物保护特别是大遗址等考古遗产的保护对保护机构的管理能力、学术研究水平、

保护技术的要求都非常高。良渚、敦煌等文物保护做得好，从具体工作层面看主要是其有一个综合实力强的保护管理机构。但从整体看，我国大部分不可移动文物也包括大遗址等考古遗产在内或没有专门的保护管理机构，或虽有机构但机构不具备基本的人员和能力。这是当前文物屡遭破坏，大遗址等考古遗产屡遭不法建设侵蚀，甚至被不法势力盗掘的最主要原因。因此，急需开展文物保护专业机构的实体化改革，即围绕文物资源资产整个寿命周期，至少在大遗址、建筑群、石窟寺等每个大型不可移动文物建立一个管辖范围和产权明晰稳定、具有足够的专业管理、技术人员和经费保障的文物保护日常管理专业机构。这类机构的构造、水平要求可参考故宫博物院、敦煌研究院、良渚遗址管委会等。具体承担综合管理、学术研究和保护修复等，与以考古、文物保护修复研究、文物规划和修复方案设计编制等为自身主要任务的科研院所，诸如中国社会科学院考古研究所、中国文化遗产研究院、各省文物保护考古机构及大学等有明显区别。同时，对于经济社会发展滞后地区包括考古遗产在内的重要文物古迹，可考虑试点将若干重大文物资源资产授权高水平专业科研机构代行国家所有权，形成科研成果共享、转化和落地的体制机制。

（五）大遗址保护纳入国土空间规划

加强顶层设计，建章立制，切实将大遗址保护纳入国土空间规划，确保大遗址保护与经济社会发展相互协调，彻底破解大遗址保护发展难题。国土空间规划是国土空间中经济、社会、文化、环境等政策的综合地理表达。其本质是配置各类空间发展权利，以重建人地关系，维持空间秩序[2]。如前所述，我国是文明古国，文物古迹众多，其中大遗址等考古遗产遍布国土，且面积巨大，仅 150 处大遗址的规划面积就达 17000 平方千米。这里面还不包括长城这一巨型遗址。长城跨越 15 个省级行政区，墙体总长度为 21196.18 千米（其中明长城 8851.8 千米），即便按照资源调查时确定的墙体两侧一千米的调查范围计算，其面积也超过两万平方千米。因此，大遗址等考古遗产保护利用对国土空间规划的影响显然是巨大的。大遗址等考古遗产保护利用规划作为国土空间专项规划，其水平高低、落实如何对我国国土空间的保护利用、经济社会发展有重要影响。当然，国土规划"一张图"对大遗址保护的指导、支持作用也是巨大的，甚至是破解长期以来存在的大遗址保护不能纳入整体国土空间规划，土地制度、政策对大遗址等考古遗产保护支持缺失的一把钥匙。

大遗址等考古遗产保护不仅在于其本体的保护，也应包括其周边自然和人文环境，即大遗址等考古遗产空间的整体保护，这使得考古遗产保护与生态空间、农业空间以及城镇空间不可避免地存在交叉重叠，与周边村落、城镇、城市的发展需求产生矛盾。这就需要国土空间规划背景下大遗址等考古遗产保护和利用在思路上作出转变。第一，要大大加强大遗址等考古遗产整体保护意识并完善保护内容，将考古遗产本体及其自然、历史、人文环境，甚至包括相关的非物质遗产等全要素纳入保护体系。第二，大遗址等考古遗产保护利用不仅要关注考古遗产全要素识别、保护与管理，还要关注各类要素所构成的空间环境管控。大遗址等考古遗产空间是由遗存本体、周边环境以及在此世代生活的人共同构成的自然人文复合系统，其本质是由遗存本体及其所关联的自然和历史环境共同组成的文化空间。因此，国土空间规划中考古遗产空间管控，既要关注遗存本体及其历史环境，也要关注大遗址等考古遗产与遗址区居民的共生关系，以及与区域社会、经济、环境的协同发展。只有这样，才能真正实现大遗址等考古遗产的空间管理。第三，落实大遗址等考古遗产保护范围、建设控制地带等历史文化保护线管控要求，同时特别注意与城镇开发边界、生态保护红线、永久基本农田的管控要求协调对接，并将相关成果统一纳入国土空间基础信息平台，为动态监管具体实施打好基础。第四，是要尽快构建大遗址等考古遗产空间保护利用体系，即要在现有大遗址保护基础上进行体系优化，从而与国土空间规划的分级、分类体系相衔接。至少要分为三个层次：一是在国家层面要在明确大遗址等考古遗产保护利用对象、内涵等的基础上，构建涵盖政策法规、技术标准、示范案例等在内的体现强有力的宏观引领作用管控体系；二是在省级层面要注意加强区域间的协作，将空间管控及相关要求做好上下、左右的传导和衔接；三是在市县层面要注重管控的落地实施，结合"一张图"系统将大遗址等考古遗产保护与活化利用落到实处。

注释

[1]　中国文化遗产研究院：《大遗址保护行动跟踪研究》，北京：文物出版社，2016年。

[2]　刘军民、刘慧慧、薛立尧：《国土空间规划中大遗址空间管控研究》，《城市发展研究》2022年第3期。

体会《考古遗产保护与管理宪章》
——围绕保护做考古

孟宪民

国家文物局

[摘要] 我国是地下文化资源最丰富的国家，国家高度重视考古工作，保管好考古遗产特别是至今沿用的城址。对于考古遗产的保护关键在方法运用，地方志、空中摄影等表面知识能构成措施起点，用于广泛宣传展示和制定计划规划，以促进城乡建设全面发展。考古发掘是双刃剑，要直面一切威胁，先于有关开发项目设计的进行，基建出资不等于配合基建。重建有研究、解释作用，可促进整体抢救及社会进步，应采取适当方式并实行管控；任何标志性和实用性的建构，下桩基都需要考古学家与建筑师充分商讨。

[关键词] 考古遗产 保护措施 考古发掘 考古重建

"我希望大家围绕保护文物来做考古工作。"夏鼐先生在1984年全国考古发掘工作汇报会讲话时这样说，他的文集《敦煌考古漫记》收录了这篇重要讲话[1]，笔者就是由此读到的。他讲到许多历史经验，有郑振铎先生反对发掘帝陵："他是个好大喜功的人，可他反对在那个时候挖明陵。"此话可证，郑先生不是先听取其他专家意见才做的决断，专业水准很高，不愧为我国著作科学考古发掘史的第一人[2]。夏先生最后道："我们祖先遗存下来的文化遗产，我们有责任把它保护下来，传给子孙后代。我们可以做一些研究工作，用这些来宣传爱国主义、历史唯物主义，为建设两个文明服务。"平实而富远见，用为后代保护文化遗产的概念，以"建设两个文明"为目的。彼时文物保护法只提到"精神文明"，2002年修订补"物质文明"在后。先生讲话还提到"各省应当有一个地方性的文物管理系统"。

这类希望也是不少前辈寄托的。李济先生在1934年《中国考古学之过去与将来》一文中，针对盗掘破坏及法令无效，提出"保存及研究"地下古物的"基本认识"，而且认为"并不是以见于国家法令为止，应该成为一种一切公民必须有的基本训练"[3]。李济是第一位在我国主持科学考古发掘的中国人，曾任中央古物保管委员会常委、中央博物院筹备主任。笔者细阅《李济文集》[4]和1943年《古物》[5]得知，他对顶层设计多有系统论述，是学者中罕见的。2000年寄望我们的是宿白教授，在北京召开的"机遇与挑战：文化遗产保护与城市发展"国际大会上，他所做的主旨发言，当年刊于《中国名城》，特加图例后，转年在首期《文物》以《现代城市中古代城址的初步考查》[6]为题发表。文章的最后一句："希望各级领导积极支持、督导考古工作者要更多更快地进行这项工作，如再迟缓，现代的城市正在快速建设时期，很可能有些今天尚存的古代重要文化遗产就被铲平毁废了。"先生的学问确如大海，自不像小溪般喧嚣，但绝非不曾发出呐喊，他已尽考古学一代宗师之责。2018年他去世当天，笔者在一座谈会上向领导建议，将充其量不过几千处的已知古城址都公布为全国重点和省级文物保护单位；当月，发表《心系城市考古与地下遗产的宿白师》，文中引述了他的希望，在《尽保城址论——何以像爱惜生命一样保护好城市历史文化遗产》[7]（生态博物馆公众号）文还提出，老房子都"应保尽保"了，各级领导完全应当发出号召"尽保古城址"。

兑现前辈希望，虽已有法令，但远不是"为止"。以往有些法令，为视野宏阔、学贯中西的前辈所拟，绝非照搬他国，仍很值得参考。如1963年文化部《文物保护单位保护管理暂行办法》，主持制定者、文物局王书庄副局长1951年任职前为科学普及局领导，是物理学家。另一最可参考的"管理系统"是国际古迹遗址理事会1990年发布的《考古遗产保护与管理宪章》（以下称《洛桑宪章》）。笔者参加文物工作后能读到不少国外相关管理法规，大概要拜庄敏先生所赐。他是1952年中央考古训练班即"黄埔一期"学员，12月就调入文物局，当了裴文中先生的班主任助理，1984年任副局长，主持"翻译了一大批国际文博资料"。《洛桑宪章》能陪伴我们工作，要感谢国家文物局法制处，1992年完成了《国际保护文化遗产法律文件选编》，其中《洛桑宪章》于1990年10月通过。

蒙孙英民主任邀稿，笔者立马想到以"考古遗产"为题的《洛桑宪章》，也想到前辈希望，觉得联系两者思索，都能增进理解和重视，所以贡献些这方面的体会。

一、定义考古遗产

"我们的实践创新必须建立在历史发展规律之上，必须行进在历史正确方向之上。"[8] 习近平总书记专题论述考古，把"各级党委（党组）和领导干部应该尽可能多地学习和掌握一些我国历史知识"的重要性，提至空前高度。创新必守正，所以"考古学是一门十分重要的学科"。厘清考古遗产是什么，保管好，当十分重要。

很长的一句，《洛桑宪章》首条"定义与介绍"："考古遗产是根据考古方法提供主要资料实物遗产部分，它包括人类生存的各种遗存，它是由与人类活动各种表现有关的地点、被遗弃的结构、各种各样的遗迹（包括地下和水下的遗址）以及与上述有关的各种可移动的文化资料所组成。"[9] 由此看，考古遗产内含丰富，关键在考古方法运用，这就需要调研。上述总书记指示"做好考古工作和历史研究"的第一项，就是"加强考古资源调查和政策需求调研"。

我国考古的年代下限，是随着实践不断后延的。举个明显的例子，发掘定陵后考古年代下限由元代延至明。再往下延，已有实践，如广州黄埔军校旧址 1996 年的考古发掘，原址重建工程成功，还展示了工作过程和考古遗迹。在竣工典礼上，笔者听麦英豪先生自豪地说：我们发掘出了"黄埔三叠层"。这种需求，有些国家可能也意识到。《法国文化遗产普查的原则、方法和实施》[10]给定的时间框架大致是：上限为公元 400 年，公元 400 年的上限是为了与考古学学科的普查地图工作做出区别；通常意义上认为公元 400 年以前的遗迹属于考古学的研究范围；下限为普查调查之时的前三十年，因"一般认为三十年是一代人的时间"。

考古遗产的现代沿用也要研究，前引《现代城市中古代城址的初步考查》，宿先生已点题，并指出隋唐以来"创建的城市要注意文化遗产的保护"。考古发掘到主要目的层，一般都要先挖掉较晚的文化层，必须加以研究并慎重取舍。殷墟发掘很早就重视遗址成因和后来利用。"以前人们对中国营造学社搞的古代建筑史有些意见，他们偏重搞古庙和古塔，忽视了古代人民的居住建筑。"上述夏先生讲话是指庙宇"考古也要涉及，但是不要局限于这些东西"。现在要拆除的老房，有些基础墙体是古代的，属考古遗产，应结合考古方法进行拆除工作。

所有国际宪章中，《洛桑宪章》可能是最不受重视的，却较为适合我国国情。正如郑振铎先生说的，"中国是一个地下'文化资源'最丰富的国家"[11]，所以考古遗产才是我国全部文化遗产的核心。欧洲城市的大教堂众多，世人瞩目，我们不必过于钦羡，保管好自己的考古遗产，不避短而扬长。

我国幅员辽阔又文明悠久，城市的考古遗产确远超他国。郑振铎先生也许因此才去写作埃及等国的《近百年古城古墓发掘史》，提前发表序文《古迹的发现与其影响》呼吁："为了我们的学问界计，我们应该赶快联合起来，做有系统的、有意义的、有方法的发掘工作，万不能依赖了百难一易的偶然的发现，而一天天地因循过去。"而李济先生更早就认知国情。他在[12]《中国民族的形成》中指出，"中国人是最积极的筑城者"且"筑城的所有日期都被中国的史学家们记录在案"（1923）。我国有多少古城？至今只他提供有精确数字：1644 年前"记载中的城垣有 4478座"，"所有这些只能靠考古发掘才能重见天日"。

既然李济先生能利用古城研究民族问题，拙文《大遗址承传与美丽城镇的文化复兴》曾提出，今人条件优越，由众多城址出发，探索城镇化与生态文明建设的新学问，绝非难不可及。我国讲究生态文明的城市建设，可追溯至隋代，文帝建新都大兴在龙首原，善为利用自然环境，后改州县制，州县命名多自山水。"心奉先志"，炀帝亲自策划了东京洛阳建设，诏有"宫室之制本以便生"（《隋书》《北史》为"便生人"）。作为一次规划建成的城市，大兴城的面积，至今都是世界第一大，洛阳城虽较小也不如它中正，却是城中贯以大河的，更史无前例，堪称人类生态文明史的巅峰之作。

二、保护措施起点

"对考古资源进行全面的勘察是考古遗产保护与管理的一项基本义务。"《洛桑宪章》认为"考古财产清单应该包括各个重要和可靠阶段的资料，因为即使是表面的知识也能构成保护措施的起点"。以此为题，笔者2014年为一部关于建立遥感考古综合体系的著作作序，提出需求：缩短从发现一处古迹遗址到采取保护措施期间的间隔，遥感考古应把握现实问题，先得表面知识，立于保护措施起点。

"航空考古学成效甚大，可以看成田野考古学中的一支生力军。"结论出自夏鼐先生主持的《中国大百科全书·考古学》[13]。我国最早倡导遥感考古的是夏先生，他1984年在《新中国的考古发现和研究》已提到利用遥感影像"找寻和记录古代遗迹"[14]。笔者2011年曾在《遥感原理与方法及其在大遗址保护中的应用》[15]序中提到：一位德国航空考古学家说，夏先生访德时曾拟随他做航空考古飞行，人都到了机场，却因雨未能成飞。20世纪80年代，我国遥感考古热潮涌现。安徽省文物考古研究所与地矿局遥感站协作开展"遥感技术在寿春城遗址考古调查中的应用"研究。山东省文物考古研究所培养一位考古工作者成为飞行员，应与夏先生重视有关，或是他促成的，"山东考古常开风气之先，遥感考古即其一"[16]。笔者在《汶上南旺：京杭大运河南旺分水枢纽工程及龙王庙古建筑群调查与发掘报告》书评这样说，遗憾是提到老所长张学海先生时，未述及1995年全国考古工作会上他报告的经验：快速钻探，为保护赢得主动。

为创立中国的"航空考古学"，1995年笔者曾随考古学家、中国历史博物馆俞伟超馆长访德，乘轻型上单翼飞机腾空盘旋，推开窗子做摄影勘察。后中国国家博物馆成立研究机构"遥感与航空摄影考古中心"，应属学科确立重要标志。学科的正式称谓，笔者仍觉得"遥感与航空摄影考古学"更合适，即使是"遥感考古"包含更全面。据说德国各地文物保护局坚持航空摄影考古，形成例行制度，年年有新发现。他们认为，古遗址已知者只占总量少数，要不断去发现，还要去不断发现和记录遗址细节、受威胁的状况，以选择包括发掘在内的保护措施。这一经验可助我们理解《洛桑宪章》的"起点说"。

为立于保护措施起点，我国需利用地方志。《洛桑宪章》"整体保护政策"条说："考古遗产的保护必须纳入国际的、国家的、区域的以及地方一级的规划政策。一般民众的积极参与必须构成考古遗产保护政策的组成部分。涉及当地人民遗产时这点显得更加重要。"地方志记载当地遗产甚多，它们或许仅有地方意义，但如缺失，国家的历史也将不完整。如安徽太和县民国县志"古迹"部分记有7处故城，称"遗址存"。20世纪90年代开始出版的《中国文物地图集》，笔者问编辑组叶学明组长大量刊出地方志城图的原因，这位考古学家告诉我们：各地普查登录的文物点多无这些"城摞城"，需要补缺，以警示城址尚存。其实，据笔者观察，即使登录者有相关规划，财政大幅增加的经费也未投入，偶有配合基建的考古成果，却掩饰了普遍的窘境。上述《尽保城址论》还指出一种新威胁：大肆建造地下停车场，有些规划专家无视而且正在毁灭老房子下的城址。

　　什么是构成保护措施起点的表面知识？需要强调的，不是保护考古遗产价值，而是保护其所不受损害及威胁，《洛桑宪章》对此显然简省了笔墨。解释"保护"，《现代汉语词典》是常识："尽力照顾，使不受损害。"无损害即为保护。而损害，从表面上就可分为即时和延时，原因是自然的还是人为的。人为因素又有一类，为专业行为的缺乏和不当，补充缺乏，尚需筹措，纠正不当，则可立行，如郑振铎先生反对发掘帝陵。我们应当觉悟，很多保护措施是不能等待的。

　　寻求多点突破，总有收获。关于措施起点，前述《文物保护单位保护管理暂行办法》所示，不止"四有"即"划定必要的保护范围，作出标志、说明，建立科学的记录档案和组织具体负责保护人员"，还有"要进行"的其他工作，"为解决和生产建设的矛盾，更好地发挥文物的作用，要进行文物保护单位的规划工作，以便纳入城市或农村建设规划"，系指文物部门规划自主措施，不能别家代劳；"广泛地运用各种方式，对文物保护单位进行经常的宣传与介绍工作"，破坏威胁下就是抢救起点。现在很多保护规划有展示或开放条件不成熟的结论，是由于目的不明，考古遗址多可达易达，本就是开放的，越是现状不佳，越要想尽办法宣传。

三、发掘直面威胁

　　发掘是双刃剑。"由于发掘总是意味着需要以失去其他资料甚至可能以毁坏整个遗址来选择将要记录和保存的证据，因此只有在经过深思熟虑之后方可做出发掘的决定。发掘应该在遭受发展规划、土地用途改变、掠夺和自然退化的威胁的古迹和遗址上进行。"《洛桑宪章》道："作为例外情况，为了阐明研究问题或为了向民众展览而更有效地阐述古迹遗址，也可以对没有遭受威胁的遗址进行发掘。""发掘应该是部分的，留一部分不受干扰，以便今后研究。"

　　发掘的主要目的之一，其实就是明确考古保留地。前引夏先生讲话紧接的是："我们考古发掘不要只想着挖宝。如果暂时可以少挖或不挖，留着它配合基建再去挖。"少挖或不挖是考古工作者最基本的素养。"中国考古学现在最要紧的是保存方法。"1928年李济先生于中山大学讲演《中国最近发现之新史料》说："地下古物，最重要的要先有问题，有目的地去发掘，才能注意到各方面细微的物事。若鲁莽从事，一定毁残了固有的材料，不如不动，将来还有发掘的机会。"随后郑振铎先生在《近百年古城古墓发掘史》的序中也有同样意思。

　　"开发项目构成对考古遗产的最大威胁之一"，开发者有责任对其影响进行研究，《洛桑宪章》"立法和经济"条说："此种研究经费应包括在项目经费之中。"所以基建出资不等于配合基建。即使对《文物保护法》所言"可能埋藏文物的地方"，考古发掘也应先于基建项目的规划设计进行，除非国家重大工程。循夏先生所示，我们确需开发一种"管理系统"：经主动发掘的遗址，让位基建时，再回收"研究经费"。笔者曾问考古学家黄景略先生，为何我国没公布"地下文物埋藏区"，难道不知日本有"埋藏文化财"？他说：当然知道，文物保护单位已包含在内，那种提法容易让人产生错觉，以为只挖出器物就可以，但实际上遗迹更重要。

"古城址往往埋藏很浅，高平低垫，很容易就被破坏，一重要，二难保护"，是保护发掘的重点。苏秉琦先生在 1975 年就这样指出，1997 年的《中国文明起源新探》中仍在回顾。拙文《大遗址大文物展示"中心环节"论——郭大顺先生文化文物行政理念再学习》还提到苏秉琦先生另一重要警示：有些遗址"应看作原来地上的古建筑、纪念址"，如姜女石秦行宫遗址，"保留意义可与长城相比，长城可做中华民族象征，此则统一的多民族国家最初形成历史时期标志"[17]。考古遗址并非都是埋于地下的，所以宿白先生才呼吁不要"铲平毁废了"。

《洛桑宪章》启发我们，直面一切对考古遗产的威胁。洛阳隋唐城定鼎门遗址，是当年主动发掘的决策，是笔者得考古学家叶万松先生消息，邀请中国社会科学院考古研究所科研处冯浩璋处长和洛阳工作站几位考古学家在现场做出的。遗址早期遭水渠、小工厂蚕食，正北又有大工厂在建，而洛南大道开工在即，大道将要纵穿遗址，形势极其严峻。发掘就是为整体抢救隋唐城，所以立"定鼎新门"地标是必须的，可惜行动还是慢了点，高度低了些。距其最近的隋唐城西南角，是又一地标——洛阳考古博物馆，但登斯楼也，却不能尽望新门。这些地标，无论幸存和新建的，都在提醒我们，关注所有古城址的城门和转角处的细节：夯土砖石，与护城河的关系，是否被其他建筑利用也破坏着。"地面上古迹保存，需各地设普通博物馆，愈多愈好"，也是前述李济先生 1928 年讲演所示。因之，凡古城址所在城市，都应借鉴以往经验，做得更好，并提高影响力，降低基建对遗址保护的威胁，整体保护与发展历史性城市景观。

具体到某一遗址，发掘也当直面威胁，此点《洛桑宪章》未提及。我国结合基建项目进行考古发掘的典范之作，是首阳山电厂选址避开洛阳汉魏故城，而后段鹏琦先生发现了偃师商城。这启示我们：对一处考古遗产的发掘，也要选择人为与自然威胁最厉害的局部先发掘，结果也许会出人意料、柳暗花明。如商丘寻商，老城区"龟背"高地不可躲过。"早期的中心直到今天仍然是都市中心"，科林·伦福儒先生在《考古学》中认为，城摞城只是"实际操作更困难"[18]。谋事成事都在人，这需要去争取。

四、重建也为抢救

《洛桑宪章》"重建"说，国家文物局 1999 年报给国家计划委员会的《全国大遗址保护展示体系建设规划基本思路》可能是最早引用的。该基本思路是：坚持保护为主、抢救第一方针，负起历史责任，从根本上改变大遗址保护的被动局面，必须大规模抢救，保护修复重要遗迹，整治环境，制止破坏，同时连带进行宣传展示及环境建设，教育人民、改善当地群众生活，从而促进遗址抢救。主要任务第 5 项，列有许多具体措施，最后提出加强对重建必要性和可行性的研究。为避免争议，引《洛桑宪章》原文：重建可以起到试验性研究和解释的作用，应非常细心谨慎，避免影响任何的考古证据。为了真实可靠，应考虑所有证据。在可能和适当的情况下，重建不应直接建在遗址上，并应能辨别出为重建物。

2011 年初，当得知财政部提出"十二五"期间拨给大遗址保护 500 亿元经费时，张文彬先生高兴地对笔者说："我也写过大遗址保护的东西。"他是指《认清形势，抓住机遇，团结进取，做好新世纪的考古工作——在 1998—1999 年度全国考古工作汇报会上的讲话》。其中说：我们主张通过合理利用促进保护抢救、考古成果转化，引导人们对遗址游览、观赏和保护的兴趣，我局已正式向国家计委提出了建设国家大遗址保护展示园区的设想，希望将大遗址保护展示工程列入"十五"计划[19]。"促进保护抢救"，他点到中心，重建更是如此。

1999 年《全国大遗址保护展示体系建设规划基本思路》报出后，笔者就遭逢雷峰塔、永定门重建，虽都同意，但受《洛桑宪章》启发，认识有别。2000 年在浙江，笔者应邀去看雷峰塔遗址，听说已决定重建，如不批准发掘就建在遗址旁边。遗址为省级文物保护单位，所在西湖为国家级风景名胜区，按法规应由省政府决定，国家文物局要干预只能批复发掘，于是个人表态同意发掘，说如恢复该地标，位置最好分毫不差。以后的事，笔者认为结果不错：所谓重建者称"雷峰新塔"，未影响"西湖"申遗。拙文《由即墨古城想到的古代城址应如何向公众展示？》归其为"覆罩遗迹的标志性建筑"："这种展示遗址真迹、并于上方罩以标志性建筑物，甚至可以登临其上观景的方式，可以说是 21 世纪以来中国文物保护的一个重大创新，受到国际肯定。"由此事笔者还得到另一认知：只有将这类地标遗址公布为全国重点文物保护单位，才能达到管控重建的目的；历史文化名城的地标遗存，本就应是国家级文物保护单位，"直接确定"是法律赋予国家文物局的权力，立即可行，不必等待批次。

遇永定门重建在后，笔者转博物馆司后的头等要事，就是给原副司长、后调国际友谊博物馆担任馆长的罗伯健寻找馆址，于是主动投稿《中国文物报》并发表《北京城中轴线与国际友谊博物馆》[20]。该文认为，用发展的眼光看，中轴线缺失的大地标需恢复，但不必拘泥原有功能、形式和南北向位置。也就是说，所谓重建者最好选择国际友谊博物馆，无论形式，不偏轴线东西即可，最佳选择在永定门遗址正南，赋永定新义"国际友谊"。

重建必要性和可行性的研究，始于 20 世纪 90 年代的洛阳，白献章先生任洛阳市文物园林局局长的时候。隋唐城应天门东阙基址修复，在中国社会科学院考古研究所王岩先生的悉心指导下效果甚佳：根据发掘证据重建墙体、散水砖石，未至台面和护栏。当时我们曾畅想整个应天门将如何。当时天堂遗址已在市文物局院内展示：中央圆形石构，展出的原状；两周圈大型石础，是地下遗迹的模拟。此种做法很先进，很可能也是庄敏先生和一些专家学者的共同创举。大明宫麟德殿基址的升高模拟，或就在天堂遗址展示之后。杨鸿勋先生曾对笔者说，他的设计方案毫无差错，遗憾是受材料、工艺所限，构件制作未追唐代。受《洛桑宪章》启发，我们商讨在近处建个较小体量的天堂，既方便登临俯瞰天堂遗址，远眺也对抢救城市建成区的古城址起到促进作用。此事多年后笔者写入《文化遗产保护之观景台》文投给中国文物报，也是以此纪念。后在《东南文化》以《论观景台之作用、保护与制度建设》[21]为题刊发。现在看都有缺憾，从文化带建设出发，观景地带也需强调。

"重建"写在《洛桑宪章》第七条"展出、信息资料、重建"。所以首要和关键是"展出"："向民众展出考古遗产是促进了解现代社会起源和发展的至关重要的方法。同时，它也是促进了解对其进行保护需要的方法。"因此《由即墨古城想到的古代城址应如何向公众展示？》[22]把"展示考古现场和公众参与"列为第一做法。《洛桑宪章》提示了专业基本遵循,重建具体方式则需因时因地制宜。重建得再高大,也得注意大范围管控环境,保持视野通畅。

不是"高大上"的才应当重建。《洛桑宪章》说的"试验性研究和解释",其实就是实验考古学,也是需要开展甚或普及的科学活动。《李济传》刊出一幅未发表过的照片,是 1932 年春李济先生在殷墟"带领工人打板筑的情形",但究竟筑的什么未说明。有趣的是,同一照片在 2018 年《澎湃新闻网》刊出时,竟引有说明:"B100 甲之筑土,用版筑盖休息室。"原来它有编号又实用。这启发我们去重建实用的东西,使有些考古遗产在展出同时,变"废"为用。如在原址重建水系时,为不影响考古证据,底、岸应适度内缩,这也是不"直接建在遗址上"。

如何下桩基?是各式重建的难题。考古遗产的一部分甚至大部分土地,仍要延续居住、商用,也得下桩基。《由即墨古城想到的古代城址应如何向公众展示?》认为,一种最佳选择是"架空柱支撑实用建筑浮于遗迹上",以建在遗址上方的雅典新卫城博物馆作为示范:柱网选布是考古学家与建筑师充分商讨的结果,每一处基坑都经仔细发掘获得新知。无论如何重建考古遗产,运用这一考古方法,才是关键。

成事由人为,关键在方法。保管好考古遗产,笔者以上所言,只是点滴体会,希望中国考古学会考古遗产专业委员会的工作,能成为正式的开始。

注释

[1] 夏鼐:《文物和考古》,《敦煌考古漫记》,天津:百花文艺出版社,2002 年,第 176 页;全文见《四川文物》1984 年第 3 期。

[2] 孟宪民:《郑振铎先生的文物行政学说》,《东南文化》2019 年第 1、2 期;陈星灿:《中国史前考古学史研究》,北京:生活·读书·新知三联书店,1997 年,第 16 页;郑振铎:《近百年古城古墓发掘史》,上海:商务印书馆,1930 年;郑振铎:《古迹的发现与其影响——〈近百年古城古墓发掘史〉序》,《郑振铎文博文集》,北京:文物出版社,1998 年。

[3] 李济:《中国考古学之过去与将来》,《李济文集(卷一)》,上海:上海人民出版社,2006 年;原文载《东方杂志》1934 年第 31 卷第 7 号。

[4] 李济、张光直:《李济文集(1–5 卷)》上海:上海人民出版社,2006 年。

[5] 李济:《古物》,《东南文化》2010 年第 1 期。

[6] 宿白:《现代城市中古代城址的初步考查》,《文物》2001 年第 1 期。

[7] 孟宪民:《尽保城址论——何以像爱惜生命一样保护好城市历史文化遗产》,生态博物馆微信公众号,2018 年5 月 17 日。

[8] 习近平:《建设中国特色中国风格中国气派的考古学,更好认识源远流长博大精深的中华文明》,《求是》2020 年第 23 期。

[9] 国际古迹遗址理事会:《考古遗产保护与管理宪章》,《国际保护文化遗产法律文件选编》,北京:紫禁城出版社,1993 年。

[10] 国家文物局第一次全国可移动文物普查工作办公室编译 :《法国文化遗产普查的原则、方法和实施》，南京 :
      译林出版社，2013 年，第 13 页。

[11] 郑振铎 :《考古工作与基本建设工程的关系——在全国基本建设工作会议上的讲话》，《郑振铎文博文集》，
      北京 :文物出版社，1998 年。

[12] 李济 :《中国民族的形成——一次人类学的探索》，上海 :上海人民出版社，2008 年。

[13] 考古学编辑委员会 :《中国大百科全书 :考古学》，北京 :中国大百科全书出版社，1986 年。

[14] 中国社会科学院考古研究所 :《新中国的考古发现和研究》，北京 :文物出版社，1984 年。

[15] 聂跃平、杨林 :《遥感原理与方法及其在大遗址保护中的应用》，北京 :科学出版社，2012 年。

[16] 孟宪民 :《大型工程遗迹考古的有益探索——读〈汶上南旺〉》，《中国文物报》2011 年 7 月。

[17] 孟宪民 :《大遗址大文物展示"中心环节"论——郭大顺先生文化文物行政理念再学习》，《庆祝郭大顺先生
      八秩华诞论文集》，北京 :文物出版社，2018 年。

[18] 〔英〕科林·伦福儒、保罗·巴恩 :《考古学 :理论、方法与实践》，北京 :文物出版社，2004 年，第 209 页。

[19] 张文彬 :《张文彬文博文集》（上册），北京 :文物出版社，2012 年，第 292 页。

[20] 郑趣 :《北京城中轴线与国际友谊博物馆》，《中国文物报》2001 年 1 月 24 日。

[21] 孟宪民 :《论观景台之作用、保护与制度建设》，《东南文化》2010 年第 4 期。

[22] 孟宪民 :《由即墨古城想到的古代城址应如何向公众展示？》，《大众考古》2015 年第 3 期。

考古遗址博物馆策展的实践与思考

高蒙河　马晓光

中国文物学会文化遗产传播专业委员会

[摘要]　我国的考古遗址博物馆建设起步较早，是博物馆和公众考古领域的重要实践，但又因其特殊性，数量始终偏少。近年来，随着大遗址保护工作和国家考古遗址公园建设的兴起，考古遗址博物馆呈现稳定增长的新趋势。考古遗址博物馆的建设，特别是展览策划方面的工作有许多经验值得总结，也有许多问题需要探讨。遗址本体展览、遗址文物展览和遗址复原式展览构成了考古遗址博物馆展览的基本体系，这使得该类博物馆与一般博物馆相比各有异同。在考古遗址博物馆展览策划实施过程中，应建立工作机制、明确工作思路，综合考虑不同形态展览的整体性和特殊性，加大考古单位参与的广度和深度，平衡保护管理和展示利用之间的关系，兼顾展览内容和价值传播的专业性和普及性。

[关键词]　考古遗址博物馆　公众考古　考古遗址公园　展览体系　展览策划

一、回　　顾

我国考古遗址博物馆发端于 20 世纪 50 年代，以 1958 年开放的陕西西安半坡博物馆（图 1）和 1959 年开放的北京明定陵博物馆为代表，属于新中国成立以后最早对考古遗址进行保护、展示的实践形式。这种把考古发现和研究成果直接转换为文物保护和展示成果的做法，体现出很强的源头性、创新性、示范性和时代性，拓展了原有博物馆的分类体系，丰富了博物馆学研究的方法论，成为中国公众考古史上的典型案例，不但具有中国意义，还在当时处于世界领先地位 [1]。

然而，将考古遗址博物馆放到传统的博物馆体系里比照又不难发现，考古遗址博物馆具有的考古和博物馆的两面性，作为一类特殊的考古遗址专题类博物馆，尚不足以构成一个发展平衡、体系丰富的博物馆大类。在考古遗址博物馆的发展过程中，虽然也涌现出秦始皇帝陵博物院、

图1 建成初期的西安半坡博物馆

（来源：马雨林主编：《历程——纪念半坡遗址发现60周年》，西安：三秦出版社，2013年）

四川广汉三星堆博物馆等大馆名馆，但相比我国现有 6500 多座博物馆的总量，数量偏少，案例不多，行业的关注度并不高，社会的影响力也不强。

近年来，为配合大遗址保护工作和国家考古遗址公园建设而诞生的考古遗址博物馆异军突起，它依托考古遗址及其出土遗存，展开系统性的发掘、研究、保护、利用工作，成为考古遗址类博物馆的中流砥柱，筹建、在建以及建成的该类博物馆已近 130 多个 [2]。而各省市区县每年都在增加的一般性史前和历史时期考古遗址博物馆更难以计数。这些考古遗址博物馆，已经成为展现中国特色、中国风格、中国气派的考古学的重要窗口。

60 多年来，考古遗址博物馆伴随着我国考古和博物馆事业一路走来，不断进步，经历了"开创、发展和飞跃等阶段，并逐渐成为博物馆体系中重要的组成部分" [3]。换言之，面对新时期考古遗址博物馆已经出现的稳定增长的新趋势，过去和现在建设实践中的一些老问题和新情况，也就更值得我们加以关注和讨论了。

二、考古遗址博物馆展览的基本体系

我国考古遗址博物馆的出现，与新中国成立初期博物馆建设面向人民的历史文化背景和融入全新的社会主义博物馆体系息息相关，这种全新类型的博物馆和一般博物馆既有共性特点，又有异性差别。所谓共性主要表现遗址出土的可移动文物的陈列展览也是考古遗址博物馆的主要业务之一，是"让历史说话，让文物说话"的基本手段。而所谓异性差别主要是考古遗址博物馆通常以不可移动的遗址本体展览为主。有研究者将可移动文物陈列和遗址本体展览共同视为遗址博物馆的基本陈列[4]。此外，遗址博物馆实际还普遍存在一种在馆外或馆内重建考古和历史场景的展示形式，可称之为复原式展览。

以上三种常见的展览形态各有特点，构成了遗址博物馆展览的基本体系，与一般博物馆同中有异，异中有同，其中考古遗存的"现场性"成为考古遗址博物馆的特殊身份"标签"。

1. 遗址本体展览的特点

遗址本体展览是考古遗址博物馆一大特色，其突出特点是可以直观展示曾经发生过的历史事件和人类生存过程的那些真实性和整体性的场景。考古发掘后的遗址现场能够提供不同寻常的古代遗存和考古过程，增强参观者贯古通今的真实感受和穿越时空的"五感"体验，成为吸引参观者流连其间的重要因素和不同于一般博物馆的旅游目的地。然而，从受遗址展示场馆空间限制和遗址保护制度制约以及现实动机等方面考虑，遗址本体展览所能采用的展示手段及其释放的信息量还是较为有限的。

第一，从展览的内容设计看，通常会围绕遗址总体情况和典型遗迹以及重要文物展开，介绍性为主，叙事性偏弱，同时也会通过现场保留的探方和地层对考古发掘工作的原理和方法进行科普，还不乏遗址调查发掘等考古史等非"浅显"而偏专业语境的呈现，加强观众对自身既有知识结构的增益和对学术魅力的感悟，在既降低门槛又抬高门槛的过程中，使观众收获新知，启迪心智，改变观念，获得思想。

第二，从展览的形式设计看，也以尽量减少干预遗址本体为原则，通常采取设置围栏为主、铺设栈道为辅的方式，周边竖立展板、展牌并穿插少量多媒体展项进行解释说明，尽可能地减少观众和遗存本体的"距离感"。近年来，随着多媒体技术的发展，像周口店北京人遗址博物馆中国猿人洞穴等很多遗址在符合文保要求的基础上增设了声光电的投射方式，用来标识地层、遗迹、遗物等，增强了观众在通常观展惯例之外的体验感和沉浸感（图2）。

图 2　周口店北京人遗址博物馆第一地点（猿人洞）洞壁上的多媒体数字平台

（来源：国家文物局微信公众号）

第三，从展览的变化看，令人欣喜的是，近年来还有一些考古遗址博物馆，如秦始皇帝陵博物院、广东海上丝绸之路博物馆，以及规划建设中的上海长江口二号古船博物馆等，采取边发掘、边保护、边展示的工作思路，使考古发掘成为一种遗址上的活态展示项目，改变了"先发现，再研究，后展示"的线性化策展传统，其考古科普教育意义和公众考古价值也不再扁平化，而是更为立体化、多样化。这种"考古进行时"的展示思路，无疑进一步凸显了考古遗址博物馆的特色，赋予了博物馆与时俱进的时代性，而参观者成为考古工作的见证者甚至亲历者，其对于遗址本体重要性的认知也得到极大加强。

2. 遗址文物展览的特点

考古遗址博物馆通常都设有专用于文物展览的展厅，文物展览的形态也接近于一般博物馆的基本陈列，具有展品展项集中、展示手段多样，以及展示内容叙事性和延展性较强等特点，成为阐释和传播考古遗址遗产价值的重要手段。

但与一般博物馆所不同的是，考古遗址博物馆展览的文物，有很多不完全是摆放在"一道玻璃隔开了过去与当下"的玻璃展柜或挂板展墙上的，而是按照出土时的原真性和完整性原则，原封不动地陈列在地层、房址、墓葬等遗迹之内，与遗址本体共同构成了一个个、一组组"原生态"的考古现场情境展现。而且大多数的出土文物还是没有修复的"残缺"形态，向参观者呈现出遗址在选址、营建、使用、废弃整个"生命过程"或"前世今生"的某个时间定格片段，真实再现了文物在遗迹中的考古单位信息，将参观者带回当年的发掘现场。因此，考古遗址博物馆的文物展览又素来有着不同于通史展览或艺术史展览的自身特点。

第一，遗址全信息的文物展览。一个遗址的信息既有空间性，又有时间性，构成了遗存的时空框架。有些遗址的文化属性比较单一，如北京清代圆明园遗址（图 3），有的遗址则沿用的时间比较长，如全国重点文物保护单位泸州老窖的窖池群，从明代万历年间到现在约四百年来一直沿用至今，属于"活"文物和"活"遗址。这两类遗址展示的文物，未必都是精品文物，而是以能反映遗址形成过程的文物为要旨，以能阐释遗址全面信息的文物为标本。

第二，发掘品全呈现的文物展览。一个遗址的发掘品成千上万，既有人工制品，又有与人类活动有关的自然物品，甚至还有人类本身的遗骸等，精品量可能寥寥，展品量足够多，如何利用好这些特有的展品资源，既要有理念创新，又要遵循遗址博物馆的自身展览规律。遗址博物馆展览的文物，通常以遗址中出土的各类古代遗物为主要展示对象，既强调单一珍贵文物的代表性展示，又强调普通文物的组合性展示，还要兼顾不同质地的文物在同一遗迹内埋藏现象的"同框"展示，以期能全面呈现遗址所包含的各类历史事件信息、人群关系信息、生存环境信息。

第三，遗址全考古的文物展览。考古遗址博物馆的遗址考古史展览越来越成为反映考古发现、研究和保护工作过程的"标配动作"，作为内容策划中的"必选项"。一些与遗址存在关联的物品，如传世品、采集品以及文物考古工作的工具设备、资料原件、影像记录和重要文件等，也都具有了特定的学术史价值和讲好考古之旅故事的价值，可纳入展览，起到完善展览叙事结构的作用，把考古发现过程分享给参观者。

图 3　圆明园博物馆
（来源：李祺瑶：《7 根圆明园汉白玉石柱回归故里》,《北京日报》2023 年 10 月 14 日第 5 版）

第四，遗址全价值的文物展览。一个遗址所堆积的遗存，其文物价值是多方面的，既有古代价值，又有当代价值；既有学术科研价值，又有社会文化价值，一些特别重要的遗址还可能成为某级重点文物保护单位甚至申报成为世界遗产。所以，遗址博物馆展览的文物，要具有向公众介绍遗址的历史文化背景，集中展示遗址考古工作中的重要发现和研究成果进而阐释考古遗址的遗产价值的作用。

3. 遗址复原式展览的特点

考古遗址博物馆的重建历史场景的展览，类似于很多自然科学馆或公园景观的展览，它源于博物馆园区或馆区内设置的复原性、艺术性的展示。这种展览的实践形式早于"考古遗址公园"概念的提出，20 世纪 90 年代起建设的西安半坡博物馆半坡原始文化村、余姚市河姆渡遗址博物馆二期遗址现场馆都是比较典型的案例。这类复原的考古现场和古代场景，既有在馆内闭合空间的搭景呈现，也有在馆外的开放园区仿制或复建，通常还配有标牌、导览等说明系统，在依靠遗迹和遗物支撑展览以外开拓了第三条道路，是遗址本体和文物展览的重要补充，也是开展情境式社教活动的重要场所，日常还兼具观光游览和休憩功能。

21 世纪初以来，"考古遗址公园"概念提出，建设遗址公园成为平衡大型考古遗址保护和利用关系的重要举措，同时也为多样化的展示提供了施展的条件。殷墟博物馆、良渚国家考古遗址公园（图 4），以及建设中的成都东华门考古遗址公园等馆园都是新的发展阶段的产物。在遗址公园中，通常分布多个展示节点，更加强调场、馆、棚等综合化展示形态，增加了数字化、智慧化的展示手段，拓展出利用声光电效果进行适当渲染的夜间展示模式。新型的"遗址复原式"展览服务于遗址公园人文景观的整体氛围，重点不在于直接呈现遗址或文物，而是通过复原历史情境

图4　良渚国家考古遗址公园

（来源：良渚博物院、良渚研究院组编：《良渚》，南京：东南大学出版社，2020年）

和再现美学意境，适当增加历史名人或虚拟人物造型雕塑，追求"透物见事，透事见人，透人见史，透史见道"的理念，营造处于虚实之间、充满想象空间的历史沉浸场所、文化互动空间、文旅体验平台，贯古通今意象。

三、考古遗址展览策划实施的若干问题

考古遗址博物馆展览的策划实施，往往牵涉考古、文保、建筑、展陈设计和施工等诸多方面，是一个结构复杂的系统性工程。因此，如何建立高效的工作机制和制定明确的工作思路是首先要解决的问题，而后根据展览工作的不同阶段，适时引入各类专业团队。根据考古遗址博物馆的自身特性，在展览策划的具体操作中，有以下四方面问题需要引起思考。

1. 不同形态展览的整体性和特殊性

遗址本体展览、文物展览和遗址复原式展览，这三种形态的展览都从属于遗址博物馆总体定位，应视为系统性的有机整体。同时，三种展览形态又各具客观性的"先天不足"的属性，决定了其展示对象、展示手段以及可承载的展示内容有所不同。

遗址本体展览受遗址固有分布状况和发掘面积所限，展示上具有分散性和非线性特点，不同时代的遗存相互间的叠压或打破，使得不少遗迹甚至常常处在同一个层面上，时空界限的格局复杂难辨。遗址复原式展览所能承载的信息和手段要更为丰富，但在馆内的复原内容和展示方式容

图5　秦兵马俑一
号坑
（来源：秦始皇帝陵博
物院官网）

易受到馆内展示空间的制约，而在馆外园区展示的节点也要注意与重要的室外遗址点相呼应，这也一定程度上继承了遗址本体分散性和非线性特征，而且从展览内容上来看，这些展示节点更适合自成一个单元，而不宜使用线性叙事方式进行串联。而发掘品的文物展览恰恰相反，因其在空间和信息上的集中性，使得展览各部分之间关系紧密，一般采用较为线性的展示结构。

　　我国的考古遗址博物馆有些是建在遗址核心区内甚至直接建在遗迹之上的，比如秦始皇帝陵博物院（图5）、汉景帝阳陵博物院等，而有些则因为文保的要求建在遗址缓冲区甚至周边地带，比如良渚博物院、元上都遗址博物馆等。因此，在对考古遗址博物馆展览进行总体规划时，要对不同形态展览的特点有清晰的认识，明确主次，扬长避短；又要针对遗址在地性的不同，对不同形态展览的定位、主题、内容和参观线路等，做出差异化和适应性安排，做到重点展示和一般展示相结合、本体展示和文物展示相统一、原状展示和复原展示相呼应，既做好某一形态的展览，又能发挥出各种形态展览相结合的综合效应。

2. 加大考古单位参与的广度和深度

　　半个多世纪以来我国考古博物馆展览实践表明，考古遗址博物馆展览成功与否，与考古发掘单位的参与程度息息相关。考古人员是考古遗址的发现者、研究者和保护者，对遗址的考古工作和遗址情况最为了解，对遗址内涵和遗存价值的解读最具权威，其提供的资料、传达的信息和对遗址做出的价值判断往往会左右展览的主题、站位、框架、内容和形式设计甚至后期运营。

　　一般来说，考古人员通常以学术顾问的身份介入展览工作，对展览内容进行学术把关，也会对形式设计提出意见和建议。在必要时，展览项目还需要考古人员负责执行某些具体工作，如在展览预研阶段，编制价值研究报告或学术大纲，将重要的研究资料集中起来；在展品梳理阶段，商讨确定可上展的文物，提供展品信息，甚至可能需要为上展文物优先安排修复、记录等整理工作；文物如何交付博物馆、边发掘、边研究、边展示是否可行等重要问题，也需要考古人员和发掘单位的充分参与才能做出制度性安排。

凡此等等的这些实务工作如能配合紧密、落实妥当，无疑会使展览项目大受裨益；反之，则可能对展览项目顺利实施造成影响，甚至出现文物、资料满仓满架"无处落脚"，博物馆展览缺东少西"无米下锅"的情况。因此，必须重视加大考古发掘单位的参与力度，畅通沟通渠道，倘若条件允许，博物馆筹建方可探索采取项目制的方式，委托考古发掘单位适时开展配合工作，以便明确相关责任、保障经费来源。

3. 平衡保护管理和展示利用之间的关系

如果说遗址价值的定位来源于对遗存内涵深入研究的学术成果，那么遗址合理利用的基础则是科学有效的保护管理。文物保护尤其是遗址本体的保护，均有一定之规，更存在明确红线。遗址本体和复原式展览的展牌和展项大多直接或间接设置在遗址之上，更应遵循文物保护方面的指导意见，制定科学合理的方案。

实践表明，遗址展示难点主要在于国内考古遗址以软性的土遗址为主，千百年来的水土流失，使得地表留存的遗址本体和遗迹现象难以凸显，导致了所谓的"地下气象万千，地面土丘一片"现象，远观近看的视觉冲击力不强，讲解阐释的内心说服力不强。因此，不少展示方案都尝试在立体空间层面做文章，通过架设艺术装置、多媒体设备或构筑物等辅助展项上延展导览效果，以增强代入感，这就可能与遗址保护产生矛盾，需要文保和设计团队反复沟通、相互协调。

有鉴于此，在展览项目开展初期，以及形式设计团队介入项目之际，文保单位应当做好技术交底等交接工作，明确哪些是不可逾越的红线，哪些是为展示预留的技术冗余。设计团队则应把适应文物保护要求作为核心的设计原则之一，如做到展牌与展项设置的数量和体量适中，形式上灵活运用虚拟技术，尽可能减少对遗址实体的影响。如果片面追求展示效果，对遗址造成破坏，则将对遗址本身和博物馆形象声誉造成难以弥补的损失。

4. 兼顾展览内容和价值传播的专业性和普及性

考古遗址博物馆的展览是在保护为主的前提下，所进行的客观呈现的展览展示活动总体上较为学术，专业门槛不低。遗址在不同历史时期的遗留和经过发掘清理后的状态，被浓缩呈现在一个或多个不甚完整的考古作业面上，必须通过专业的阐释才能将遗址的历史文化内涵"解压缩"。因此，无论是遗址本身还是揭示其价值的考古工作，与人们的日常生活都有一定距离，担心"看不懂"成为公众在参观前的主要顾虑之一。同时，我国的很多考古遗址博物馆地处偏远，交通便捷与否也成为影响参观者是否前往的必要条件。

考古遗址展览尤其是文物展览，担负起了沟通考古专业和社会公众的责任，需要对发掘出土的考古遗存、相关研究资料、历史文化背景等展览资源重新"编辑整理"，使这些内容能够被较为轻松地"阅读理解"。一般来说，史前遗址展览侧重反映考古遗存揭示的古代人类社会，通常包括自然资源、生产生活、意识形态以及文化源流等。历史时期遗址涉及具体的历史事件和历史人物较多，展览通常采用断代的方式组织线索，但应注意取舍，避免泛化为一般意义上的地区性"通史展览"。对于有"申遗"需求的考古遗址，往往还需要对遗址的发现、研究、保护、管理历程进行梳理，单独成篇进行展示。一些特别重要的遗址，考古工作开展较早、持续较长，参与人员众多，研究成果丰富，其考古背景不仅具有重要的学术史价值，更具有时代价值和社会价值，也需要集中反映。

在上述专业内容向公众知识转化的过程中，应当注意展览自身的价值取向，合理运用考古元素、塑造考古情境，始终把体现考古工作的科学性作为考古遗址博物馆展览的一大特色，避免为了迎合部分公众的探险猎奇心理，刻意渲染考古的神秘色彩。

四、小 结

习近平总书记强调："考古工作是展示和构建中华民族历史、中华文明瑰宝的重要工作。认识历史离不开考古学。"[5] 考古遗址博物馆因其原真性、复合性等特点，在本体展示历史、文物解读历史、复原重建历史等方面具有天然的优势，是极具实体、实物、实感、实情的立体历史教科书，也是体现考古学科学探索精神、宣传文化遗产保护理念的重要阵地，更是新时期文旅融合背景下重要的历史文化旅游目的地，对所在地区文旅产业发展往往具有节点性、支撑性意义。

中国考古遗址博物馆经过半个多世纪的发展，顺应了我国博物馆事业发展总趋势，既为中国大遗址保护利用传承和博物馆理论和实践交出了专业的答卷，成为科研资源和文化资源；又为建设中华民族现代文明和助力经济社会发展并满足大众对美好生活的追求做出了独特的贡献，成为社会资源和产业资源。考古遗址博物馆的展览，既要遵循行业一般规律，也要适时总结自身经验，不断守正创新，推动考古遗址博物馆的创新性发展和创造性转化，让文化遗产真正活起来。

注释

[1]　高蒙河：《中国公众考古的殿堂》，《史前工场——一个博物馆教育示范案例的成长》，西安：陕西科学技术出版社，2021 年。

[2]　国家文物局网站：《关于公布第四批国家考古遗址公园名单和立项名单的通知》，2022 年 12 月 16 日。

[3]　中国博物馆协会编：《中国考古遗址博物馆·史前遗址博物馆卷》，南京：江苏凤凰文艺出版社，2022 年。

[4]　吴永琪、李淑萍、张文立主编：《遗址博物馆学概论》，西安：陕西人民出版社，1999 年。

[5]　习近平：《建设中国特色中国风格中国气派的考古学，更好认识源远流长博大精深的中华文明》，《求是》2020 年第 23 期。

考古遗产的一些属性

王刃馀

中国社会科学院考古研究所

[摘要] 本文尝试对考古遗产形成过程中的阶段性特征进行勾勒，对考古遗产形成的"三步走"过程进行探讨，对考古遗产自身的物质性、时间性及真实性进行分析，提出考古资源的遗产化是附加各类社会属性的过程，在考古资源管理过程中应逐步提高对其社会属性的关注。

[关键词] 社会属性　遗产化　考古资源　"三步走"

"考古遗产"的正式提出，是 20 世纪八九十年代世界遗产事业发展过程中的重要事件。在过去的这四十年之中，研究者对于文化遗产的审视角度也逐渐成熟——从一种相对固化而机械的原真性保护理论发展成为自省式的互动理论 [1]。这种视角的变化，使人们能够更清晰地指认出在整个遗产发生过程中社会（人）角色的建构性、选择性、主观性以及文本性特征。约自 2008 年以来，由于"批判遗产研究"领域的逐步明朗，遗产研究的内容变得愈发丰富——人们现在所谈论的"遗产"已经大大超出了对于"物化的"遗产原真性、价值等内容进行保护的技术与伦理范畴。大卫·C. 哈维（David C. Harvey）指出，"遗产"并不是现代才有的，而是人类自古以来"古为今用"行为的现当代版本，同时，从发生学的角度来说，与其说它是一个固化的"名词"，不如说它是一个灵活的"动词" [2]。更准确地说，"遗产"即人类在现当代社会条件下对于自身"过去"进行利用的一种最为常见的制度现象。威廉·J.H. 威廉姆斯（Willem J.H. Willems）对"考古遗产"的界定则与此相近——考古关乎"过去"，而"考古遗产"则关乎这些"过去"在今天社会中的角色 [3]（继续存在下去的意义、重要性、功能以及可能性 [4]）。其中至少反映出，"考古遗产"作为"遗产"的一种门类，它本身即当代社会对于自身过去的阐释与利用方式，它所表达的是社会如何审视、评价自身过去的态度，以及如何通过"使用"这些被他们所看重的过往去服务于当下和未来的不同社会利益。简言之，"考古遗产"就是当代社会利用古代出土物质文化遗存的全部过程。我们通常所关注的都是遗产对象本身，而我们很少去关注的是"人"在遗产形成过程中所扮演的角色，即社会行为与遗产发生之间存在的内在关联性，抑或是"人"怎样将"物"逐渐转化为他们所需要的"遗产"——在"考古遗产"的语境下应是"考古遗存"逐步转化为文化产品的全部社会机制与"运作"过程。

一、考古遗产发生的社会过程构拟

凯文·沃尔什（Kevin Walsh）对于"遗产化（heritagisation）"（即遗产发生）一词的界定最早来源于博物馆研究领域，指"物"或"场所"由其"使用态"转变为"展陈态"[5]。这一陈述实际上只揭示了现象，而对于具体的发生学原理则并未触及。就当下所讨论的话题来说，长期以来，对于考古学研究对象（或材料）如何演化为"遗产"的发生学过程，学术界是没有"标准化"或"共识性"陈述的，在文物管理领域中，管理者注重的更多是行政审批与资源行政级别等"分内事"，而很少能够从考古资源发展的内在逻辑或社会过程角度进行管理学意义上的探讨。"考古遗产"的发生机制与其他遗产类型有较大的区别。研究者或将其划分为"考古遗存→考古资源→考古遗产"的线性"三步走"过程[6]。更准确地讲，这一过程仍可以继续细化为5个阶段——古代物质文化遗存的自在过程（生产、使用、沿用、废弃、埋藏、劣化）、发现过程（或主动或偶然）、结构阐释与价值赋予过程（被表述过程）、历史表征过程（历史物象建构）、国家与社会利用过程（产品化）。在全部5个环节之中，历史表征是遗产产品形态化的前提，是国家、社会对考古学研究对象进行使用的直接基础，是考古遗址公园与考古遗址博物馆对考古学材料的核心呈现方式。根据一般遗产实践过程来看，各类专业研究者在对历史空间结构进行解析（抽样）的基础上，阐释其代表性含义并赋予其历史重要性，从而围绕出土材料形成一系列历史表述话语，之后，遴选[7]出被认为可以代表其结构、含义、重要性特征的"历史物象"及其表达方式，形成可供消费的旅游凝视作品，并通过更新与重建表征含义乃至意象本身来实现这种产品的更新[8]。专业研究人员工作的重要目标之一即建构"物"的话语情境——采用所谓"学术语言"来建构出"历史的物""物的历史"以及"与物相关的历史"。他们最终使原本自在的"物"变为了带有"时间性"[9]的"物"——被表述的[10]"物"。简言之，赋予"物"以"时间性"或以"空间"隐喻"时间"是所有考古学阐释的本质话语特征。现阶段，这些由专业研究人员通过学术研究行为建构出来的阶段性成果在本质上讲是一种考古资源阐释作品，它们是各类历史意义、社会价值、社会含义、经济价值、意识形态价值赋予行为的意涵基础。考古遗产是对于上述阐释作品的呈现，其最终产品形态是基于历史物象建构而创造出来的各类"凝视"，其意欲表述的核心内容是历史话语，而非单纯意义上的"对物的摆放或堆砌"。那么，上述一连串"遗产化"过程得以发生的理论与社会基础是什么，它们能否凭空发生并持续存在呢？

二、考古遗产的"物质性"、"时间性"与"真实性"

根据林恩·梅斯克尔（Lynn Meskell）的论述，我们或许可以将"物质性"视为人类社会实践行为的遗痕或表征物，它代表着某些人与物的结合、物质与非物质的结合、象征意义与功能性的结合、人与非人的结合——"物质性"具有一种"绑缚能力",即在"实化""创造""建构"某事物的过程中,那些看似对立的属性会汇集起来,且变得难分伯仲、不可分割[11]。梅斯克尔指出,这些认识都已经超越了所谓实证论分类学的属性描述。但是,我们仍旧应当看到,所谓"物质性"或许还有另外一层含义,指的是"物"本身对于社会实践者而言的"合用性"。这种看法具有明显的"翻转"意味——并不存在孤立意义上的所谓"物质性",从根本上讲,它是"人"从自身目的出发对"物"的有用性特征进行分类和筛选的结果,是社会实践的直接组成部分。例如,一块石头,其棱角可以用来撞击或切割,又如,一块太湖石,其"皱、漏、瘦、透"特点使其可以用来满足人的审美。上述两类认识方式对于我们理解考古遗产的发生是具有一定启发性的,一方面,当考古遗址经历了发现过程之后,即被以抽样研究的方式(解剖、揭露)建构或实化成为一种"绑缚"了众多相关或对立属性的"空间物"(在一定意义上是全新的);另一方面,考古遗产(特别是遗址)本身可能即人们针对古代遗存"物质性"所进行的整体表达,一种"合用性"的分层表述——在根本上,因其具有能够代表过去用地新陈代谢[12]过程的、不可逆的时间增长性[13]物象特征,而被视为能够指代历史过程的空间载体或时间表征物,基于这一本源意义上的判定,不同社会群体能够对其赋予不同来源的意义、价值或重要性,形成不同的用途。集中于上述原始意义的"合用性",政府将其视为代表国家民族历史的"实证"地标,考古学研究者则可能将其视为建构历时性与共时性关系的空间"能指"集合,历史研究者将其用作历史叙事的"见证"或"笺注",文学家可能将其视为能够激发怀古幽情的某种历史氛围,游客则可能会将其视为正史或故事话语的"举证物",或是一种"历史真实性"感受的提供场所。上述用途的本质性差异在于,用途附加者如何看待"真实性"与"时间性"的关系。从国家与游客个体的角度来说,往往并不需要对此进一步做出辨析,对这二者而言,"真实性"与"时间性"往往是一回事,即遗存空间本身就是所谓"历史的化身"。而对于研究者来说,后者则是建构前者的基本要素。根据欧洲遗产研究者的论述,表达意涵是遗产的基本功能或内在价值[14]。这些用途的建立,多数出现于由考古资源向考古遗产转变的过程中,如建设国家遗产形态的考古遗址公园。这一阶段的核心产品即研究者借助考古遗存所建构出来的具有一定历史过程表征能力的历史物象。

三、考古遗产的"社会性"

对考古遗产来说,与其"物质性"同样重要的则是在遗产化过程中逐步明朗起来的"社会性"。在考古遗存尚以自在形态存在的时候,它与当代社会的关联性就是存在的,但这种关联性可能更多处于一种松散、偶发或任意性的状态。从整体上看,全球当代遗产仍旧是以"官方遗产(official heritage)"为主要存在形态或表述方式的,而所谓的"非官方遗产(unofficial heritage)"则多数也是参照"官方"形式去管理的[15]。在多数情况下,在考古资源向考古遗产转变的过程中,考古遗存与社会的相互关系也逐渐被规范化与制度化。随着考古工作的开启,考古遗存与社会的关联性除了表现为或多或少被当地民众或参观者提及以外,最主要还是体现在考古工作的经费来源上，即从开展考古工作开始，纳税人 [16] 所代表的社会可能已经成为遗产化过程最主要的推动力来源，考古遗存与社会偶发的、散布的关联性逐步转化为以"社会公共文化资源"为标签的法定关联性。在考古工作充分开展以后，考古遗存即逐步进入明确的管理状态，地载考古资源与社会的相互关系即转化为国家或社会法律关系——表现为一系列具有法律效力的土地使用规范文书与相关协议。"考古遗存→考古资源→考古遗产"的建构过程也随即真正启动——无论最后以报告、博物馆展览抑或以考古遗址公园的形式出现，"纳税人的钱"要求考古遗产从业者对其工作的结果给予明确的公布。虽然，在实际工作中，展示并不一定是考古工作本身的必然产物或最终归宿（鉴于入库或回填等情况的存在），但这种从遗存到遗产的建构工作已经成为建设社会公共文化资源以及保障民众文化权益的重要选项。在这一过程中，随着国家遗产形态逐步出现，旧有的考古资源与所在地社会的"原生态"关系也往往被打破——随着考古遗产国家形态的问世，其周边或相关社会的状况也可能会出现不同程度的变化，有些可能仅牵涉局部的土地使用方式变化，有些则可能引发周边区域社会在人口构成、经济支柱（如去工业化与遗产产业化的情况）、城镇化程度、就业内容、土地资源、文教与医疗资源、社会结构关系、生态环境资源、居住方式、产业形态与相关收益分配等方面的深刻的社会变化。而有些超大规模遗址的整体遗产化，则可能牵涉更为复杂的社会变化过程，可能会以遗产为名，在行政地理、社会地理、文化地理、经济地理、社区地理层面进一步聚拢与融合，从而形成新的"在地"社会实体单元，而这对遗产产业化的计划性与严谨性、遗产使用利益分配的合理性与公平性、政府基于"遗产社会"发展特征而开展的民政管理工作的前瞻性与系统性、遗产产业化过程中产业内容的多元性、社会融资渠道的广泛性与筛选性都会提出进一步的要求。由考古遗存向考古资源的属性转变激发了对考古对象社会属性的赋予过程，而由考古资源向考古遗产的转变，则更为直接地引发了文化资源使用、相关利益协调以及社会与经济转型等问题的出现。考古遗产形成的每个环节都会在不同程度上消耗相关的经济、文化、社会资源以及各种机会成本，是围绕社会文化资源进行的开发、建构、使用、收益分配以及成本分摊过程。这在根本上决定了，考古遗产的发生动力与影响范畴均指向其渐趋形成并逐步深化的社会属性。

四、结论与讨论

　　本文尝试探讨的是考古遗产的发生过程与基本属性问题。这一话题的重要性即在于，我们需要明确两方面的认识。其一是，就我们经常谈论的"遗产对象"本身来说，我们应当意识到，遗产化过程原本就是一种建构"物质性"的创造过程，对于历史物象的选择性建构，并不是一件单纯意义上的"摆出来看"的事情，而是在多种参与群体的配合下重新塑造出来的一种历史上原本并没有出现过的"人造景观"，一种历史表征物。其二则是，我们应当意识到，遗产是一种社会文化资源的利用方式，虽然所谓"文物保护"是这一用途的基本形态，但在本质上，它不仅是一个技术问题，同时也是一个社会问题。我们在平时的文物管理或遗产管理过程中，对于"文物影响"

往往怀有评估的兴趣，并自认为有此义务，而对于遗产化全过程所可能为社会带来的各类影响，则往往没有预知的愿望和探知的手段。而这在一定程度上，可能会使我们的"遗产"仍旧停留在一种脱离社会现实的位置上。未来，随着我国文化遗产事业由"文物口单一化决策"走向"社会性多元化决策"，遗产化过程中存在的社会影响评价问题必将得到更为有效的、妥善的解决。我国当前正处于以考古遗址公园与遗址博物馆为代表的考古遗产国家形态建设高峰期，而其中一些条件较好的则已经开始迈向充分"社会化"的阶段。因之，这些考古遗产形成环节对于社会的影响及其影响边界都值得我们持续关注。

注释

[1]　这一转变源于"去物质化"的研究转向，具体情况可参考：Solli, B. Some reflections on heritage and archaeology in the Anthropocene. *Norwegian Archaeological Review*. London and New York: Routledge，2011. Harrison, R. *Heritage: Critical Approaches*. London and New York: Routledge，2013.

[2]　Harvey, D. C. Heritage Pasts and Heritage Presents: temporality, meaning and the scope of heritage studies. *International Journal of Heritage Studies*. Vol. 7 No. 4，2001.

[3]　Willems, W.J.H. The Future of World Heritage and the Emergence of Transnational Heritage Regimes. *Heritage & Society*. Vol. 7 No. 2，2014.

[4]　笔者补充。

[5]　Walsh, K. *The Representation of the Past: Museums and Heritage in the Post Modern World*. London and New York: Routledge，1992.

[6]　王刃馀：《农村地区大遗址"社区化"利用刍议——以"马家窑困局"为例》，《四川文物》2023 年第 2 期；王刃馀、张高丽：《"考古"在考古资源"遗产化"过程中的行业角色》，《南方文物》2021 年第 6 期。

[7]　王刃馀：《秦始皇陵遗址公园展示系统构造研究》，《博物院》2018 年第 5 期。

[8]　Urry, J. How societies remember the past. In: Sharon Macdonald S. and Fyfe, G. (eds.) *Theorizing Museums: Representing Identity and Diversity in a Changing World*. New Jersey: Wiky Blackwell，1998.

[9]　这里的"时间性"并不是一个单纯意义上的自然"客观"时间量度，而在更大程度上即是一种具有人文社会属性的历史表征结构，反映的是时间的"历史驯化过程"。

[10]　徐良高：《求真抑或建构——走出实证主义历史学与考古学》，北京：科学出版社，2023 年。

[11]　Meskell, L. *Archaeologies of Materiality*. Molden: Blackwell，2005.

[12]　Wang, R. *A Place of Placelessness: Hekeng People's Heritage*. Leiden: Leiden University Press，2017.

[13]　Miller, K. The Growing Block, Presentism and Eternalism. In Dyke, H. and Bardon, A. (eds.) *A Companion to the Philosophy of Time*. New Jersey: Wiley Blackwell, 2013, pp. 345-364.

[14]　Ashworth, G.J., Graham, B.J. and Tunbridge, J.E. *Pluralising Pasts: Heritage, Identity and Place in Multicultural Societies*. London: Pluto Press, 2007.

[15]　Harrison, R. *Heritage: Critical Approaches*. London and New York: Routledge, 2013.

[16]　Merriman, N. *Public Archaeology*. London and New York: Routledge, 2004.

新时代考古遗址保护的使命任务

刘卫红

西北大学文化遗产学院

[摘要] 考古遗址承载着民族和国家发展的共同文化记忆，是建设中国特色社会主义文化强国的重要战略资源。考古遗址保护的对象是考古遗址系统，包括考古遗址本体系统、考古遗址保护系统和考古遗址人地关系系统。考古遗址保护的过程是一个现时文化实践的过程，实质是结合现时化需求，针对考古遗址"要素"使用方式、使用强度和"空间"资源配置优化完善的过程。新时代，考古遗址保护的基本目标是为后代保留考古遗址中具有代表性的样本，实现考古遗址价值的传承弘扬和区域经济社会发展的融合协同；使命任务是实现考古遗址整体保护、深化考古遗址内涵挖掘、推动考古遗址功能重构、优化考古遗址使用方式、促进考古遗址保值增值，使考古遗址更好地服务国家大局、满足人民群众美好生活需求。

[关键词] 考古遗址 价值阐释 新时代 使命任务 保护管理

考古遗址是体现中华民族和中华文明起源与发展的现时物化载体，是建设中国特色社会主义文化强国的重要战略资源[1]。党的十八大以来，以习近平同志为核心的党中央高度重视文物保护利用工作，多次就文物工作发表重要讲话、作出重要指示批示。习近平总书记强调要加强古代遗址的有效保护，统筹好文物保护和经济社会发展，让文物活起来[2]；坚持在保护中发展，在发展中保护[3]。这些为新时代做好考古遗址的保护工作提供了遵循。面对新时代国家对文物保护事业提出的新要求，结合"保护第一、加强管理、挖掘价值、有效利用、让文物活起来"的新时代文物工作方针，应明晰考古遗址的价值、保护对象、保护目标和使命任务，以促进考古遗址的保护利用和价值的传承、弘扬。

一、考古遗址的保护对象与本质

（一）考古遗址的价值与性质

价值是考古遗址保护利用的基础，文物范畴的价值主要是指考古遗址的属性、功能及考古遗址能够满足主体需要的效益关系。考古遗址是指以考古学为指导，进行过科学田野考古活动的遗物和遗迹连续分布的文化空间范围，其作为社会发展的物化载体，承载着民族和国家发展的共同文化记忆。因此，考古遗址的价值主要表现在两个方面：作为考古学研究对象的考古资源价值和作为文化记忆的文化战略资源价值[4]。

考古遗址是我国重要的资源资产，我国考古遗址主要以土遗址为主，因此考古遗址不仅具有脆弱性、不可再生性和渐灭性等自然属性，还具有资源性、空间性、文化性、景观性、时代性等社会属性。脆弱性主要是指易受到自然和人文环境的影响和威胁；不可再生性是指一旦原初的考古遗址遭到破坏，其真实性和完整性就将灭失，遗产的本真价值也就不复存在；渐灭性是指任何形式的考古遗址都会随着时间的推移而磨灭消失；资源性是指遗存与其伴生的环境构成的共同体，是重要的战略资源；空间性是指考古遗址分布于一定的时空范围内，是综合性公共景观场所；文化性是指考古遗址是中华文化起源与中华文明形成发展的物化载体，承载着中华民族的基因和血脉；景观性是指考古遗址及其环境具有一定的美学特性，与周边构成了文化景观系统；时代性是指考古遗址是时代的产物，其成为遗产是权威阶层现时化的重构，对其保护利用必须全面认识和深刻把握时代性。

考古遗址的脆弱性、不可再生性、资源性等特性要求加强对考古遗址的保护；考古遗址的空间性、文化性、景观性、时代性等要求加强对考古遗址的活用。同时考古遗址本体的这些特性决定了其保护利用具有不可预见性、不连续性和偶然性。就保护需求而言，遗址类以排除土地开发和建设项目破坏的预防性保护和抢救性保护为主，展示、开发利用只有在极特殊的情况下经过详细论证才宜进行。

（二）考古遗址保护的对象

对考古遗址保护对象的认知离不开对考古遗址特性的认知。考古遗址保护受到遗产本体脆弱性、不可再生性、渐灭性、景观展示性不足等特征认知影响的同时，还受到考古遗址本体作为某一地域资源的"要素"和"空间"双重特性的影响。考古遗址的"要素"和"空间"特性是基于物质存在的固有属性，直接决定考古遗址保护管理的对象和理念方式。

考古遗址作为一种"要素"，是遗存与其伴生的环境构成的共同体，"是凝聚中华民族历史记忆的珍稀而又脆弱的战略基础资源"[5]，具有显著的资产性，需要基于其公益性和脆弱性等做好保护利用工作，以实现其价值有效传承弘扬。考古遗址作为一种特殊"空间"，是综合性景观场所，具有显著的公共性，需要充分发挥政府在考古遗址空间资源配置中的管控作用[6]。遗存本体相关联的周边环境"也不应当被看作是单纯的物理背景，还应当被视为一系列社会、经济和环境威胁与机会。这意味着遗产管理体制及所有参与者都必须有能力影响在这些地方所发生的决策"[7]。因此，在考古遗址保护过程中应将区域内遗址、环境、人的生存发展看作是一个有机整体，即将其作为考古遗址系统来看待。考古遗址系统以考古遗址本体及其环境保护为核心，包括考古遗址本体系统、考古遗址保护系统和考古遗址人地关系系统[8]（图1、图2）。考古遗址本体系统是保护管理的核心和基础对象，考古遗址保护系统和人地关系系统是实现考古遗址本体系统传承弘扬的支撑，受到考古遗址本体系统正常运行规律的限制[9]。

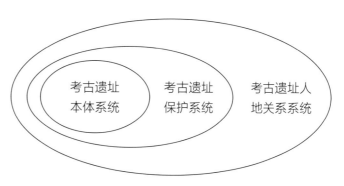

图 1　考古遗址系统关系图
（来源：作者自绘）

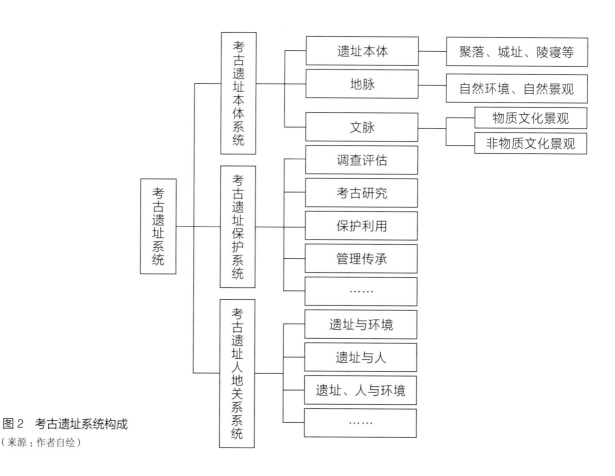

图 2　考古遗址系统构成
（来源：作者自绘）

（三）考古遗址保护的本质与原理

考古遗址保护的过程是一个现时文化实践的过程。考古遗址之所以成为重要遗产，是因为在遗址地发生过的事情制造了意义，承载了人们的记忆。人类通过对考古遗址进行考古调查、勘探或发掘，研究、认定登录、保护等一系列文化过程与活动，将其场景感和真实感现时再现，最终使其成为特定时空范围内某一社会文化事件的物质载体和文化象征，因而使其变得有价值。然后通过展示利用、传播弘扬，让公众了解遗址，激发观众的记忆，建构其地方感和身份认同，实现基于记忆的文化传承。

考古遗址保护的对象是文物保护统筹安排和管控的对象和内容，其决定了保护管理的架构体系、愿景目标和统筹协调的内容和行动计划。考古遗址保护的对象是考古遗址系统，即对考古遗址资源及其相关环境实施的保护、利用、管理和治理等使用方式。其实质是基于考古遗址保护需求，对未来考古遗址要素、本体和空间使用的变化进行统筹安排和治理管控，也就是如何通过科学合理的保护实现考古遗址资源要素在使用方式、使用强度及空间层面的有效配置[10]。

新时代文物工作 22 字工作方针"保护第一、加强管理、挖掘价值、有效利用、让文物活起来"，进一步突出了文物工作的社会价值，为做好新时代文物工作提供了根本方向。考古遗址的"有效利用、让文物活起来"的方针决定了对考古遗址不能实施静态的单一的"保护"使用方式；还要对考古遗址行使考古、研究、展示、利用、管理、传播、弘扬等使用方式。而这些使用方式的实现不仅仅是针对遗址本体，还牵涉到整个考古遗址地及其内外部资源环境的优化配置。

二、考古遗址保护的目标和理念

（一）考古遗址保护的目标

考古遗址保护的目的主要是将其作为某一群体或地区 / 国家文化记忆的载体，构建身份认同。考古遗址保护的根本目标就是为后代人保留考古遗址中具有代表性的样本，实现价值的传承弘扬。随着经济社会的发展，当今时代，大多数考古遗址的保护都拥有多个目标。社会已经形成普遍共识，考古遗址不只是对遗产的保存保护或保管守护，还涉及展示利用、传播弘扬、促进社区和民生发展、坚定文化自信、促进文化认同和国家认同等目标。新时代文物方针及考古遗址的内涵目的、价值功能等决定了考古遗址保护具有以下 4 个方面的鲜明目标。

1. 保证遗址安全

考古遗址"展现了中华文明起源、发展脉络、灿烂成就和对世界文明的重大贡献，为更好认识源远流长、博大精深的中华文明发挥了重要作用"[11]。其作为中华文明发展演变的物化载体，承载着文化记忆，有助于身份构建。因此，要始终把确保遗址安全放在首要位置，要像爱惜自己的生命一样保护好考古遗址，只有这样，考古事业才能可持续发展，才能在有效利用的基础上让考古遗址活起来，充分发挥其在新时代的价值作用。

2. 促进文化多样性

文明因多样而交流，因交流而互鉴，因互鉴而发展 [12]。文化多样性是人类社会的基本特征，文化多样性不仅体现在考古遗址通过丰富多彩的表现形式来表达、弘扬和传承的多种方式，也体现在借助各种方式和技术进行的艺术创造、生产、传播、销售和消费的多种方式 [13]。我国考古遗址历史跨度大、分布地域广、类型多样、内涵丰富，直观地反映出中华民族融合发展的过程，系统呈现了中华民族多元一体的发展格局，实证了中华文明的繁荣发展离不开文明之间的交流互鉴。因此，应通过考古遗址保护利用，促进文化多元认知和文明交流互鉴。

3. 服务国家战略需求

考古遗址是国家、民族发展的重要历史见证和社会文明进步的重要标志，在服务国家战略上具有不可替代的独特作用。首先，应服务国家文化发展战略，增强其在社会主义核心价值观构建、文化自信和国家认同中的作用，如良渚遗址成为"中华五千年文明的见证"。其次，应传承发展民族文化，强化遗产物质载体与传统文化间的血脉关联，把遗产中的思想文化内涵与当代文化建设相结合，滋养出具有鲜明时代特色的新思想、新理论、新文化，促进中华民族文化新发展。再次，发挥考古遗址在世界文明交流互鉴中的作用，通过考古遗址保护利用和凝练核心价值，将考古遗址价值传播出去，更好地讲述中国历史文化，发挥其在国家和区域发展中的勾连互通作用。如丝绸之路相关考古遗址作为中国和"一带一路"合作伙伴交流互鉴、平等互利发展的重要见证，成为"一带一路"倡议的重要桥梁纽带。

4. 促进经济社会发展

考古遗址作为重要的资源资产，在经济社会发展中具有重要的作用。首先，考古遗址通过保护活用，有助于优化区域空间结构，改善区域生态环境，带动区域旅游业和相关产业发展，促进区域经济社会可持续发展。其次，有助于满足人民群众美好生活需求。人民群众的美好生活既需要丰富坚实的物质基础，也需要厚重多彩的精神空间。通过对考古遗址的保护活用，可以为公众提供休闲文化场所，满足精神需求；同时也可以带动就业和增加收入，满足物质生活需求。如大明宫遗址通过建设国家考古遗址公园，对遗址公园内城中村、棚户区拆迁居民及相关企事业单位进行了妥善安置，实现了遗址保护、优化了区域环境、提升了城市品位、改善了居民生活，受到了各方的普遍赞赏。

（二）考古遗址保护理念的拓展

新时代考古遗址的保护要从传统的以物为本、静态保护或单一保护利用等理念思维，向保护活用、保护发展和区域融合协同等理念转变。

1. 整体保护观

考古遗址是一个地域或某一城市乡村区域文化价值的重要体现。其依赖于背景环境而存在，有背景环境的依托，考古遗址才能真正成为地域文明和国家文明的载体，才能更加受到民众的珍爱、社会的尊重、国家的保护。因此，考古遗址保护要从遗产本体向遗产本体与周边环境共同保护发展；要从遗产本体及环境向整个遗址区域空间资源和环境系统性、整体性保护发展。

2. 保护活用观

对于考古遗址，根据新时代文物工作方针，既要保护，又要合理利用，最为关键的是让考古遗址活起来，要将考古遗址这类文物资源转化为文化旅游资源。通过合理利用考古遗址，向社会提供各种公共文化服务，提高人们的生活质量，同时丰富业态发展，助力产业振兴和区域经济社会发展。当然，保护考古遗址也不仅仅是为了保存珍贵的物质遗存，用作展览、旅游、开展文化活动，更重要的是为城市和国家的未来保存历史，为城市和国家的发展保存文化资源。

3. 新发展观

贯彻新发展理念，坚持在保护中发展，在发展中保护。把新发展理念贯穿考古遗址保护利用全过程，转变考古遗址保护利用理念，优化考古遗址保护利用方式，促进考古遗址保护利用创造性转化、创新性发展。

4. 多重价值观

考古遗址过往更多重视的是历史、科学和艺术等固有的基础价值，对遗址的本源价值和时代价值认知不足。新时代对考古遗址价值认知要从对历史、科学和艺术等本体固有价值的重视，演化到对本体固有价值和经济、社会文化等时代衍生价值的一体重视。

5. 以人为本观

过去强调对"物"的保护，进入新时代更强调考古遗址为谁保护，更加强调考古遗址保护对人的作用价值。因此，在考古遗址保护中，要树立以人为本观，坚持人民至上，做到考古遗址保护为了人民、依靠人民、成果由人民共享，促进满足人民文化需求和增强人民精神力量相统一[14]。

6. 全民参与观

我国考古遗址保护工作传统主要由政府主导，社会公众参与度不足。新时代我们要认识到考古遗址来自人民，考古遗址属于人民，人民共享考古遗址。在考古遗址保护中要充分调动社会公众的积极性，使其参与到考古遗址保护中，要将考古遗址保护"从'少数的抗争'向'共同的努力'推进"[15]，形成社会共同参与保护考古遗址的良性机制。

三、考古遗址保护使命任务

考古遗址是我国重要的资源资产，新时代考古遗址保护的使命任务应是以保证考古遗址安全为底线，在重塑考古遗址空间保护格局的同时，优化考古遗址使用方式，推动考古遗址资源资产保值增值和价值弘扬传承[16]。

（一）推进考古遗址整体保护

对考古遗址的整体保护是传承发展民族文化的前提和基础。实施考古遗址整体保护，要做到三个结合。一是遗址本体保护与环境保护相结合。任何一种考古遗址都是由本体及其周边自然和人文环境构成的。对考古遗址进行整体保护，既要保护好遗址本体，又要保护好遗址环境。如秦始皇陵的保护，应将其陵园、兵马俑坑、丽邑和遗址所在的台塬、骊山等整体统筹保护。二是把"物"的保护与"人"的保护相结合。考古遗址不是一个独立存在的"实心"对象，而是与人的行为和活动合一的。没有人的主观意志和行为，考古遗址就失去了其存在、传承和发展的土壤与环境。做好考古遗址整体保护，不仅要保护好遗址的本体和环境，更重要的是要保护好遗址所在地的居民以及特有的生活状态，让二者和谐共生。三是核心价值与一般价值保护相结合。一个遗址可能包含不同时代、不同类型的遗存，在关注核心价值主体的同时，还应关注其他遗存价值。如汉长安城曾是 12 个政权的都城，未来在汉长安城遗址保护利用中，不仅应强调西汉政权相关遗存，也要保护好其他相关 11 个政权的相关遗存，使汉长安城遗址能够成为这 12 个政权历史的重要见证和载体。

（二）深化考古遗址价值阐释

丰厚的文化内涵和厚重的民族积淀是考古遗址的生命和灵魂，也是其价值之所在。考古遗址价值挖掘阐释，是增强考古遗址生命力、彰显考古遗址价值、扩大考古遗址影响力的重要手段。

要实现考古遗址有效保护利用和价值传承弘扬，必须做好考古遗址价值挖掘阐释，明晰考古遗址的功能意义等。我国考古遗址"以前曾经存在重发掘轻研究、重描述轻阐释的倾向"[17]，新时代习近平总书记强调要多学科交叉融合，做好考古遗址价值阐释，把我国文明起源和发展以及对人类的重大贡献更加清晰、更加全面地呈现出来[18]。基于中华文明和中华优秀传统文化的系统阐释，明晰中华民族和中华文明的发展历程和"多元一体"格局的形成等，为中国式现代化提供深厚文化底蕴，推动文化强国建设。如二里头遗址被誉为最早的中国，对研究华夏文明的渊源、国家的兴起、城市的起源、王都建设、王宫定制等重大问题都具有重要的参考价值。河南偃师二里头都邑多网格式布局体现了严格方正的都城规划制度，为商周及后世文明奠定了最主要和最直接的基础，体现了二里头文化在中国历史上划时代的开创与引领作用[19]。

（三）推动考古遗址功能重构

从文化的时代性特征来说，每一具体的文化形态是人类在特定历史时期创造出来满足其某种需要的产物[20]。每一种文化遗产在它产生的时代都有着其本来意义上的功能[21]，考古遗址也不例外。随着历史文化的发展和社会经济演变等，考古遗址及其构成体的形态和功能作用等可能会发生一定的变化，更多地成为历史文化信息的载体或某一特定文化的符号表达。近年来，让考古遗址活起来已经成为全社会的诉求，要实现考古遗址活起来、用起来，关键是根据现时社会需求，在做好保护基础上，重构考古遗址及其构成要素的功能，以满足人民群众美好生活需求[22]。如20世纪50年代在半坡遗址基础上修建半坡遗址博物馆，成为重要的旅游景点，这其实是对半坡遗址的一次功能重构。21世纪10年代立足于唐大明宫遗址，建设国家考古遗址公园是对大明宫遗址的一次功能重构。20世纪50年代，西安市在兴庆宫遗址基础上，创新性地修建了兴庆宫公园，使其成为城市公园；进入21世纪10年代，随着文化遗产保护认识的增强，对兴庆宫公园进行了景观环境提升改造，强化了文化的展示和传播，对唐兴庆宫勤政务本楼遗址、水渠遗址、龙池遗址等历史记载建筑进行了保护性展示，修建了陕西唐三彩艺术博物馆，使兴庆宫公园具有了遗址文化公园的属性。

（四）优化考古遗址使用方式

考古遗址使用方式直接决定了考古遗址保护利用的效果和价值实现程度。考古遗址保护使用方式的选择，应在考古遗址价值、特性和社会诉求等综合评析基础上，借助法规制度、规划和行政管理等手段或工具，选择好考古遗址使用方式及使用强度，并把握好其尺度空间等。考古遗址使用方式优化选择的核心就是基于考古遗址安全和可持续发展需求，处理好考古遗址保护、利用、管理、修复治理及发展等使用方式之间的关系及其在空间形式上的优化配置。如针对汉长安城遗址，通过考古研究，厘清范围、摸清家底；通过建设汉长安城未央宫国家考古遗址公园，进行有效保护利用；通过开展多种形式的宣传教育、研学旅游、制作影视作品等，促进遗址价值传播弘扬。

（五）促进考古遗址保值增值

考古遗址之所以要受到保护，就在于它具有各种价值。在考古遗址保护过程中应充分挖掘考古遗址资源资产的价值，满足国家文化建设、区域经济社会发展和人民群众对美好生活的需求，为构建中华文明体系和文化认同提供支撑。考古遗址保值增值的关键，首先是做好"保值"，通过有效的保护，保证考古遗址安全，实现考古遗址本体及环境的可持续传承；其次是做好"增值"，一方面通过考古遗址展示利用等让考古遗址活起来，另一方面遗址区土地和空间使用方式的调整使土地增值，构建起以考古遗址利用为核心的可持续发展产业链，带动区域经济社会发展。如海昏侯国遗址，一方面，通过刘贺墓园保护展示工程和环境整治工程，实现对刘贺墓园本体、自然环境及人文环境的协同保护；另一方面，在保护基础上，建设考古遗址公园，引导遗址区农业农村创新发展，发展旅游业，带动整个遗址区遗址、农业农村、旅游业等融合协同发展。

总之，考古遗址是人类基于生产生活实践而产生的精神活动的产物，是一个国家、民族或地区精神与文化的高度凝聚，承载着它们所处时代的政治、经济、文化和军事等背景，甚至有的是中华民族与中华文明演变发展的文化标志。因此，在文化遗产保护利用过程中，考古遗址保护是基础，价值内涵挖掘阐释是手段，功能重构是关键。在上述基础上，核心是选好利用方式，做好遗产精神的传承弘扬，增强考古遗址在经济社会发展中的能动性，服务国家大局，满足人民群众美好生活需求。

注释

[1] 刘卫红：《走出符合国情的考古遗址保护利用之路》，《群言》2021年第10期。

[2] 习近平：《加强文化遗产保护传承 弘扬中华优秀传统文化》，《求是》2024年第8期。

[3] 《习近平与中国文化遗产保护》，《人民日报》2020年5月19日。

[4] 刘卫红：《走出符合国情的考古遗址保护利用之路》，《群言》2021年第10期。

[5] 中国文化遗产研究院：《大遗址保护行动跟踪研究》，北京：文物出版社，2016年。

[6] 刘卫红、曹金格：《大遗址保护规划：对象、使命和内容框架》，《东南文化》2022年第1期。

[7] Gamini Wijesuriya：《世界文化遗产管理》，北京：中国古迹遗址保护协会，2015年。

[8] 刘卫红、曹金格：《大遗址保护规划：对象、使命和内容框架》，《东南文化》2022年第1期。

[9] 刘卫红、田润佳：《大遗址保护理论方法与研究框架体系构建思考》，《西北大学学报（哲学社会科学版）》2021年第1期。

[10] 刘卫红、曹金格：《大遗址保护规划：对象、使命和内容框架》，《东南文化》2022年第1期。

[11] 习近平：《习近平致仰韶文化发现和中国现代考古学诞生100周年的贺信》，《中国文物科学研究》2021年第4期。

[12] 习近平：《深化文明交流互鉴 共建亚洲命运共同体——在亚洲文明对话大会开幕式上的主旨演讲》，《中华人民共和国国务院公报》2019年第15期。

[13] 孙壮志：《"一带一路"框架内的人文合作：成就与前景》，《欧亚经济》2023年第2期。

[14] 中办国办：《"十四五"文化发展规划》，《人民日报》2022年8月17日。

[15]   单霁翔 :《文化遗产保护与城市文化建设》，北京 : 中国建筑工业出版社，2009 年。

[16]   刘卫红、曹金格 :《大遗址保护规划 : 对象、使命和内容框架》，《东南文化》2022 年第 1 期。

[17]   王巍 :《为中华民族现代文明建设提供精神动力》，《中国社会科学报》2023 年 6 月 5 日。

[18]   习近平 :《建设中国特色中国风格中国气派的考古学 更好认识源远流长博大精深的中华文明》，《求是》2020 年第 23 期。

[19]   张小筑、高杉 :《俊采星驰 积厚流光——记 2022 年度全国十大考古新发现终评会》，《中国文物报》2023 年 3 月 31 日。

[20]   甘代军 :《文化遗产与保护 : 意义消解与价值重构》，《湖北民族学院学报（哲学社会科学版）》2009 年第 5 期。

[21]   李颖科 :《文化遗产保护以人为本 : 意涵、目的及路径——遗产多重价值的实现与转化》，《中国文化遗产》2023 年第 2 期。

[22]   刘卫红、曹金格 :《大遗址保护规划 : 对象、使命和内容框架》，《东南文化》2022 年第 1 期。

考古遗产研学旅游的思考与策略

屈紫阳

河南华象历史文化研究院

[摘要] 保护好、传承好历史文化遗产是国家文化战略的重要组成部分，发展考古遗产研学旅游是一个创新性方向。考古遗产研学旅游有着丰富的内涵，中国历史文化遗产极为丰富，发展考古研学旅游具有极强的可行性。考古研学旅游产品的文化内容极为丰富，在巩固文化自信、丰富新时代中国特色社会主义核心价值观方面有重要的作用。文章在分析中国考古遗产现状的基础上，提出了发展考古遗产研学的"八个一"策略。

[关键词] 考古遗产 研学 旅游 策略

一、问题的提出

2020 年 9 月 28 日，在中共中央政治局第二十三次集体学习中，中共中央总书记习近平强调："保护好、传承好历史文化遗产是对历史负责、对人民负责。我们要加强考古工作和历史研究，让收藏在博物馆里的文物、陈列在广阔大地上的遗产、书写在古籍里的文字都活起来，丰富全社会历史文化滋养。"[1] 为落实习近平总书记重要讲话精神，考古学界和相关机构采取了一系列行动，推动相关工作。2023 年 5 月 20 日，中国考古学会考古遗产专业委员会成立暨考古遗产保护利用研讨会郑州举行。设在郑州市大河村考古遗址公园的中国考古学会考古遗产专业委员会秘书处正式揭牌 [2]。会议认为，考古遗产是田野考古发掘所获取的所有遗址、遗迹、遗物等物质遗产，同时包括由此建立的遗址类博物馆、考古遗址公园等，是文化遗产的核心组成部分 [3]。中国社会科学院学部委员、中国考古学会理事长王巍在致辞中表示，中国考古学会考古遗产专业委员会由考古遗产保护管理研究专业人员组成，致力于服务考古学研究和文化遗产展示利用，促进考古与文旅产业深度融合。

该专业委员会的成立以及将要推动的工作，对实现国家《"十四五"文化发展规划》中"社会文明程度得到新提高""文化事业和文化产业更加繁荣""中华文化影响力进一步提升"[4]等目标任务有重要意义。该委员会的一个重要工作方向是"促进考古与文旅产业深度融合"。如何促进考古与文旅产业深度融合，既是一个值得深入研究的理论问题，也是一个在实践中需要不断着力探索的行动方向。本文认为，发展考古遗产研学旅游是促进考古与文旅产业深度融合的重要着力点。中国有着 5000 多年的文明史，考古遗产资源极为丰富，发展考古遗产研学旅游有重要的现实意义和极强的可行性。什么是考古遗产研学旅游，考古遗产研学旅游的主要内容、方法和发展路径应该是怎样的？本文将针对这些问题做一些初步探究，以抛砖引玉。

二、基本概念辨析

考古遗产研学旅游是一个还未被学术界充分关注的概念。2023 年 6 月 13 日，分别以"考古遗产研学"、"考古遗产研学旅游"和"考古遗产研学旅行"为主题，在中国知网进行专业检索，均检索不到任何结果。但是，有关"考古遗产"、"研学旅行"和"研学旅游"的研究成果已经非常丰富，这为本研究的开展提供了宝贵的借鉴。前面，中国考古学会考古遗产专业委员会对考古遗产的概念已经进行了清晰的界定，我们可以在对研学旅游的概念进行讨论的基础上，明确考古遗产研学旅游的概念。

在研学旅游这一概念被学术界广泛讨论之前，研学旅行这一概念就已经出现在官方文件中[5]。2016 年，教育部等 11 部门发文推进中小学生研学旅行，明确研学旅行"是由教育部门和学校有计划地组织安排，通过集体旅行、集中食宿方式开展的研究性学习和旅行体验相结合的校外教育活动，是学校教育和校外教育衔接的创新形式，是教育教学的重要内容，是综合实践育人的有效途径"[6]。从这个官方概念可以看出，研学旅行的主体是中小学生，研学旅行的实质是我国教育改革的创新形式，是综合实践育人的有效途径。由于教育部等部门的大力支持，从 2016 年开始，研学旅行在全国中小学校迅速开展起来。由于中小学生研学旅行中的"组织安排""集体旅行""集中食宿"等离不开旅游企业的支持，因此，旅游企业也对此做出了积极反应。但在旅游行业看来，研学旅行的主体不一定局限于中小学生。"因为无论哪个年龄段、哪种职业的人，都有成为研学旅行者的可能。"[7]于是，更能反映旅游行业表达习惯的、涵盖所有旅游主体的"研学旅游"这一概念就出现了，并很快被运用到官方文件中。比如 2017 年，河南省"十三五"旅游产业发展规划中提出要"创新发展文化旅游""鼓励发展研学旅游"[8]，使用的就是研学旅游这个概念。

考虑到不同行业对研学主体的不同认识，陈东军等认为：研学旅游也被称为"修学旅游"或"研学旅行"，广义上是以研究性、探究性学习为目的的专项旅游，是旅游者出于文化求知的需要开展的旅游活动；狭义上指由学校组织、学生参与的，以学习知识、了解社会、培养人格为主要目的的校外考察活动[9]，这一概念的广义方面为本文所认同并加以借鉴。

关于考古遗产研学旅游，学术界还没有一个明确的概念。但有相近的研究可以参考，如程杰晟曾提出文化遗产研学旅游的概念。他认为，文化遗产研学旅游是一种基于人类物质文明和精神文明的物质文化遗存而开展的，以研究性、探究性学习为目的的专项旅游，是旅游者出于对文化遗产知识的兴趣和探究需要而开展的旅游活动[10]，这对本文的研究提供了有益的参考。

据此，结合中国考古学会考古遗产专业委员会对考古遗产概念的界定，本文认为，考古遗产研学旅游是一种基于田野考古发掘所获取的所有遗址、遗迹、遗物等物质遗产，以及由此建立的遗址类博物馆、考古遗址公园等而开展的以研究性、探究性学习为目的的专项旅游，是旅游者出于对考古遗产知识的兴趣和探究需要而开展的旅游活动。同时，考古遗产研学旅游也是面向社会大众，尤其是青少年开展的公共教育活动。

三、发展考古遗产研学旅游的可行性分析

1. 发展考古遗产研学旅游符合文旅产业高质量发展的市场趋势

从改革开放之初到 2000 年，中国旅游业步入市场化发展的最初阶段时，考古遗产文化资源就在旅游市场上占据了重要地位。当时，"依托古都、古城、古镇、文物、遗址等高品级的历史文化资源，通过旅行社组织，形成了诸如故宫、长城、泰山、兵马俑、莫高窟等世界级文化旅游产品及线路"[11]，这样的世界级文化旅游产品及线路在旅游市场上受到了广泛欢迎。

2009 年，为推动旅游产业的转型升级，国家出台"促进文化与旅游结合发展"的政策，并特别提出，"加强文化和旅游的深度结合，有助于推动中华文化遗产的传承保护，扩大中华文化的影响，提升国家软实力，促进社会和谐发展"[12]。作为中国最大的古代文化艺术博物馆，北京故宫博物院在"文化与旅游结合发展"这条路上进行了最初的尝试，并取得了巨大的成功。2013 年，故宫博物院推出了"朕知道了"纸胶带等旅游商品，迅速引爆了庞大的文创产品市场。同年，北京故宫举办以"把故宫文化带回家"为主题的文创设计大赛，各种深受游客欢迎的以博物馆文物元素为主题的文创产品大量涌现。到了 2015 年，故宫博物院三年累计研发文创类产品高达 1273 种，与 60 多家企业有合作关系，销售额也从 2013 年的 6 亿元增长到 2016 年的 10 亿元[13]。根据《人民日报》等媒体的报道，2017 年故宫文创的销售收入更是达到了 15 亿元。这都充分表明了博物馆文物资源在文化市场上的巨大潜力。

为进一步推动旅游业高质量发展，2018 年 3 月，中共中央印发《深化党和国家机构改革方案》，"将文化部、国家旅游局的职责整合，组建文化和旅游部，作为国务院组成部门。不再保留文化部、国家旅游局"。从此中国进入了一个文化和旅游产业融合发展的新时代。拥有丰富文物藏品的博物馆再次引领了这一潮流。从纪录片《我在故宫修文物》《如果国宝会说话》到综艺节目《国家宝藏》《上新了·故宫》等，"博物馆热"成为一种现象级文化。故宫博物院一枝独秀的局面也开始被打破。2021 年河南卫视春晚节目《唐宫夜宴》大获成功，节目的创作灵感来自 1959 年河南安阳张盛墓出土的隋代乐舞俑，现藏于河南博物院。这使得河南博物院基于考古遗产的文旅文创产品开始为全国人民所熟知，当年元宵节期间推出的《河南博物院元宵奇妙夜》更使河南博

物院文旅融合发展的道路越走越宽。2022 年春节期间，疫情虽然还没完全过去，河南博物院的游客访问量就突破了 3 万人次。2023 年，后疫情时代正式到来，市场呼唤更加多元化的基于考古遗产资源的文旅文创产品。

发展考古遗产研学旅游符合文旅产业高质量发展的市场趋势，我国极为丰富的考古遗产将为考古遗产研学旅游的发展充分的资源保障。本文认为，考古遗产研学旅游一定将会成为我国文旅融合发展的一个重要方向和热点，发展考古遗产研学旅游，将会进一步推动我国文旅融合产业的高质量发展，并受到游客的欢迎。

2. 各级政府对发展考古遗产研学旅游提供了有利的政策环境

2018 年以来，随着我国文旅融合发展新时代的到来，各级政府出台许多政策和措施，鼓励和推动文化和旅游融合发展，其中很多内容有利于考古遗产研学旅游的发展。比如，2021 年 4 月，文化和旅游部印发的《"十四五"文化和旅游发展规划》中，提出了"文化遗产传承利用水平不断提高，全国重点文物保护单位'四有'工作完成率达到 100%"的发展目标，要求"用好用足文化、文物、旅游资源""加强考古发掘和文物保护利用""通过多种形式活化文物资源、展现文物价值"[14]。发展考古遗产研学旅游，是用好用足文物资源、活化文物资源，展现文化价值的重要形式。2022 年 1 月，国务院发布《"十四五"旅游业发展规划》，推进"旅游 +"和"+ 旅游"战略，要求"依托博物馆、非遗馆、国家文化公园、世界文化遗产地、文物保护单位、红色旅游景区等资源发展文化遗产旅游"[15]。发展考古遗产研学旅游是文化遗产旅游高质量发展的重要途径。

2022 年 4 月，国家文物局印发《"十四五"考古工作专项规划》的"主要任务"中，在"加快考古成果转化利用"板块，明确提出"鼓励依托国家考古遗址公园、国家重点区域考古标本库房、考古研究基地和考古工作站开展考古工地开放日、考古研学游、考古夏令营等多种公众考古活动"[16]的措施。"考古研学游"正式出现在国家规划中，本文所说的考古遗产研学旅游正是这一国家规划的具体化。

2022 年 8 月，中共中央办公厅、国务院办公厅印发《"十四五"文化发展规划》，要求"提升博物馆、纪念馆和文物保护单位展陈教育水平""推进文物合理利用，建设国家考古遗址公园、文物保护利用示范区、文化遗产廊道，推介以文物资源为载体的国家文化地标和中华文明标识体系"。打造"让文物说话"展览精品工程，讲好文物故事。如何实现国家规划的这些任务，发展考古遗产研学旅游显然是可行的重要途径。

除了上述国家层面的有利政策之外，地方各级政府对发展考古遗产研学旅游也相继出台了有关支持政策。如文物大省河南，于 2021 年 4 月明确"十四五"期间"加强黄河文化考古和遗产保护""推动文化旅游深度融合发展，将文化资源优势转化为发展优势"[17]的具体措施。为将上述措施落到实处，2021 年 12 月，河南省《"十四五"文化旅游融合发展规划》中，提出"依托登封'天地之中'历史建筑群、双槐树等文化遗产，大力发展考古遗产旅游""依托郑韩故城、安阳殷墟等重要考古遗址建设国际考古学堂、考古方舱等项目，引进国际科技团队，合作开展科研考古、大众考古，打造仿真考古体验旅游产品，推出一批考古旅游线路，建设国际一流考古旅游目的地"[18]。2022 年 4 月，河南省文物局发布《河南省文物博物馆事业发展"十四五"规划》，提出将着力推进打造中华文明标识体系等十项重点任务，"加强大遗址保护利用。支持郑州、洛阳等地大遗址综合保护利用，推动贾湖、城阳城等国家考古遗址公园立项单位加快建设，推动安阳殷墟、汉魏洛阳城遗址、隋唐洛阳城遗址、郑韩故城等国家考古遗址公园继续提升建设水平""大力推进让文物'活'起来、深化文物保护利用改革"[19]。显然，这都是对发展考古遗产研学旅游的政策支持。

四、考古遗产研学旅游的产品内容

这里实际要讨论的是考古遗产研学旅游"研什么"的问题。根据我们对考古遗产研学旅游概念的界定，相比较其他研学旅游产品，考古遗产研学旅游产品有着特定的内容。那就是：旅游者的旅游活动内容主要是基于田野考古发掘所获取的所有遗址、遗迹、遗物等物质遗产知识，以及由此建立的遗址类博物馆、考古遗址公园等方面的知识，背后包含的精神层面的文化内容，以及围绕这些知识设计并开展的研究性、探究性活动和公共教育活动。我们可以就以下两个方面对这些内容展开讨论。

（一）物质层面的知识内容

考古遗产首先是以物质形态存在的文化遗产。中国作为历史悠久的文明大国，通过田野考古发现的文化遗产数量已经极为庞大，并且这个数字还会随着我国田野考古的发展不断增加。为了加深对考古遗产的认识，我们需要对其进行分类梳理。这里的考古遗产实际上就是历史文化遗产。根据国家文物局的有关报告，历史文化遗产主要指有形文化遗产，包括可移动文化遗产与不可移动文化遗产，其中可移动文化遗产指器物、典籍、艺术品等；不可移动文化遗产指古迹、建筑群、名城、遗址及周围环境等[20]。田野考古获得的可移动文化遗产一般收藏在博物馆里，不可移动文化遗产一般会就地保护建设成为国家各级文物保护单位、国家历史文化名城（古都）或者国家考古遗址公园等，这些都可以为发展考古遗产研学旅游提供丰富的产品内容。

实际上，从 2016 年教育部等 11 部门联合发布《关于推进中小学生研学旅行的意见》开始，以及随后在全国范围内迅速发展起来的研学旅行热潮中，历史文化遗产属性的研学旅行就占据了重要地位。如 2017 年和 2018 年，教育部先后公布了两批共 785 个全国中小学生研学实践教育基地，有研究者将这些研学实践教育基地划分为 10 种类型，其中"文化遗址类"和"文博院馆类"研学实践教育基地在全国七大地区，特别是历史文化遗产比较丰富的华北、华中和东北地区中都占有很高的比例[21]。即使如此，考虑到我国考古遗产资源的丰富性，考古遗产资源开发利用的程度仍然很低，我们完全可以将考古遗产研学旅游作为一项专项旅游活动进行专门重点开发，我国数量庞大的考古遗产一定能为考古遗产研学旅游的内容生产提供充分的资源保障。比如以华夏历史文明的重要发祥地之一河南为例，中国八大古都中的四个都在河南，仅古都遗产就能为考古遗产研学旅游提供丰富的内容（表 1）。

表 1　河南四大古都里的考古遗产研学

城市	研学主题	研学内容	研学活动实施地
郑州	文明探源	农业起源、城市建造、文明起源	裴李岗遗址、双槐树遗址、郑州商城国家考古遗址公园、郑州大河村国家考古遗址公园、郑州西山遗址、郑韩故城国家考古遗址公园、河南博物院、郑州博物馆
	天地之中	古代建筑、古代天文、二十四节气、"中"文化	登封"天地之中"历史建筑群
开封市	宋都古城	宋代市民生活	北宋东京城、州桥遗址、顺天门遗址、开封市博物馆
	城摞城	古代城市建筑奇观	州桥遗址、顺天门遗址、开封城墙景区
洛阳市	十三朝古都	城市演变	二里头夏都遗址博物馆、偃师商城遗址、东周王城遗址、汉魏洛阳城、隋唐洛阳城国家遗址公园、洛阳博物馆
	隋唐盛世	隋唐社会、丝绸之路、石窟寺考古、唐三彩	隋唐洛阳城国家遗址公园、定鼎门、应天门、洛阳隋唐大运河博物馆、洛阳古墓博物馆、洛阳博物馆、龙门石窟
安阳市	文字起源	甲骨文研习	中国文字博物馆
	殷商古都	商代历史、青铜器铸造	殷墟博物馆、洹北商城遗址、安阳辛店铸铜遗址、中国文字博物馆
	三国风云	乱世枭雄	曹操高陵遗址博物馆

当然，除此之外，其他数量众多、不同类型的考古遗产也可以根据考古遗产研学旅游的不同主题来设计和充实相应考古遗产研学旅游产品的内容。

（二）精神层面的文化内容

在发展考古遗产研学旅游的过程中，必须挖掘考古遗产精神层面的文化内容。这里所说的精神层面的文化内容，指的是考古遗产中所蕴含的能够巩固我们的文化自信、丰富我们新时代中国特色社会主义核心价值观的精神财富和价值导向。2015 年 11 月 3 日，习近平总书记会见第二届"读懂中国"国际会议外方代表时强调："中国有坚定的道路自信、理论自信、制度自信，其本质是建立在 5000 多年文明传承基础上的文化自信。"[22]2022 年 10 月 16 日，习近平总书记在党的二十大报告中明确指出："坚持和发展马克思主义，必须同中华优秀传统文化相结合。只有植根本国、本民族历史文化沃土，马克思主义真理之树才能根深叶茂。"[23]在发展考古遗产研学旅游的过程中，可以从以下三方面挖掘有关精神层面的文化内容。

1. 涵养社会主义核心价值观的文化内容

2021 年 4 月文化和旅游部发布的《"十四五"文化和旅游发展规划》明确要求，要"以社会主义核心价值观引领文化和旅游工作""推动中华优秀传统文化创造性转化创新性发展，使其成为涵养社会主义核心价值观的重要源泉"。在设计考古研学旅游产品的时候，就应有意识、创造性地挖掘和转化考古遗产中这方面的文化内容，潜移默化中将考古研学旅游塑造成为弘扬社会主义核心价值观的重要渠道。比如，以十三朝古都洛阳为主题设计相关考古研学旅游产品时，可以紧紧围绕"汉魏洛阳城""隋唐洛阳城"等遗址遗迹，以及洛阳博物馆相关珍贵文物，讲好"汉唐盛世"里的中国故事，并对"汉唐盛世出现的原因"等问题进行研学挖掘中国古代社会就有的"和谐、文明、富强；自由、公正、法治；爱国、敬业、诚信、友善"等基因，厘清"国富民强"的底层逻辑。将考古遗产研学旅游打造成涵养社会主义核心价值观的典范。

2. 世界上独一无二的连续性文化特征

中华文明是世界历史上唯一历经 5000 年传承发展没有中断的文明。纵观古代巴比伦、古代埃及、古代印度和古代中国等文明古国，在历史上都曾创造了高度发达的文明，但只有中国文明没有中断，一脉相承传承至今，并在当今世界仍有着举足轻重的影响，这是中国文化自信的重要源泉。在发展考古遗产研学旅游产品过程中，可以在这方面有意挖掘，丰富产品内容。还以华夏历史文明的重要发祥地河南为例，在宋朝以前，河南一直是中国历史文化发展的重心。仰韶文化和中国考古学的起源地就在河南三门峡渑池县仰韶村，洛阳、郑州、安阳和开封四大古都见证了中国历史前半段的灿烂和辉煌，有着极其丰富的考古遗产。通过中原考古研学，让参与者读懂中华文明的主根和主脉，读懂中国古老农业的起源，读懂中华文明的起源、发展脉络、灿烂成就和对世界文明的重大贡献，凝聚文化自信之源。进而读懂中华文明大一统的国家凝聚力，强化文化认同感，激发我们不断叩问"从哪里来、到哪里去"的深刻命题、探寻"何以中国"的时代答案。让参与者沿着《河南省"十四五"文化和旅游融合发展规划》绘制的"读懂中国"文化图谱，通过考古遗产研学，实现"行走河南，读懂中国"、增强文化自信的目的。

3. 提升人民群众的文明素养和审美水平

活跃社会文化生活，提高人民群众的艺术修养和审美水平，大力推进文明旅游，是国家《"十四五"文化和旅游发展规划》的基本要求。实际上，在田野考古发现的众多文化遗产中，很多文物具有极高的艺术价值，体现着中国古代先民高超的艺术手法和审美思想。这些都可以在考古研学旅游中进行充分利用。比如，在《河南省"十四五"文化和旅游融合发展规划》中提出的"行走河南·读懂中国"文化线路培育行动中，有一条"中华美学之旅"旅游线路，涵盖了龙门石窟、洛阳东方博物馆之都、河南博物院、开封博物馆、清明上河园景区、南阳汉画馆等艺术水平极高的考古遗产富集地。2021 年河南卫视推出的《唐宫夜宴》节目极大提高了国人的文物审美水平，我们可以从中汲取灵感，沿着上述线路开展考古遗产研学旅游产品的开发，以卢舍那大佛、天子驾六，以及博物馆中的莲鹤方壶、唐三彩、钧瓷等文物艺术精品为主题设计考古遗产研学旅游项目，充实研学旅游活动内容，提升参与者的文明素养和审美水平。必将产生良好的社会效果。

五、考古遗产研学旅游的发展策略

（一）考古遗产研学旅游发展的基础

考古遗产研学旅游并非凭空提出，而是有一定发展基础的。从 2016 年开始的全国性中小学研学旅行活动，实际上已经将考古遗产研学旅游涵盖其中。比如，教育部在 2017 年和 2018 年先后公布的两批全国中小学生研学实践教育基地名单中，属于考古遗址和遗产地，以及以田野考古文物为主要藏品的博物馆就占据了相当大的比例。比如文化部推荐的中国国家博物馆；国家文物局推荐的南京博物院、湖南省博物馆、河南博物院、湖北省博物馆、浙江省博物馆、辽宁省博物馆、山西博物院、大明宫遗址、殷墟博物馆；陕西省推荐的陕西历史博物馆和西安半坡博物馆；河南省推荐的中国文字博物馆、郑州市大河村国家考古遗址公园、洛阳博物馆；浙江省推荐的余姚市河姆渡遗址博物馆；重庆市推荐的重庆中国三峡博物馆、重庆抗战遗址博物馆；四川省推荐的成都市金沙遗址博物馆等。

这些考古遗址和文物藏品丰富的博物馆本身的基础设施建设就相对完善，接待能力强。这些年在接待中小学研学旅行活动中进一步积累了经验，接待条件和能力也得到了进一步提升，这为进一步发展考古研学旅游提供了基础。

（二）发展考古遗产研学旅游面临的主要问题

总体来看，发展考古遗产研学旅游还面临一些问题。第一，还有很多有极高历史文化价值的考古遗址和遗产地还没有得到充分利用，比如云南省元谋人遗址、陕西省蓝田人遗址、北京周口店北京人遗址、河南南召猿人遗址等，这些考古遗址在研究中国远古人类和历史起源等问题上有重大价值和意义，但是在考古研学旅游中还没有得到利用。第二，部分考古遗址和遗产地文化定位不清，文化内涵诠释不足；遗产地形态较差，观赏性弱、遗产地研学基础设施不完善，接待能力差。第三，以田野考古文物藏品为主的知名博物馆，以中小学生研学实践教育活动为主，面向全年龄段旅游者的研学旅游产品开发不足，具有全国知名度知名考古遗产研学旅游品牌不多，品牌建设任重道远。第四，考古遗产研学服务体系还不健全，对研学指导师的文化素养要求更高，但是研学指导师数量不足，能力有待提升。第五，考古遗产研学旅游市场主体混杂，各自为战，细分市场还没有充分形成。

（三）基本发展思路

首先，立足河南，提高站位，做好顶层设计。建设国际考古旅游先行区是河南省实施文旅文创融合战略的重要举措之一，发展考古遗产研学旅游应该紧紧围绕河南省这一重大战略，提高站位，做好顶层设计。考古遗产研学旅游具有跨界融合、多方联动的突出特征，存在业务的综合性和部门管理的割裂性矛盾，顶层设计的主要任务是组建多个部门参与的协调工作小组，通过协作机制合理推进河南考古遗产研学旅游工作。

其次，摸清家底、针对问题、增强举措。通过深入调研，系统梳理河南考古遗产研学资源，以地区为单位分主题筛选一批形态良好、研学教育价值突出的遗产地，建立"河南考古遗产研学资源库"，对入选的考古遗址地进行综合研判，编制《河南省考古遗产研学规划》，以资源为依托，规划河南未来 3 ～ 5 年考古遗产研学旅游蓝图，然后精准施策，有序开发利用。编撰《"行走河南·读懂中国"考古遗产研学》系列研学读本，将河南考古遗产研学旅游工作落到实处。

再次，制定具有操作性与可行性的具体发展策略。下面作为重点问题专门展开论述。

以河南为主要对象，制定考古遗产研学旅游的"八个一"策略，具体是设立一个基金、创立一个品牌、出台一套导则、开发一批线路、打造一批基地、培养一批导师、建立一套机制、创建一个平台。在成功的基础上，进行全国推广。

1. 设立一个基金

名称初步确定为"中原考古遗产研学研修国际交流基金会"，简称中遗研基金会。基金会通过对文化遗产教育进行融资，支持考古遗产教育产业的发展。所融资金主要用于文化遗产地基础设施配套建设和考古遗产研学、研修，文物活化利用等领域，助推河南文旅文创融合发展战略目标的实现。本基金构成分为公募基金和非公募基金两部分，公募基金的主要资金来源是民间捐赠、海外捐赠和基金会投资经营性收益；非公募基金的主要资金来源是河南省文物局发起设立的、由财政拨付的专项资金，使用方式可以是财政直接补贴转为基金化运作，分别通过公益性投资和经营性投资产生社会收益。

2. 创立一个品牌

统筹研究河南考古遗产研学旅游的内容，深入研究品牌名称、品牌个性及商标和符号的考古遗产研学属性，创立一个在地特色鲜明，能够起到引领作用的考古遗产研学品牌。重点考虑的品牌名称有"中遗研（中原遗产研学研修）""中华源研学""行走河南·读懂中国""华遗研（中华文明遗产研学研修）""豫古研学""河南考古遗产研学"等。可以在河南考古遗产研学项目实际执行过程中，根据市场和社会的反应和接受程度，选择确定其中一个名称，进行重点建设。在建设过程中，通过创新性的带有品牌商标的研学活动专用鞋帽服饰、背包等统一视觉系统融入元宇宙概念，推出融入动漫场景的系列公仔 IP 形象，用具象化的形象建立文脉赓续图谱，讲述中国故事。在公仔身上设置二维码，扫码即穿越不同时代的历史场景。从而创立一个拥有无限发展前景，具有极高品牌价值的考古研学旅游品牌。

3. 出台一套导则

为促进大遗址合理利用，提升大遗址保护管理和利用水平，2020年8月，国家文物局组织编制并发布了《大遗址利用导则（试行）》（文物保发〔2020〕13号）。同年10月，教育部和国家文物局联合发布《关于利用博物馆资源开展中小学教育教学的意见》（文物博发〔2020〕30号）。这为发展考古遗产研学旅游提供了具体的官方导则性文件，指明了考古遗产研学旅游发展的广阔前景。但是，地方各省区制定和发布的关于考古遗产教育类导则性文件尚为少见，能够看到的只有陕西省2020年出台的《关于规范陕西省博物馆研学旅行的指导意见》（陕文物发〔2020〕76号）。

河南也是文物大省，发展考古遗产研学旅游有着先天的优势。建议由河南省文物局、河南省文物考古学会共同编制《河南省考古遗产研学研修导则》，对河南考古遗产研学的内容、方法和形式进行规范性要求。使河南考古遗产研学旅游一开始就步入一个规范发展的道路。鉴于河南考古遗产的丰富性和多样性，可以根据不同类型的文物遗产资源制定相应具体的研学导则，如《河南省古建研学研修导则》《河南省革命文物研学研修导则》《河南省工业遗产等新增遗产类型研学研修导则》《河南省博物馆研学研修导则》等等，与《河南省考古遗产研学研修导则》一起，构成河南考古遗产研学系统性指导性文件，不仅规范河南考古遗产研学的健康发展，在全国范围内也将起到引领作用。

4. 开发一批考古遗产研学旅游线路

以主题为纲，以年代为轴，以遗产地为目，开发一批考古遗产研学线路，系统阐释中华文明的价值和精神内涵，拓宽河南考古遗产研学旅游市场（表2）。

表2　河南考古遗产研学旅游线路

线路名称	人类起源研学之旅	文明起源研学之旅	国家起源研学之旅	王朝更替研学之旅	追寻先贤研学之旅	四大古都研学之旅	考古发现研学之旅
研学主题	实证东亚人类连续演化进程	仰望中华文明的第一缕曙光	见证中华文明国家的起源和发端	触摸中华文明演进的主根脉	回望群星闪耀的历史长河	追寻古代王朝的盛世荣光	感悟中国考古学的生动实践
线路构成	南阳南召人遗址—灵井"许昌人"遗址—新密李家沟遗址	灵宝西坡遗址—仰韶村国家考古遗址公园—庙底沟国家考古遗址公园—大河村国家考古遗址公园—双槐树遗址	二里头夏都遗址博物馆—淮阳平粮台古城遗址	偃师商城国家考古遗址公园—郑州商都遗址博物院—洛阳周王城天子驾六博物馆—郑韩故城国家考古遗址公园—信阳城阳城遗址博物馆—隋唐洛阳城国家遗址公园—州桥及古汴河遗址	淮阳太昊陵—新郑黄帝故里—汤阴羑里城—曹操高陵遗址博物馆、曹丞相府—南阳武侯祠—许昌春秋楼—霸陵桥—汤阴岳飞庙	河南博物院—二里头夏都遗址博物馆—隋唐洛阳城国家遗址公园—龙门石窟—河南城市考古博物馆—开封城墙—殷墟博物馆—曹操高陵遗址博物馆—郑州商都遗址博物院—黄帝故里—巩县石窟寺	渑池仰韶村遗址—殷墟博物馆—安阳后冈遗址—鹤壁辛村遗址—二里头夏都遗址博物馆

5. 打造一批考古遗产研学旅游基地

以线路为引领，对相关遗产地分步骤开展考古遗产研学基地建设，打造一批特色鲜明，同中有异的考古遗产研学基地。应集中优势资源，包括但不限于资金支持、专家支持、专业团队的支持，选择河南省文物考古研究院新院、郑州商城国家考古遗址公园、郑州市大河村国家考古遗址公园、隋唐洛阳城国家遗址公园、二里头夏都遗址博物馆、开封城摞城遗址博物馆、州桥遗址、殷墟博物馆等，基础较好的考古单位和考古遗址，打造省内考古遗产研学基地标杆，在全省基地建设过程中发挥示范作用。基地建设的一项核心内容是考古研学课程建设，应根据不同研学基地的不同特征研发主题鲜明、体验感好、操作性强的课程和活动。研学课程的教师教案、学生手册、教师教具、学生学具、主题活动等课程资源库建设要同步展开，确保考古遗产研学课程的权威性、专业性、科学性、教育性与可实施性。

6. 培养一批考古遗产研学指导师

首先，建立研学指导师持证上岗制度。研学指导师不仅需要创新的教育思维、强大的掌控能力，还要有深厚的考古遗产文化知识和素养。通过选拔和培训，符合研学指导师要求的从业者颁发研学指导师证书，实现研学指导师持证上岗。考古研学指导师培训的内容至少应该包括研学教育理论与政策、文化遗产知识、研学课程教学能力、实践教育能力、师德师风等，确保形成一批高素质考古研学指导师队伍。其次，吸纳一批专业人才，组建一支专业队伍。可以从文博考古单位、第三方专业机构吸纳一批专业人才，组建考古遗产研学专家智库，对全域研学规划、研学基地建设、研学线路及课程体系开发进行专业指导，高质量推进研学事业发展。再次，引入第三方专业机构，系统开展全域研学规划、研学基地建设、课程体系开发和研学导师培训工作。

7. 建立一套机制

建立与教育系统的联动机制，积极推进文化遗产教育落地实施。中小学生是考古遗产研学教育的主体，因此，考古遗产研学相关机构应与教育系统充分交流与合作，充分认识考古遗产研学的价值和意义，达成共识，把考古遗产研学教育作为校外教育的重要内容，制订计划有序实施并形成长效机制，是考古遗产研学大局展开的重要保证。向教育行政管理部门建言献策，由教育厅出台考古遗产研学相关政策，由地市教育局出台考古遗产研学实施方案，督促中小学制定考古遗产研学计划。多方合作，建立考古遗产研学的有效运行机制。

8. 创建一个平台

《河南省国民经济和社会发展"十四五"规划和 2035 年远景目标纲要》提出，要"顺应线上消费新趋势，加快生活性服务业线上线下融合发展，培育具有示范带动作用的数字生活新服务标杆城市。建设省智慧旅游开放平台，推广云上景区、云上场馆等服务模式，打造一批"钻级"智慧旅游景区"。考古遗产研学旅游的发展也应顺应这一发展趋势，开发建设"行走河南·读懂中国"数字考古研学平台，有效链接遗址地、研学机构、学校、中小学生和广大考古遗产研学旅游爱好者，助力考古遗产研学旅游的智慧化发展。数字考古研学平台的建设应该注重平台内容建设，通过完善的课程体系、有趣的互动游戏、好看的原创画报、全面的视频介绍等方式完整展示考古遗址地内容，系统阐释中华文明谱系。并通过流量分析，对考古遗产研学旅游市场进行大数据分析和预测，为管理部门提供文旅文教数据参考。

六、结论和展望

发展考古遗产研学旅游，符合国家《"十四五"文化发展规划》等国家战略的需要，也是中国文旅融合发展趋势下，推动文旅产业高质量发展的重要举措。文物局、博物馆和考古遗产地的发展，对考古遗产研学旅游在"活化"历史文物方面的作用充分肯定。发展考古遗产研学在中国，特别是在以河南为代表的考古文化遗产丰富的省份，具有极大的可行性。

展望未来，考古遗产研学旅游虽然起步较晚，还存在各种的问题，但随着工作的不断推进，国家和地方各级政府对历史文化遗产保护的措施越来越有力，各地国家考古遗址公园的建设成效越来越显著，相信考古遗产研学旅游的发展有着非常美好的前景。

注释

[1] 《习近平主持中央政治局第二十三次集体学习并讲话》，新华社：https://www.gov.cn/xinwen/2020-09/29/content_5548155.htm.

[2] 《中国考古学会考古遗产专业委员会秘书处正式揭牌又一全国性考古机构落户郑州》，河南省文物局：https://www.henan.gov.cn/2023/05-22/2747071.html.

[3] 《中国考古学会考古遗产专业委员会在河南郑州成立》，中国新闻网：http://www.chinanews.com.cn/cul/2023/05-20/10011155.shtml.

[4] 《国务院办公厅印发〈"十四五"文化发展规划〉》，中共中央办公厅：https://www.gov.cn/zhengce/2022-08/16/content_5705612.htm.

[5] 《关于印发国民旅游休闲纲要（2013—2020 年）的通知》（国办发〔2013〕10 号），国务院办公厅：http://www.gov.cn/zhengce/content/2013-02/18/content_3928.htm.

[6] 《教育部等 11 部门关于推进中小学生研学旅行的意见》（教基一 [2016]8 号），中华人民共和国中央人民政府：http://www.gov.cn/xinwen/2016-12/19/content_5149947.htm.

[7] 马波、刘盟：《中小学生研学旅行研究的三个关键问题》，《旅游学刊》2020 年第 9 期。

[8] 《关于印发河南省"十三五"旅游产业发展规划的通知》（豫政办〔2017〕94 号），河南省人民政府办公厅：http://www.henan.gov.cn/2017/09-06/249103.html.

[9]　陈东军、谢红彬：《我国研学旅游发展与研究进展》，《世界地理研究》2020 年 29 卷第 3 期。

[10]　程杰晟：《河南文化遗产研学旅游高质量发展的路径与策略》，《河南牧业经济学院学报》2022 年第 3 期。

[11]　张飞：《文旅融合：历程、趋势及河南路径》，《中国旅游报》2020 年 6 月 5 日第 3 版。

[12]　《文化部、国家旅游局关于促进文化与旅游结合发展的指导意见》，国家旅游局：https://zwgk.mct.gov.cn/zfxxgkml/scgl/202012/t20201206_918160.html.

[13]　陈晨：《故宫博物院文化创意产业发展研究》，《广西社会科学》2017 年第 7 期。

[14]　《"十四五"文化和旅游发展规划》，文化和旅游部：https://www.gov.cn/zhengce/zhengceku/2021-06/03/5615106/files/2520519f03024eb2b21461a2f7c2613c.pdf.

[15]　《关于印发"十四五"旅游业发展规划的通知》，中华人民共和国中央人民政府：https://www.gov.cn/zhengce/zhengceku/2022-01/20/content_5669468.htm.

[16]　《关于印发〈"十四五"考古工作专项规划〉的通知》，国家文物局：https://www.gov.cn/zhengce/zhengceku/2022-04/22/content_5686684.htm.

[17]　《关于印发河南省国民经济和社会发展第十四个五年规划和二〇三五年远景目标纲要的通知》，河南省人民政府：https://www.henan.gov.cn/2021/04-13/2124914.html.

[18]　《关于印发河南省"十四五"文化旅游融合发展规划的通知》，河南省人民政府：https://hct.henan.gov.cn/2022/01-15/2383201.html.

[19]　《河南省文物博物馆事业发展"十四五"规划》，河南省文物局：https://www.henan.gov.cn/2022/04-28/2440592.html.

[20]　庞妃、史春林：《习近平关于历史文化遗产保护与利用重要论述研究》，《湖南社会科学》2022 年第 1 期。

[21]　吴儒练、李洪义、田逢军：《中国国家级研学旅行基地空间分布及其影响因素》，《地理科学》2021 年第 7 期。

[22]　《文化自信是更基本更深沉更持久的力量》，《求是》2019 年第 12 期。

[23]　求是杂志社理论学习中心组：《"两个结合"的光辉典范》，《人民日报》2023 年 5 月 30 日。

大遗址考古与保护利用模式的发展

张治强

中国文化遗产研究院

[摘要] 大遗址考古伴随着大遗址的保护，大遗址的保护工作伴随着新中国从基本农田建设、大型基本建设、城市开发、城乡融合发展、美丽乡村振兴、文旅融合等一步步发展，考古成果现场和考古成果渐被国家和社会重视、认识。大遗址考古成果从透物见人、补史等作用，提升到文化建设、文化自信高度。新时代的大遗址文物保护和利用，应把握时代之需开展创造性转化、创新性发展，为建设文化强国、建设中华民族现代文明作出应有贡献。

[关键词] 大遗址考古发展过程 大遗址考古的任务 大遗址的保护与利用模式

大遗址是中华文明的重要载体，上至百万年人类史、万年文化史、五千多年文明史，下至清代之前各历史时期的重大城址、墓葬群等。新中国成立以来，大遗址的考古、保护和利用随着国家重大经济、文化建设的不断变化，考古、保护的目的和方式不断创新和发展，利用的模式也因社会经济文化的发展而推进。本文就对 20 世纪 60 年代以来大遗址考古、大遗址保护和利用的几个阶段，谈几点认识。

一、大遗址的保护与基本农田建设

20 世纪 60 年代，国家大兴基本农田建设，平原地区取高填低，山区修整梯田，丘陵地带挖山造田。在这一大规模经济建设中，古代城址、王陵被陆续发现，如北京琉璃河遗址和贵族墓、河北燕下都遗址及王陵、河北战国中山王陵等在平原取土垦地中发现，甘肃礼县大堡子山、内蒙古宁城夏家店等在大修梯田时发现。当时部队也参加到基本建设中，如河北满城汉墓就是部队炸山采石发现等。随着基本农田建设的开展，文物被陆续发现，文物保护和研究工作随着这些线索开展考古研究。新的考古发现不断涌现，全国考古工作处于集中大会战时期，推动了考古发掘领队班的开展和建设，历史时期的城址多在这一阶段有了新发现、新突破。大遗址的保护和研究工作大规模被动式开展。

二、大遗址的保护与考古学文化

20 世纪 80 年代，改革开放全面恢复了高考招生，全国重点院校设置了考古专业，考古专家基于前期基本农田建设期间考古成果的积累，考古学专业开展教学研结合考古学实习。考古学者不再忙于服务基本农田建设，主动性地通过学生实习，有目的地开展探索考古学文化特点，一时间"考古学文化""考古学文化类型"等成为大遗址考古和研究的重点。基于考古学文化研究的基础，因分文化、分期的实践，创立考古区系类型学理论。这种情况下推动大遗址考古发现的研究，比如说红山文化、仰韶文化、龙山文化、良渚文化等。在这一时期各地陆续建立了一些小型遗址博物馆，对遗址开展了尝试性的展示和利用，如西安半坡遗址博物馆、北京考古遗址博物馆（琉璃河遗址）等。开始了部分遗迹室内展陈或室内模拟展陈，遗址博物馆成为遗址保护利用的主要方式，大量的以论证考古学文化、区系类型的文章成为考古学主流。

三、大遗址的保护与聚落考古研究

到了 20 世纪 90 年代，大规模基本建设尚未开始，特别是长江以北地区仍处在探索和观望阶段。随着改革开放走出去与引进来，我国考古工作者在区系类型研究的基础上，开始关注于史前人类的生业模式、思想等。基于以聚落考古的研究，以重建古史为目的，这样的一种考古学的任务，推动了我们大遗址的保护和利用。如凌家滩遗址、陶寺遗址、牛河梁遗址等，自从发现一直在开展考古工作，都是基于重建古代史的任务开展的。白寿彝先生主持编撰的中国史前卷正是在这一背景下得以出版。

四、大遗址的保护与基本建设发展

改革开放 40 多年来，要说最大规模的大遗址考古，就是自 2000 年至 2010 年，大规模高速公路工程，大规模城市扩张建设，特别是第七批全国重点文物保护单位公布后，文物的内涵和外延得到了拓展，由文物走向了文化遗产，矿冶遗址、农业遗址等不断纳入文物中的大遗址类别。这一时期，大遗址保护工作仅通过考古已不能解决问题，对于大遗址的保护需要前瞻性规划和指导。这时候国家文物局依时提出了大遗址保护规划，通过规划提前布局，推动遗址的整体保护。中国文化遗产研究院等带领社会其他科研规划专业机构开始参与到大遗址的保护，通过制定保护规划推动大遗址的整体保护。财政部和国家文物局制定了大遗址专项规划和提供专项经费，支持大遗址考古、保护和利用。

五、大遗址的保护与城乡建设发展

21 世纪 10 年代，位于城市的大型遗址与城市开发之间的矛盾已发展到不可调和，全社会对于大遗址文物的价值因看不见、摸不着，无法理解。如大明宫、隋唐洛阳城等重要城址，大遗址既没有文物应得的尊严，又对城市建设起不到添彩作用。城市建设的快速发展与大遗址本体的保护和大遗址的环境之间产生了不协调。国家文物局提出建设国家考古遗址公园，并首先公布了一批 12 家示范性考古遗址公园，就是通过建设考古遗址公园推动大遗址保护，也是推动考古理念的转变与发展。

随着社会经济文化的全面发展，城镇化水平不断提高，以市县级为中心的城市建设与大遗址保护的协调成为大遗址考古和保护利用的重要任务。一些我们认为区位条件不具备建设国家考古遗址公园的重点遗址也陆续进入立项和挂牌名单，考古遗址公园的区位、展示利用方式理念又得以拓展。国家文物局先后公布了第二、三批国家考古遗址公园共 24 家。

2022 年国家文物局公布了第四批国家考古遗址公园共 19 家，突破了前三批每批 12 家的控制数量的理念。国家文物局从第一批公园到第四批公园的公布，体现了大遗址考古理念、保护和展示理念的不断创新。如国家考古遗址公园由城市到城乡接合部到乡野，大遗址考古由为基本建设服务，由被动考古至有计划考古，由重点考古到全面格局考古，由封闭性考古到公众考古，由为研究考古到为研究保护利用活化的考古等。

六、大遗址考古成果的保护与利用方式

大遗址保护的方式有很多种。一是关于现场保护，重要遗迹面积较大时，首先要想到永久性保护利用，就要立即建设临时或永久性保护设施，防止自然和人为破坏。重要遗迹面积较小不便于野外保护时，要立即迁移到室内进行保护，再进行实验室考古。对于没有预案的考古发掘，现场不宜长期暴露，在如何保护的问题上，短期不能取得一致意见的情况下，先进行科学回填式保护，如夯土基址、墓葬等。二是研究性复原的理念建设保护性设施，如大明宫遗址，隋唐洛阳城遗址等的部分保护性设施。三是诠释性的复原和基于现状恢复性复原，根据考古实际尺寸推测复原，依据遗址本体进行修复性复原。四是地表模拟展示，一种是对考古现场不好保存，回填后在原空间模拟考古发掘现场，如凌家滩、盘龙城、良渚等部分展示场所；一种是对建筑基址台基以下进行研究性复原通过视窗的形式展示考古局部现场，如圆明园含经堂基址，元中都 1 号大殿等；一种是印象物、标识物的展示方式，比如大明宫遗址尝试的仿唐木构，仰韶遗址公园用地柏表示壕沟、玫瑰花纹碗等。

七、让考古遗产活起来的理解

如何理解让考古遗产活起来，国家考古遗址公园管理办法明确了科研、教育、游憩。这三个功能发挥了，其实就是考古遗址公园活起来了。一是考古发掘活动现场直接参观。最直观地体现考古工作者是如何工作的，因为考古工作者的考古活动就是考古遗址公园的一部分。二是建设考古博物馆。各省考古研究机构存放着大量未上展线的考古发掘品，首先，应鼓励建设以省为单位的省级考古遗址博物馆。如三星堆博物馆、陕西考古博物馆等，展览形式和内容各不相同，基本全面展示了考古工作的方方面面和考古遗产的发现、发掘和研究成果。其次，鼓励考古发掘单位与地方共建考古遗址博物馆。目前，多数遗址博物馆存在文物数量少、级别低等普遍现象。应通过共建来丰富遗址博物馆展陈文场，增加文物内涵，发挥博物馆功能。三是围绕大遗址内涵开展的教学研究活动。如大明宫的嘉年华、三星堆数字遗产、河南的考古盲盒、金沙太阳节等，既体现考古遗址的价值又能够吸引青少年关注考古遗产。四是通过开放考古发掘品数据资源，吸引社会力量开展文创产业。五是引进社会资本开展文旅体验。管理单位规范好、引导好，不破坏遗址的本体，开展文旅体验活动。

八、新时代大遗址的保护的任务

全面高质量发展，不仅是对经济的，是对社会的全面的发展，大遗址保护主要是精神层面和物质层面的贡献。精神层面如文明标识的构建、文化自信的助力、文化强国的建设等，最终是通过创造性转化，创新性发展，实证中华百万年人类史，一万年文化史，五千多年文明史，为"担负起新的文化使命，努力建设中华民族现代文明"而助力。物质层面如城乡一体化、以文促旅以旅彰文、建设美丽中国。

以上是关于大遗址保护和利用的几点思考，作为新时代考古人的使命，我们考古人如何回答考古成果创造性转化和创新性发展。考古人如何做好价值挖掘、有效利用、让文物活起来，且价值挖掘的任务既困难又紧迫关系到最终让文物活起来的目的。

探索遗址活化的文化之路
——荆楚大遗址传承发展工程实践

陈 飞

湖北省文物局文物保护与考古处

[摘要] 十八大以来，党和国家高度重视考古和文化遗产保护工作，2019年2月，湖北省政府发布了《荆楚大遗址传承发展工程实施方案》，为湖北荆楚遗址的保护和传承发展指明了方向。近年来，湖北站位增强文化自信自强，践行以人民为中心的发展思想，把遗址公园建设作为构建荆楚文化保护传承精神标识的重要抓手，通过实施荆楚大遗址传承发展工程，在保护传承荆楚文化、讲好湖北故事的同时，有效促进全省城乡融合发展，走出了一条符合国情、富有荆楚特色的遗址公园建设之路。

[关键词] 荆楚大遗址 遗址活化 工作实践

　　湖北因湖得名、因江而盛，文脉悠长、人文荟萃，是长江文明重要发源地、楚文化发祥地、革命文化富集地，在中华文明发展史上的地位举足轻重。全省文物资源极其丰富，类型多样，特色鲜明，内涵丰富，价值巨大，不仅是荆楚文化的重要标识，而且是中华文明体系中不可或缺的重要组成部分。为深化文化供给侧结构性改革，传承弘扬荆楚文化，实现文化遗产的创造性转化、创新性发展，充分发挥文物资源，特别是大遗址在乡村振兴、长江经济带建设等发展战略中的促进作用，满足人民群众对美好生活的向往，提升湖北文化软实力。2019年2月，省政府全面启动荆楚大遗址传承发展工程。

一、荆楚大遗址传承发展工作愿景

（一）工作遵循

十八大以来，习近平总书记站在实现中华民族伟大复兴中国梦的战略高度，就文物保护做出系列重要指示批示，为加强大遗址保护提供了根本遵循。

2016 年 3 月 23 日，习近平总书记关于文物工作的重要指示："努力走出一条符合国情的文物保护利用之路，为实现'两个一百年'奋斗目标、实现中华民族伟大复兴的中国梦作出更大贡献。"[1]2020 年 9 月 28 日，习近平总书记主持十九届中共中央政治局第二十三次集体学习："我们要加强考古工作和历史研究，让收藏在博物馆的文物、陈列在广阔大地上的遗产、书写在古籍里的文字都活起来，丰富全社会历史文化滋养。"[2]2020 年 11 月 14 日，习近平总书记在全面推动长江经济带发展座谈会上时讲："要保护好长江文物和文化遗产，深入研究长江文化内涵，推动优秀传统文化创造性转化、创新性发展。"[3]2022 年 5 月 27 日，习近平总书记在主持中共中央政治局第三十九次集体学习时强调："文物和文化遗产承载着中华民族的基因和血脉，是不可再生、不可替代的中华优秀文明资源。要让更多文物和文化遗产活起来，营造传承中华文明的浓厚社会氛围。要积极推进文物保护利用和文化遗产保护传承，挖掘文物和文化遗产的多重价值，传播更多承载中华文化、中国精神的价值符号和文化产品。"[4]因此，构建完善的区域文物保护利用体系，不仅是保护国家和民族的历史根脉，延续和传承中华优秀传统文化，更是坚定文化自信的具体措施。

（二）政策引导

2018 年 10 月，中共中央办公厅、国务院办公厅印发《关于加强文物保护利用改革的若干意见》：依托价值突出、内涵丰富的珍贵文物，推介一批国家文化地标和精神标识，增强中华民族的自豪感和凝聚力[5]。2019 年省政府启动荆楚大遗址传承发展工程，成立领导小组，组建专班，印发实施方案和规划纲要。将 40 处具有典型代表性的全国重点文物保护单位、湖北省文物保护单位纳入项目库，旨在夯实大遗址考古与保护管理工作基础，强化部门协同，加大展示利用与基础设施建设力度，推进文化旅游融合，助力乡村振兴、长江经济带建设等重大发展战略。2020 年 8 月，湖北省委办公厅、省政府办公厅印发了《关于加强全省文物保护利用改革的工作措施》，明确要求依托湖北世界文化遗产、荆楚大遗址、革命文物、历史文化名城名镇名村街区等珍贵文化遗产，深入挖掘湖北文物资源的突出价值和丰富内涵，推介一批国家文化地标和精神标识、文化印记。

二、荆楚大遗址传承发展工程项目谋划

（一）工作构想

2018 年 4 月 27 日，国家主席习近平同印度总理莫迪在武汉举行非正式会晤，共同参观湖北省博物馆精品文物展时讲："荆楚文化是悠久的中华文明的重要组成部分，在中华文明发展史上地位举足轻重。"[6]2022 年 6 月 18 日湖北省第十二次党代会报告："湖北是长江文明重要发源地、楚文化发祥地、革命文物富集地。"[7] 根据《荆楚大遗址传承发展工程实施方案（2019—2023 年）》[8] 规定，荆楚大遗址传承发展工程以在全省遴选的 40 处重要文物资源为基础形成项目库，通过建设国家考古遗址公园、湖北省文化遗址公园，全面提升全省文物保护利用水平。具体工作，围绕"人类起源""文明起源""楚文化""三国文化""土司文化""红色文化""荆楚名人"等主题，到 2023 年建成开放的国家考古遗址公园和湖北省文化遗址公园不少于 20 个，荆楚大遗址传承发展体系基本形成，成为中国大遗址保护南方示范区。

（二）资源构成

荆楚大遗址项目在空间分布上囊括了不同的地理单元。按照不同大遗址的文化属性和行政区划、地理单元的关系，可以将其分为六个不同片区。其中以江汉平原、曾随文化和楚文化核心区的遗址类型、分布范围最为典型（表 1）。

表 1　荆楚大遗址传承发展工程片区分布

荆楚大遗址分布片区		大遗址名称
江汉平原（鄂中）片区（3 处）		屈家岭遗址、石家河遗址、马家垸遗址
曾随文化（鄂北）片区（6 处）		苏家垄墓群、炎帝故里、擂鼓墩古墓群、叶家山墓地、义地岗古墓群、安居遗址
楚文化核心（鄂中南）片区（5 处）		熊家冢、龙湾遗址、楚纪南故城、走马岭遗址、纪山楚墓群
鄂西北片区（6 处）	襄阳片区（5 处）	古隆中、习家池、张自忠殉国处纪念园、凤凰咀遗址、雕龙碑遗址
	十堰片区（1 处）	学堂梁子遗址
鄂东北片区（13 处）	武汉片区（2 处）	盘龙城遗址、明楚王墓群
	黄冈片区（6 处）	新四军五师司令部旧址、中原突围纪念园、李时珍墓、东坡赤壁、禹王城遗址、罗州城遗址
	黄石片区（2 处）	铜绿山古铜矿遗址、华新水泥厂旧址
	咸宁片区（3 处）	向阳湖文化名人旧址、天岳关抗战遗址、赤壁古战场
鄂西南片区（7 处）	宜昌片区（4 处）	屈原祠、关陵、长阳人遗址、城背溪遗址
	恩施片区（3 处）	容美土司遗址、建始直立人遗址、大寨坪遗址

荆楚大遗址在旧石器时代至当代均有分布，其中尤其以屈家岭—石家河文化为代表的新石器时代、楚文化和曾随文化为代表的商周时期、土司和藩王文化等为代表的明清区域特色文化、革命和红色文化为代表的近现当代 4 类遗存为典型（表 2）。

表 2　荆楚大遗址传承发展工程典型时代分布

荆楚大遗址时代分布	大遗址名称
新石器时代遗存（7 处）	屈家岭遗址、石家河遗址、凤凰咀遗址、雕龙碑遗址、城背溪遗址、走马岭遗址、马甲垸遗址
商周时期遗存（12 处）	盘龙城遗址、铜绿山古铜矿遗址、熊家冢、苏家垄墓群、龙湾遗址、楚纪南故城、纪山楚墓群、禹王城遗址、擂鼓墩古墓群、叶家山墓地、义地岗古墓群、安居遗址
明清时期遗存（6 处）	明楚王墓群、屈原祠、李时珍墓、东坡赤壁、炎帝故里、容美土司遗址
近现代遗存（6 处）	华新水泥厂旧址、张自忠殉国处纪念园、新四军五师司令部旧址、中原突围纪念园、向阳湖文化名人旧址、天岳关抗战遗址

荆楚大遗址涵盖了除壁画外的其他各个文物类型，以古遗址、古墓葬最为丰富。其中古遗址类型中城址占比最高（10 处），占古遗址类型的 47.62%；古墓葬类型中商周时期的曾随文化和楚文化占比最高（6 处）、占古墓葬类型的 66.67%（表 3）。

表 3　荆楚大遗址传承发展工程主要类型分布

遗址类型	大遗址名称
古遗址（21 处）	盘龙城遗址、铜绿山古铜矿遗址、屈家岭遗址、石家河遗址、龙湾遗址、学堂梁子遗址、凤凰咀遗址、雕龙碑遗址、长阳人遗址、城背溪遗址、楚纪南故城、走马岭遗址、马家垸遗址、禹王城遗址、罗州城遗址、赤壁古战场、炎帝故里、安居遗址、容美土司遗址、建始直立人遗址、大寨坪遗址
古墓葬（9 处）	熊家冢、苏家垄墓群、明楚王墓群、关陵、纪山楚墓群、李时珍墓、擂鼓墩古墓群、叶家山墓地、义地岗古墓群

（三）价值定位

《关于〈中国文物古迹保护准则〉若干重要问题的阐述》指出："对文物价值的认识不是一次完成的，而是随着社会发展、人们科学文化水平的不断提高而不断深化的。"随着研究考古发掘和价值研究工作的不断深入，荆楚大遗址的文物资源价值已渐趋统一。

1. 文明见证

荆楚大遗址所在地区是实证中国五千年文明史最具规模和水平的地区之一，是长江文明历史文化的载体，是长江文明辉煌的历史见证，也是中华文明起源的重要组成部分。其中，位于天门市石家河镇的石家河遗址，距今约 5900～3900 年，是长江中游地区迄今发现面积最大、延续时间最长、等级最高、附属聚落最多的史前城址聚落。在距今约 5500～5000 年，石家河人筑成了面积为 22 万平方米的谭家岭古城 [9]。1955 年在石家河罗家柏岭遗址出土的玉凤 [10]，年代为新石器时代晚期，造型秀美，线条遒劲流畅，非常注重细部刻画，代表了当时高超的琢玉水平，其造型影响了中国凤鸟艺术，被誉为"中华第一凤"。

2. 研究依据

荆楚大遗址为研究历史时期长江中游湖北地区城市建设、政治、经济等各方面文化面貌提供了重要依据，对厘清湖北及周边地区的历史文化脉络起到重要作用，具有较高的史料价值。其中，位于武汉黄陂区的盘龙城遗址，距今约 3500～3200 年，是长江流域发现的夏商时期规模较大、出土遗存较为丰富的城邑遗址，也是武汉城市文明的源头，揭示了夏商文化在长江流域的传播与分布。

3. 重要遗存

荆楚大遗址保存了大量考古文化遗存，具有古代城市、建设工艺、军事等多方面重要学术价值，保留了环境学、人种学、社会学等诸多学科的重要信息，具有重要的科研价值。其中，位于湖北十堰郧阳区的学堂梁子遗址，是一处集古人类化石、古动物化石和石制品三位一体的重要旧石器时代遗址，埋藏的人类化石的地层的年代被测定为距今 110 万～80 万年。遗址保存面积约 190 万平方米，埋藏于汉水北岸的第四级阶地内。2022 年 5 月 18 日在此发现的郧县人 3 号头骨是迄今欧亚内陆发现的同时代最为完好的古人类头骨化石 [11]，保留该阶段人类重要而稀缺的解剖学特征，该化石处在古人类近 200 万年演化历程的中间和关键环节上，为探讨东亚古人类演化模式、东亚直立人来源、东亚直立人与智人演化关系等重大课题提供了翔实而关键的化石及文化证据。为实证中华大地百万年的人类演化史，讲好东方人类故乡先民演化和文化发展的故事，提供了关键节点的重要依据与信息。

4. 艺术宝库

荆楚大遗址包含丰富的文化底蕴，无论是大遗址整体格局还是单独出土的文物都具有极高的艺术欣赏价值，涉及建筑、审美等多个方面，给予人们美的享受、陶冶情操，娱乐欣赏。其中，位于潜江的龙湾遗址，有迄今发现东周时期建造规模最大、规格最高、延续时间最长、建筑形式最独特、保存最完好的楚国宫殿建筑基址 [12]。其中，章华台修建于公元前 6 世纪楚国鼎盛时期，代表了当时最高建筑水平，被誉为"天下第一台"。

5. 荆楚基因

荆楚大遗址作为中华民族的民族之魂、文化之根的重要载体，已成为城市地方性的基因，成为城市文化身份认同的主要，成为今天人们缅怀历史、增强民族认同的文化场所。其中，位于荆州的纪南城遗址，是东周时期楚国都城，被称为"郢都"，楚国在此建都长达 411 年，是当时楚国政治、经济、文化中心，许多楚国重大事件都在此发生 [13]。

6. 文化名片

荆楚大遗址是湖北省悠久历史、深厚底蕴的实物见证，是展示荆楚文化的窗口和平台，是湖北"城市文化发展的链条"和"城市历史记忆的符号"，是湖北特有文化名片。其中，位于随州曾都区的擂鼓墩遗址是战国时期曾侯陵墓区，1978 年曾侯乙墓发掘出土文物 1.5 万件 [14]，其中曾侯乙编钟更被誉为中国古代礼乐文明的巅峰之作，这些珍贵文物长年在湖北省博物馆展出并多次参与对外文化交流展览，成为传播中华优秀传统文化和讲好中国故事的金色名片。

（四）综合评估

大遗址能否发挥综合效应，成为文化地标和旅游热点，不仅需要考虑遗产的价值特征和工作热情，更需要对有效利用的综合评估。荆楚大遗址工程实施前，在项目优先级确定时，从区位条件、人口条件、产值条件、保存现状、利用现状、管理现状、产权现状、研究现状、交通现状、配套设施现状等 10 个标准对 40 处荆楚大遗址进行了评估，通过对各影响因素中 A 级因素进行统计分析（表 4），按照 A 级指标的数量，可初步确定荆楚大遗址传承发展过程中，各个荆楚大遗址的综合现状，判断各个大遗址的优势条件和发展短板，评级较高的大遗址，各方面条件相对较好，公园建设综合潜力较大；评级相对较低的大遗址，遗址公园建设的限制性因素较多。

表 4　大遗址综合评估

名称	区位条件	人口添加	产值条件	保存现状	利用现状	管理现状	产权现状	研究现状	交通现状	配套设施现状	A 级数量
盘龙城遗址	A	A	A	A	A	A	A	A	A	A	10
铜绿山古铜矿遗址	A	B	A	A	A	A	C	A	A	A	8
熊家冢	C	A	B	A	A	A	A	A	C	A	7
屈家岭遗址	A	D	D	A	B	A	C	A	A	A	6
苏家垄墓群	C	B	A	A	C	A	C	A	B	A	5
石家河遗址	C	A	A	A	C	A	C	A	B	B	5
龙湾遗址	B	B	A	A	A	A	B	A	C	A	6
明楚王墓群	B	B	A	A	A	A	C	A	C	A	6
华新水泥厂旧址	A	C	C	A	B	A	A	A	A	A	7

（续表）

名称	区位条件	人口添加	产值条件	保存现状	利用现状	管理现状	产权现状	研究现状	交通现状	配套设施现状	A 级数量
学堂梁子遗址	D	A	A	A	C	A	D	A	D	C	5
古隆中	A	B	B	A	A	A	A	C	A	A	7
习家池	A	B	B	A	A	A	A	A	C	A	7
张自忠殉国处纪念园	A	B	B	A	A	A	A	D	C	A	6
凤凰咀遗址	C	A	A	A	C	A	B	A	B	C	5
雕龙碑遗址	C	A	A	A	A	A	B	B	D	A	6
屈原祠	A	C	D	A	A	A	A	D	C	A	6
关陵	B	C	A	A	A	A	A	A	C	A	7
长阳人遗址	D	C	D	B	A	B	A	A	D	A	4
城背溪遗址	B	C	A	C	C	C	A	D	B	C	2
楚纪南故城	A	C	C	B	B	A	C	A	A	A	5
走马岭遗址	C	C	C	A	A	A	A	A	C	C	5
纪山楚墓群	C	C	B	A	D	A	C	A	C	C	3
马家垸遗址	C	C	B	C	D	B	D	D	B	D	0
新四军五师司令部旧址	C	C	D	A	A	A	A	A	C	A	6
中原突围纪念园	A	C	D	A	A	A	A	B	D	A	6
李时珍墓	B	B	C	A	A	A	A	A	B	A	6
东坡赤壁	A	C	C	A	A	A	A	A	C	A	7
禹王城遗址	B	C	C	B	C	C	D	B	A	D	1
罗州城遗址	B	B	C	C	D	C	D	D	A	D	1
向阳湖文化名人旧址	C	B	B	A	C	A	A	A	A	D	5
天岳关抗战遗址	C	C	D	B	A	B	B	D	D	D	1
赤壁古战场	C	B	B	A	A	A	A	D	A	A	6
炎帝故里	B	A	C	A	A	A	A	C	B	A	6
擂鼓墩古墓群	A	C	A	A	A	A	A	C	C	A	7
叶家山墓地	C	C	A	B	D	B	D	C	C	A	2
义地岗古墓群	A	C	A	B	C	B	B	A	C	C	3
安居遗址	B	A	C	B	D	C	C	B	A	D	2
容美土司遗址	C	C	D	A	C	A	C	C	D	B	2
建始直立人遗址	C	C	D	A	C	B	A	C	B	D	2
大寨坪遗址	D	C	D	C	D	C	B	D	D	D	0

三、荆楚大遗址传承发展工程实施路径设计

中国共产党第二十次全国代表大会报告中关于文化遗产保护任务明确为：提炼展示中华文明的精神标识和文化精髓，加快构建中国话语和中国叙事体系，讲好中国故事、传播好中国声音，展现可信、可爱、可敬的中国形象。深化文明交流互鉴，推动中华文化更好地走向世界。加大文物和文化遗产保护力度，加强城乡建设中历史文化保护传承，建好用好国家文化公园。荆楚大遗址传承发展工程从以下几个方面进行了设计，完成荆楚大遗址的华丽转身和升级[15]。

（一）总体框架

荆楚大遗址传承发展工程，以保护荆楚大遗址为基础，弘扬荆楚文化为内核，以努力实现"五好"为基本目标。一是荆楚文物保护好，保护好荆楚文物遗存，保证文物本体安全及环境完整，使文物有尊严。二是周边环境治理好，为大遗址周边的景观生态环境和现代建筑物进行必要整治，改善和提升环境水平，营造和谐的历史氛围。三是荆楚文化传播好，根据大遗址实际情况进行展示利用，建设大遗址国家考古遗址公园和省级文化公园，实现荆楚文化的传承发扬和传播。四是居民生活改善好，通过荆楚大遗址和荆楚文化保护展示，带动周边社区发展，丰富当地群众物质精神生活，改善周边居民生产生活条件。五是区域社会发展好，通过荆楚大遗址传承发展工程，传承创新荆楚文化和中华优秀传统文化，推动经济社会持续健康发展。

1. 总体目标

用荆楚大遗址保护利用工作展示和弘扬我国百万年人类史、一万年文化史、五千多年文明史。充分发挥大遗址在乡村振兴、长江经济带建设等发展战略中的促进作用，大遗址传承发展工作成为带动当地经济社会发展的重要引擎。发挥区域联动效应，成立一批国家考古遗址公园和湖北省文化遗址公园，荆楚大遗址传承发展体系基本形成，形成湖北重要文化标识，使湖北成为中国大遗址保护南方示范区。

2. 具体目标

一是使荆楚大遗址得到有效保护，消除遗址安全隐患，确保全部荆楚大遗址文物本体安全完整和周边环境完整和谐共存，全面提升荆楚大遗址保护管理工作水平，实现荆楚大遗址保护标志全部配备，大遗址得到专门机构或专人管理，保护档案全部梳理、登记到位。

二是具备文化遗址公园立项、挂牌条件的大遗址，保证配备必要展示利用和游客服务设施，达到接待游客条件和能力。加大对旧石器时代、新旧过渡时期、新石器时代、商周时期相关大遗址的研究广度和深度，不断论证荆楚人类史、文化史和文明史。

三是进一步协调屈家岭遗址、龙湾遗址、明楚王墓、关陵、炎帝神农故里、东坡赤壁等建设条件相对成熟的大遗址申报国家考古遗址公园及省文化遗址公园，到 2023 年建成开放的国家考古遗址公园和省文化遗址公园不少于 20 个。

3. 工作定位

一是建设文物保护利用示范区：建成一批国家考古遗址公园和省级文化遗址公园，使其成为区域文化遗产保护的标杆，为周边区域文化遗产保护起到示范作用。

二是创新文旅融合发展新模式：整合周边文物（文化）和旅游资源，发挥公园带动作用，打造荆楚大遗址优质旅游产品，推动遗址公园建设与休闲农业、康养基地、特色小镇建设融合，使文化遗址公园成为文旅融合发展的新平台。

三是形成区域社会发展助推剂：结合荆楚大遗址传承发展工程，积极推进新型城镇化、信息化和农业现代化，探索建立有利于欠发达地区"四化"同步发展的体制机制，深化区域文化内涵，打造区域文化标识，助推区域文化发展进步。

（二）发展格局

通过整合文化性质相似、地理位置相近、周边资源相关的荆楚大遗址，推进分层级的组团式保护利用模式，并结合周边区域中心城市联动。荆楚大遗址空间布局的整体结构为"一轴、两翼、三区、多组团"，即一轴（随州—荆门—荆州大遗址保护中心轴线）、两翼（西翼自然风光、东翼人文景观）、三区（曾随文化保护展示区、史前文化保护展示区、楚文化核心保护展示区）、多组团（古隆中—习家池—凤凰咀组团、新五师—中原突围组团、东坡赤壁—禹王城组团、铜绿山—华新水泥厂组团）的整体布局整合全省大遗址资源，将全省 40 处大遗址纳入项目库。

（三）具体项目

1. 本体保护

荆楚大遗址得到系统保护，初步消除遗址存在的安全隐患，遗址本体安全得到基本保障。根据荆楚大遗址的保存状况，保护措施可分为日常保养、现状整修和重点修复。

2. 环境整治

借势、借力国家和省级重大战略，把遗址公园建设与乡村振兴相结合、与城市有机更新相结合、与促进民生改善相结合，规划设计和建设运营都有交通、农业农村、自然资源、生态环境等部门的参与，通过遗址公园建设促进周边环境改造、水体污染治理、生态景观升级、交通市政等基础设施改善，使大遗址资源成为促进经济社会发展、民生福祉改善的"助推器"。襄阳凤凰咀遗址公园建设中，注重发挥乡镇基层治理"最后一千米"的作用，一体推进遗址公园和美丽乡村建设，遗址核心区所在地闫营村被授予"2021年中国美丽休闲乡村"。遗址公园的建设，提升了城乡文化形象，改善了人居环境，带动了相关产业发展，实现了多赢的局面。

3. 展示利用

充分挖掘大遗址价值内涵，创新展示传播手段，让遗址公园以喜闻乐见的形式，为广大人民群众理解和接受。举办形式多样的学术交流活动，提升遗址公园博物馆展陈质量，推出更多原创性主题展览，盘龙城遗址基本陈列等展览荣获"全国博物馆十大陈列展览精品奖"。利用"云博物馆""云展览"等线上展示，通过新媒体广泛传播大遗址考古重要发现，考古话题成为互联网上的热点。以石家河遗址出土玉凤为形象源头，开展"九头鸟"文旅创意奖评选活动，打造文旅创意品牌，形成"破圈效应"。做好遗址公园品牌包装、推介，制作出一批大遗址纪录片、风光片，使湖北遗址公园能够走出湖北，走向全国，走向世界。2020年，屈家岭遗址公园开展屈家岭文化IP全球征集大赛，收到国内外参赛作品2476件（套），引发社会各界广泛关注和热评。通过多种渠道、多种方式宣传展现大遗址的文化魅力，引来了更多游客，提升了遗址公园的吸引力、影响力、品牌力。

（四）实施保障

一是完善管理体制机制、健全规划建设体系，发挥属地职能。建立湖北省文物工作联席会议制度，充分发挥19家省直部门协作效能，为推进遗址公园建设、促进城乡发展夯实基础。湖北省委省政府出台《关于加强全省文物保护利用改革的工作措施》《关于在城乡建设中加强历史文化保护传承的具体措施》等文件，部署统筹文物保护与经济社会发展的重点任务，通过一整套组合拳，有效提升全省文物保护利用水平。

二是政策措施，多渠道筹措资金、加强政策专项扶持和建立重大项目建设库。省领导多次听取遗址公园建设专题汇报、深入现场调研，破解大遗址保护和遗址公园建设中的建设资金、征地拆迁等重难点问题。在项目实施的近5年中，湖北省文物局将国家和省级文物保护专项资金的约45%用于大遗址保护利用和遗址公园建设，总金额约8亿元，实施大遗址本体保护展示、环境整治等项目50余项。各地党委政府也充分发挥主观能动性，盯着问题想办法，瞄准困难找出路，通过发行政府债券、争取世界银行贷款、接受社会捐赠等多种方式筹措资金，保证了遗址公园建设的持续推进。屈家岭将全区每年财政收入的40%用于遗址公园项目建设。熊家冢国家考古遗址公园利用世界银行贷款资金1.3亿元完善设施与展陈，园区景观基础设施、智慧化建设等全面提档升级。

三是加大技术支持力度。为解决遗址公园建设中的考古与研究不足、重建设轻运营等问题，在湖北省文物局的组织下多个大遗址设立大学生考古教学实践基地，引入社会力量参与运营，提高了遗址公园建设和运营水平。同时，湖北省文物局与武汉大学共建长江文明考古研究院，与湖北大学共建湖北大学文化遗产学院，各遗址单位成为考古专业学生的定点单位。2018年盘龙城遗址博物院与美国芝加哥大学东亚语言与文明系合作设立中美盘龙城联合考古工作基地。

四、结　　语

截至 2023 年 5 月，湖北省已建成开放国家考古遗址公园 4 处，立项国家考古遗址公园 7 处，数量居全国第三、长江流域省份第一；评定公布湖北省文化遗址公园两批次 12 处（2023 计划公布第三批），以国家文化公园、国家考古遗址公园、湖北省文化遗址公园为主体的荆楚文化保护传承体系基本形成。2023 年 6 月 26 日，国家文物局《贯彻落实〈关于加强文物保护利用改革的若干意见〉工作简报》以《湖北省建好用好考古遗址公园在城乡建设中保护传承中华优秀传统文化》为题，从"加强系统谋划，强化组织领导""坚持创新推进，破解困难问题""坚持考古先行，讲好荆楚故事""坚持深度融合，谱写文旅新篇"四个方面，介绍了湖北大遗址的经验做法。

注释

[1]　国家文物局：《习近平关于文物工作重要论述摘编》（内部刊物），2020 年，第 97 页。

[2]　国家文物局：《习近平关于文物工作重要论述摘编》（内部刊物），2020 年，第 4 页。

[3]　国家文物局：《习近平关于文物工作重要论述摘编》（内部刊物），2020 年，第 219 页。

[4]　习近平：《加强文化遗产保护传承　弘扬中华优秀传统文化》，《求是》2024 年第 8 期。

[5]　《中共中央办公厅、国务院办公厅印发〈关于加强文物保护利用改革的若干意见〉》，中央人民政府门户网 https://www.gov.cn/zhengce/2018-10/08/content_5328558.htm，2018 年 10 月 08 日。

[6]　《习近平会见印度总理莫迪》，央广网：http://news.cnr.cn/native/gd/20180428/t20180428_524215655.shtml.

[7]　《王蒙徽在中国共产党湖北省第十二次代表大会上的报告》，湖北省人民政府门户网：https://www.hubei.gov.cn/zwgk/hbyw/hbywqb/202206/t20220624_4190211.shtml.

[8]　《省人民政府办公厅关于印发荆楚大遗址传承发展工程实施方案（2019—2023 年）的通知》，湖北省人民政府门户网：https://www.hubei.gov.cn/zfwj/ezbf/201902/t20190220_1713593.shtml.

[9]　湖北省文物考古研究所、北京大学考古文博学院、天门市博物馆：《湖北天门市石家河遗址 2014—2016 年的勘探与发掘》，《考古》2017 年第 7 期。

[10]　湖北省文物考古研究所、中国社会科学院考古研究所：《湖北石家河罗家柏岭新石器时代遗址》，《考古学报》1994 年第 2 期。

[11]　湖北省文物考古研究院、中科院古脊椎动物与古人类研究所、武汉大学长江文明考古研究院，等：《2022 年湖北郧阳学堂梁子（郧县人）遗址考古收获》，《江汉考古》2023 年第 1 期。

[12]　湖北省潜江博物馆、湖北省荆州博物馆：《潜江龙湾：1987—2001 年龙湾遗址发掘报告》，北京：文物出版社，2005 年。

[13]　湖北省博物馆：《楚都纪南城的勘查与发掘》（上），《考古学报》1982 年第 3 期；湖北省博物馆：《楚都纪南城的勘查与发掘》（下），《考古学报》1982 年第 4 期。

[14]　湖北省博物馆：《曾侯乙墓》，北京：文物出版社，1989 年。

[15]　习近平：《高举中国特色社会主义伟大旗帜 为全面建设社会主义现代化国家而团结奋斗——在中国共产党第二十次全国代表大会上的报告》，《人民日报》2022 年 10 月 26 日第 1 版。

以考古遗产激发地区活力
——以隋唐洛阳城天街遗址展示提升为例

肖金亮

北京清华同衡规划设计研究院有限公司

[摘要] 隋唐洛阳城遗址是隋、唐、北宋三代都城遗址，其轴线道路现俗称"天街"，南北长3.2千米，东西宽141米左右，原已进行初步的保护展示工作，但也暴露出遗址与历史信息表达不清晰、空间利用率低、生态性差、舒适性差等问题。为探索"国家考古遗址公园3.0版"如何"活起来"，现尝试对其进行提升设计。设计组通过"分层设计法"，追溯历史环境，打造尊重历史、适应长期使用功能演替的空间，激发地区活力。

[关键词] 考古遗产 考古遗址公园 隋唐洛阳城 地区活力 文旅融合

一、前　　言

隋唐洛阳城国家考古遗址公园的实践工作已经有15年，在大遗址保护展示方面做了一系列差别化探索与实践，甚至提出了"洛阳模式"，近年来更是提出要打造"国家考古遗址公园3.0版"，让遗址公园"活起来"。在此背景下，"天街遗址展示提升"工作被提上日程。

"天街遗址"南北长3.2千米，东西又只有141～148米宽，是一条"劈入"现代城市的古代道路遗址。它现状以大草坪标识展示为形态，可称为"大遗址保护区"；它提升的目标，不能简单套用洛阳既有的遗址公园保护展示模式，因为它又细又长，几乎没有内向聚合的节点，全程都是外向型的，且与两旁城市元素密不可分；但又不能把它简单设计成城市景观大道，是对考古遗产的暴殄天物。

天街的展示提升，不仅仅是遗址保护和阐释的问题，也不仅仅是文旅融合的问题，它需要通过物质空间的有效设计来解决这样一系列问题：文化遗产如何惠及民众、如何让遗产和居民都获得尊严、如何用文化遗产带动周边业态和产业发展。归根结底一句话：如何用考古遗产激发地区活力。

笔者希望通过本文，向学界汇报在天街遗址展示提升设计工作中的思考过程。因篇幅有限，各种考证以及方案文本中的"规定动作"略过不谈，尽量从学理、思辨的角度表述。请各方大家斧正。

二、历史与遗址概况

隋唐洛阳城：洛阳从西向东一字排开五座重量级都城大遗址（图 1、图 2）。其中的隋唐洛阳城由隋代和唐代东都、北宋西京上下叠压，建成于公元 605 年，毁废于 12 世纪。总面积 47 平方千米左右，皇城和宫城居西北高地，郭城被"洛水贯都"分成南北两区，在古代运河、水渠纵横密布。在 7 ～ 11 世纪为全国政治、文化和经济中心之一。1988 年被国务院公布为第三批全国重点文物保护单位，2009 年被列入国家考古遗址公园名单。它北半部与城市中心区和老城区叠压，洛南里坊区与村镇和洛南新区叠压，是最典型的"城区型大遗址"，人地矛盾极为突出。

图 1　洛阳主要都城大遗址分布简图（来源：作者自绘）

（蓝色：二里头遗址，紫色：偃师商城遗址，黄色：东周王城遗址，
橙色：汉魏故城遗址，红色：隋唐洛阳城遗址，绿色：现代城市和村镇建成区）

图 2　隋唐洛阳城遗址分布简图

（本图由作者在《隋唐洛阳城遗址保护总
体规划修编（2021-2035）评审稿》城址
复原研究示意图（二）基础上加以标注）

图 3　天街遗址范围图

（来源：设计组绘）

洛南里坊区：历史上约有 80 里坊（不同朝代不同时期数量不同）、2 市，总面积 30 平方千米左右，涵盖 2 个建制镇 23 个村庄社区，建成用地约 13 平方千米，其余为绿地农田，常住人口 9 万余人。目前村镇布局、道路格局完全非隋唐形态。

天街：皇城正门端门至郭城正门定鼎门之间的大街（图 3），史籍中称"端门街"[1]"天津街"[2]"定鼎门街"[3]"天门街"[4]等，在唐人诗文中以"天街"讴歌之，如"天街飞辔踏琼英"[5]、"天街香满瑞云生"[6]。它是宫城中轴线的南延，纵向贯穿洛南里坊区，全长 4.2 千米。现在有条件予以保护展示的，是洛河以南的这一段，长 3.2 千米，宽 141～148 米（图 4），两侧分布有宁人坊、明教坊、积善坊、尚善坊等十二个里坊。

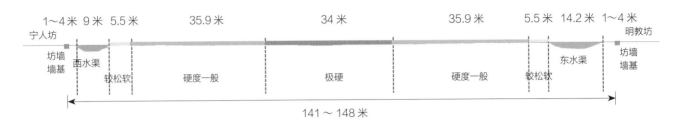

图4　天街遗址断面复原示意图

（来源：设计组绘）

图5　（清）王翚:《康熙南巡图》第七卷局部

（故宫博物院藏）

经考古实证[7]，天街断面如图4，土路，中间34米为御道、路土极硬，两侧路土硬度一般（笔者用"辅道"称之以便表述），两侧贴近坊墙处为水渠，东渠宽14.2米，西渠宽9米，水渠边有5.5米更松软的路土。御道车辙沟密集，辅道车辙沟略疏，推测皇帝不出行时，普通百姓也可走中间御道，"君民共享"。笔者根据隋唐北宋卤簿制度推算，天子仪仗队列宽者达八九十米，隋代创立东都或有礼制考虑，自有合理性在。

两侧坊墙为夯土版筑，地上部分已湮没，地下墙基遗址宽1.5～1.8米，为唐宋"露墙"做法，完整墙高当为一丈（3米左右）。坊门墩台也为夯筑，朝向天街的坊门大一点、上部有三开间木构门楼，其余三面的坊门小一点，或有单檐或为乌头门，坊门都是单门道，门道宽3米左右。

据文献所载，天街上在隋代种有樱桃、石榴、榆柳，唐代种槐树、柳树或杂树。隋代常在天街"盛陈百戏"[8]，唐中宗时有"泼寒胡戏"[9]，至于上元灯会举行活动更是寻常[10]。

隋唐实行里坊制，夜间宵禁，天街上除"武侯铺"外没有永久性建筑。在举行活动、皇帝出行时，两侧或许有竹竿、彩纸搭建的临时建筑（古建筑中的"搭彩作"），可供官员等候、表演节目以烘托气氛，这一点在清代皇帝出巡的图画中仍可见到，可引为旁证（图5）。

三、天街价值

隋唐洛阳城是我国著名古都，是丝绸之路的集散起点，隋唐大运河的兴建起点和核心枢纽，在世界文明史上具有突出地位。它是中国古代城市规划璀璨的一环，上承都城单一宫制、单一轴线、里坊严整的模式，下启唐末宋初里坊制解体后以街巷为骨架的模式，更是古代"象天法地""天人感应"规划思想的物证。

天街是城市轴线大道，是都城格局最直接的载体之一。大量车辙印迹实证了隋唐北宋三代的都城繁华，是隋唐时期很多重大节庆、文化活动的发生地，是隋唐北宋中原文化的重要证明，具有极高的历史价值。

天街北接宫城紫微巍峨，南衔洛南里坊烟火，既符合天子礼制所需的宏大空间，又营造了"通泉流渠，映带其间"的街道景观，是皇权与市井碰撞、融合的特殊空间，集中体现了古时礼仪、文化和审美倾向，具有极高的艺术价值。

天街的尺度、断面是研究古代城市规划思想、空间与礼制匹配机制的珍贵例证。天街与周边里坊、坊间道路共同构成了古代城市交通系统与用地制度的标本。天街与定鼎门外的路网是古代生产力条件下城乡形态的真实写照，具有极高的科学研究价值。

天街是地方乃至中国文化自信的重要载体，有力地支撑着"一带一路"倡议和"大运河"文化带的建设与发展，日后可能成为向国际发出"中国声音"的重要舞台。天街是带动周边社区、乡村乃至整个城市更新的重要引擎，是生活在遗址上的民众体现尊严的重要抓手之一，也是一个推动城市转型的契机，具有极高的社会价值。

四、天街现状

2014年"丝绸之路"申遗期间，明教坊和宁人坊之间570余米长的天街作为核心区的一部分进行了征迁，考古工作后做"覆土回填保护"+"草地标识展示"，此为"一期"工程；此后几年里，洛阳市又开展两期工程，采用同样手法向北拓展，至2022年已将展示范围延长到1.6千米。

其形态是：路面通铺96米宽草坪，御道用两条0.5米宽的青石条勾勒边界，辅道保留老树若干，塑微地形以化解空旷感。水渠用4.6米宽的草沟意向性展示，宽度和沟边都与遗址无对应关

图 6　提升前的天街航拍照片

（来源：洛阳市历史文化保护利用发展集团供图）

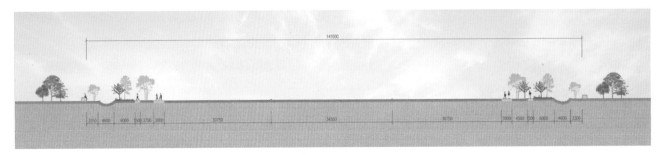

图 7　提升前的天街横剖面示意图

（来源：设计组绘）

系。草沟边建有 1.5 米和 3 米两条透水混凝土步道，两路相距仅 4.5 米，路旁直线化种植小乔木两列。明教坊、宁人坊的坊门坊墙以 1 米以下的夯土墩台和残墙做具象展示，宽政坊、宜人坊坊墙以密植桧柏意向性展示（图 6、图 7）。

这些保护展示工作具有突出的年代意义。它们使隋唐洛阳城国家考古遗址公园迈出了重视和保护轴线空间的第一步，是从 0 到 1 的突破。只是以今天的理念和政策背景回首看，也发现一些不足。

首先，遗址信息、历史信息表达欠佳。大量使用意向性表达、标识性展示手法，自明性弱；

直线路、行列树都是能够给人以最强烈心理暗示的设计元素，但它们与遗址信息没有对位关系，易造成误读。坊墙高度总是吸引人攀爬。

其次，空间利用率低。缺乏活动场地，缺乏停留空间，步道设计过于简单以至于步行游览也很局促。近定鼎门处570平方米的草坪禁止踩踏，只有更偏北的草坪因管理松弛而有少量居民到草坪上野餐、放风筝。整个场地严重缺乏体验遗址、感受历史的区域。

最后，生态性差、舒适性差。植物层次较少，构成简单，连通性较差，属于生态群落演替的初级阶段，未形成完善的生态网络体系，生态脆弱。草坪雨水蒸发损失严重。行道树过于规则、单薄，乔木下缺少底层地被植物，缺少垂直层次，植物组团宽度过小，生态效果差。大片草坪"有绿无荫"，两侧行列树走向单一，大多数时段绿荫投不到路上。

五、理论剖析与分层设计法

（一）考古遗产属性剖析

在开展提升设计之前，笔者先建立若干分析理论，尽可能条理清晰、逻辑自洽地指导后续工作。

天街作为一个典型的考古遗产，其属性大致包括这样几项（图8）。

文化遗产属性惯常为文物界熟知，是考古遗产的立身之本。公共资源的属性也是极其重要的，需要严肃对待和回应；其中，"景区"属性和"城乡板块"属性有一定重叠，前者更偏向于考古遗

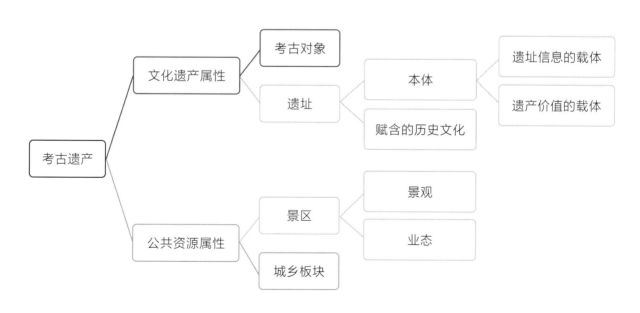

图8　天街的考古遗产属性图

（来源：作者自绘）

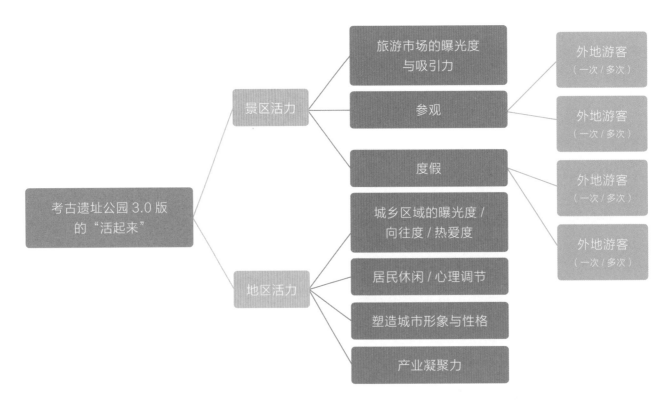

图 9　考古遗址公园"活起来"的条件剖析图
（来源：作者自绘）

址公园内向关照，后者则偏向于外向关切。对天街遗址而言，狭长的占地具有强烈的外向性，必须承担更多的城乡职能。

对于怎么样算考古遗址公园"活起来"了，笔者也做了一番剖析（图 9）。

景区活起来和地区活起来都是"活起来"的应有之义。这里"城乡区域的曝光度 / 向往度 / 热爱度"相对难理解一些，它指的是一个区域在市内、国内乃至国际的知名度，提起来闻名遐迩，有人想去置业创业、有人愿意当成景区一样游览一番，比如北京老城、上海浦东、杭州西湖、纽约中央公园等，它们向下包含景区，但更多是以高活力特色城乡生活而知名。

对于天街而言，景区活力既需要物质条件、物理空间的努力，更离不开景区运营的努力，前者是后者的"舞台"，后者是舞台上的"节目"；一定程度上，"舞台"稍欠缺一点，"节目"够好也可以激活景区活力，因为游客的行为和心理是可以用"软件"去引导的。但对于"地区活力"而言，物质条件和物理空间必须用自身的吸引力完成活力的带动，因为居民的行为更随机和不可控，这就要求规划设计须按"环境行为学"原理，营造能够自动影响人活动的空间和景观。这正是天街提升设计的工作难点。

对考古遗址公园如何实现造血能力，也做了简单剖析（图 10）。

这里的"为他人造血"指的不是"公益性"，而是实实在在地拉动当地文旅产业增长之后产生的收益。对于天街遗址，"自身造血"中的"业态收入"是可以预期的，"为他人造血"则是大头，这就需要天街自身提供更强的带动能力和辐射能力。

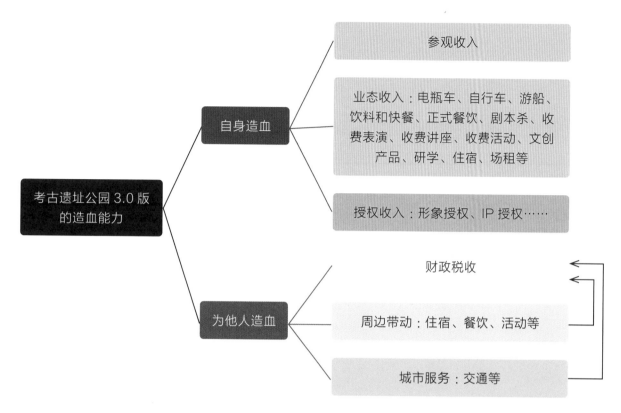

图 10 考古遗址公园造血能力剖析图

（来源：作者自绘）

（二）分层设计法

笔者使用自创的"分层设计法"来解析考古遗产这种"复杂巨系统"，从千头万绪中抽丝剥茧地找到规划设计的具体做法，2009 年编制《隋唐洛阳城宫城遗址核心区遗址公园规划》时验证了这一工作方法是有效的[11]。此方法是将遗址需要解决的问题分为几"层"，每层就自身关注的问题提出若干个"层属选项"，然后累层叠合，以"整体最优"原则筛选出各层的合理选项，进而形成"整体方案"。

天街遗址提升设计工作中的分层模型如图 11 所示。

下面就以这样的工作方法，进行提升设计。

（三）分层设计

1. 考古层

明教坊—宁人坊段天街已经过考古发掘并回填保护，其他段尚未做考古发掘，天街道路本身比较简单，短期之内不会对整个路面做考古工作，只要不做永久建筑覆盖其上，都可以视为考古预留区。

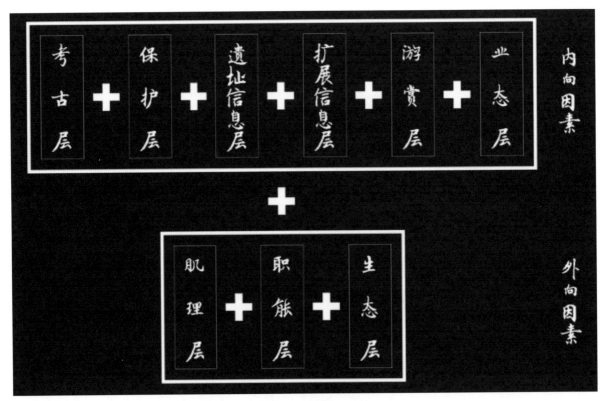

图 11　天街遗址提升设计分层模型图

（来源：作者自绘）

明教坊、宁人坊朝向天街一侧的坊门坊墙遗址已经回填保护。其他里坊的坊墙坊门遗址有两个"层属选项"，或者预留日后考古，或者借由此次展示提升工作推进配合性考古。

2. 保护层

以天街的体量和遗址形态，覆土保护必然是大部分部位的必选。部分路段、坊墙、水渠或可考虑覆罩保护，坊门遗址或可考虑覆罩（"覆罩"指的是用玻璃地板、小型玻璃罩等覆盖保护。"覆棚"指的是用建筑物覆盖保护。）或覆棚保护。直接揭露加以化学保护会给遗址带来一系列后续问题，切段移至博物馆内异地保护也没必要。

3. 遗址信息层

现在已经予以展现的遗址信息需要强化。

御道：既要突出御道与两侧道路的差异性，使人更容易读懂 34 米的宽度信息，又不能模糊天街 140 余米的整体性。这要求路面材质既要与两侧辅道有区别，过渡边界又要自然、不生硬。车辙印记需要展示出来。

辅道：遗址本身信息不多，在展示上更多地起到衔接御道和水渠的作用。

坊门、坊墙：墩台和夯土墙的展示方式直观有效，可以沿用，但需升级以传递高度、空间感受等更多的扩展信息。用桧柏意向性阐释坊墙的，因为缺乏日常修剪，已经与行道树混淆，宜改换成夯墙的展示方式。

信息错误、易造成误读的需要纠正、优化。

草沟：以草沟来意向性阐释水渠的做法效果不佳，宽度、边界均与水渠遗址不符，宜予纠正。但天街一期、二期、三期工程已经做了1.6千米长的草沟，拆改成本大。此处可有两种选项：按遗址宽度和位置全面整改，或沿用现有的沟渠，通过其他手段让"水渠"信息更明显。

沟边步道：或者取消，或者弱化直线型暗示，避免误读。

步道行列树：树种、种植方法过于现代，强化了"现代城市景观大道"的心理暗示，应结合文献记载进行优化。

4. 扩展信息层

在遗址所提供的直接信息之外，还应适当扩展阐释和展示其背后的历史文化信息。原因有四个：第一，大遗址可看性不强，影响到阐释和展示的有效性；第二，这是"整体保护格局"的需要，"格局"不仅指平面布局、边界、范围、叠压情况，还包括边界面、天际线；第三，三维尺度、时代风格脉络如果不予阐释和传达，不利于文化宣教；第四，天街是隋唐北宋都城轴线遗址中最有条件进行整体保护展示的，有责任阐释更多内容、展示更多信息。

当然，允许在天街现场进行阐释、展示的扩展信息应该是严肃的，应是严谨的学术研究成果，应是多学科共同的研究成果。

能够佐证和解读天街为何如此之宽的信息需要阐释展示，如文献中对皇帝卤簿制度的描述，对"起棚夹路"的描述；这些可以在天街与定鼎门相交处的放大广场中以地雕的形式展现。

按坊门坊墙遗址平面尺寸，根据唐宋夯土版筑技术，可以科学地复原出坊墙、坊门高度，可在现有夯土墩台、坊墙之上继续夯筑至历史高度。

两侧草沟宜通水，用"水"这样一种古今相通的物质进行最直观的信息阐释。

5. 游赏层

天街的尺度甚至超过了现代城市道路，但尺度的历史真实性必须予以保证，中间保持和凸显都城轴线的开阔和仪式感。它所损失的游览舒适性，就需要在两侧空间予以弥补，可在辅道和水渠之间进行种植提升提供更好的步道系统和生态空间，并布设若干个小休息场地。将线性种植的两列行道树变为组团式种植，根据文献所载树种丰富植物种类，合理搭配乔、灌、草，以水生植物点缀，形成优美、宜人的林下亲水空间。为减少改造成本，现状直线步道保留，局部外扩出曲线小场地，优化线型，弱化边界感。绿地和小场地中点缀自然大石作为座椅。

改造后的景观为疏林草地，不采用中国古典园林风格以避免对历史信息的误读（历史上的天街两侧没有园林）。

现状草沟边步道本是规划中的电瓶车道（实际未投入使用），笔者将电瓶车道调整到御道上，这样既能强化"轴线"的概念，又能把更舒适的空间腾给步行游人，一举两得。由此，御道需硬化。

沿线需要在合适的位置布置厕所、电瓶车等候、饮水和休息点位。

6. 业态层

文旅业态是市场行为，具有快速迭代的特点，将考古遗产的空间形态与某一种或几种业态（哪怕它/它们现在再火爆）进行深度绑定都是需要特别谨慎的。合理的做法是划分出合理的空间，供业态灵活使用，以不变应万变，也可防止业态过度溢出。天街可供业态使用的空间有三处：一是御道，可以为演艺活动、花车游行提供空间；二是辅道与水渠之间的空间，可以借助绿化与微地形的掩映布置若干业态建筑，从业态角度讲当然做永久建筑最好，但综合考虑下只能做可移动的临时建筑；三是里坊内，空间最大，可借助现状建筑微改造。

以上为"内向因素"的分层推导。下面是"外向因素"的分层推导。

7. 肌理层

在现代规划设计中，常常会碰到"与周边城市环境相协调""与城市肌理相延续"的审视，然而在遗产保护领域却不能一概而论。天街周边环境早已沧海桑田，村庄格局、肌理及存续渊源均与隋唐洛阳城和里坊没有直接关系。因此，天街的各种形态无须"呼应"周边肌理，相反，为了整体保护里坊格局，未来周边需按里坊格局进行改造提升。

8. 职能层

洛阳市人口密度大，开放空间紧缺，部分区域的百姓甚至得到停车场散步遛弯，促狭、危险。定鼎门以南为新区的高层住宅，中段和北段两侧分布大量农村社区。现状天街空间利用率低、容纳量较小。提升后的天街，必须加强作为开放空间的城镇职能，疏解居民心理，构建和谐社会环境。此处类似十九世纪初纽约市通过兴建中央公园来提振市民心态，天街区域应构建洛阳市"友好型"空间的排头兵。

9. 生态层

以景观生态学原理，增加两侧绿化组团的厚度，构建生态斑块，为植物和小型动物提供生长环境。斑块间距应合理适中、串联成片，形成昆虫、小型哺乳动物、两栖动物、鸟类等的迁徙途径。引入水系改善微环境。路面保持足够的渗水区域，保障地表水和地下水的交换。

经过上述逐层推导，不难发现有些"层属选项"是相互冲突的，有些是易于结合的。经过累层叠合、综合筛选，形成以下方案。

六、展示提升方案——"整体最优"的设计结果

（一）目标和总体布局

构建"路面—水渠—墙面"整体格局，在改造成本适度的前提下，尽可能清晰标定遗址信息和文化内涵。接近中轴线的空间突出南北通透感、仪式感、序列感，提供分时段舒适性；靠近水渠和里坊的区域突出自然感、休闲感，提供全时段舒适性。全面提高种植水准和生态性。用符合游人心理规律的物态空间，引导民众自发产生有益行为（图12、图13）。

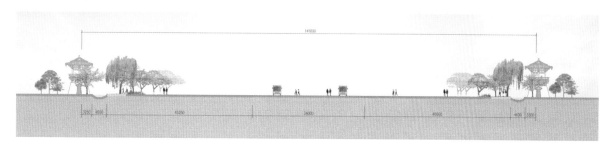

图 12　提升后的天街后剖面示意图

（来源：设计组绘）

图 13　提升后的天街效果图

（来源：设计组绘）

（二）路面

用石板对御道进行全线硬化，两侧辅道保留现状草坪，石板路外侧石缝逐渐变宽，让青草嵌入其中（图14）。如此，通过两种材质对比可凸显御道，模糊化的材质过渡又维持了天街140余米的整体观感。御道中间10米的石板密拼，以利电瓶车和应急车辆通行。如果石板表面磨光、大小一致，则"皇"气太重；如果石板刻意做旧、打磨圆润得如同古镇老街一般，又过于民间；权衡之下，石板边缘做损边处理，表面按古建石活工艺"錾道"，既有沧桑之意，又不过于庄重，"君民相宜"。

选择路面材料时，笔者仔细研究了遗址公园中曾使用过的材料，包括胶粘石、彩色沥青、彩色混凝土等，它们虽可模仿夯土色，但质感上与真夯土颇有差异；不耐用，普遍易脱落、易开裂、变形缝丑陋、不耐污损、污损后翻新成本高（因此国内使用这些材料的案例中，脏污后几乎不翻新，极影响观感），着色层薄、易变色。也有些项目中曾使用散铺卵石，这种做法不适合北方气候，维护成本不低，风貌欠推敲。综合而言，石材坚固耐用，缺损后更显沧桑，虽然初期建设成本大，但可以用上千百年，全寿命周期成本更经济实惠。石板路厚0.3米，不会破坏遗址，未来如需考古，翻起石板即可，石板还可重复使用（图15）。

图14　御道实景照片：定鼎门（两侧均为工地）

（来源：作者自摄）

图15 御道实景照片：洛北宫城区（两侧均为工地）

（来源：作者自摄）

辅道草坪以笔者本意希望以野草为主，不仅免于养护，而且更怀古。但现状所用马尼拉草混播黑麦草的做法可以暂保留，预计以当地养护能力，日后会自然被野草替代。

除最中间10米范围外的石板路、草地均可保证地表径流和地下径流畅通，具有生态性。

（三）车辙

路面局部开窗、玻璃地板覆罩展示，或开解剖沟加保护棚，这两种形式都会带来无法解决的后续问题，因此最终选用石刻地雕复制展示路土车辙。整条天街共设三处作为代表性展示点。

（四）水渠

经过综合考虑，草沟维持现状宽度而没有拓宽到水渠遗址的宽度，但须铺设防水层后予以通水，通过"水"这一古今相同的物质强化信息传递，弥补宽度无法反映史实的遗憾。在相应位置设标志牌对水渠历史宽度进行说明。驳岸为自然生态型，间植水生植物。因古今水系变迁，已经无法做到3.2千米全程水体循环，因此设计成四段分别循环，利于运营中分段开闭、灵活使用。

（五）种植

综合遗址信息层、扩展信息层、游赏层、职能层、生态层的推导，做种植设计。

贯彻尊重历史、经济性和有效性三大原则，着重打造历史沉浸感，具象与意象相结合，再现"通泉流渠"、绿树成荫的景象。文献中所展现的各类树木是多时段信息，设计组以史籍中的槐树、柳树、榆树、樱桃和石榴等为基干树种，补充以洛阳乡土树种，结合唐代园林常用的地被、滨水植物，尽可能贴合历史意境。定鼎门附近为世界文化遗产核心区，天街在这里的种植景题为"沧桑"，较少开花植物；向北逐渐增加开花植物的数量和密度，到洛河南岸过渡到"繁盛"，以呼应唐诗中描绘的河岸景象。

御路两侧保留、补种少量槐、柳等高大、树形沧桑古朴的乔木，提供间断性树荫。辅道为疏林草地，避免过分密植，留出足够的"气口"使御道和水渠之间有足够的视线通道，显露出里坊坊墙。

近水渠区域，保留原有行列化树木，增加大株乔木、少量灌木，与水渠、坊门坊墙共同形成一种介于行列种植和组团种植中间态的蓝绿组团，成为生态斑块，斑块间距按生物迁徙和游览心理布设。这样的蓝绿组团可提供全时段、多角度的阴影覆盖，夏季游玩时保证获得最大化的阴凉空间。种植土 1.2 米厚，下设 150 毫米厚砾石层，隔绝植物根系向下延伸，避免破坏遗址。

着重说一下"樱桃花"的问题。网上流传天街是"最早的樱花大道"的说法，这是没有文献和考古证据的。洛阳隋唐北宋花卉文化丰富多彩，不会独尊一种。依据文献中街上有"樱桃"的记载，设计中适当增加了樱桃花的数量，形成局部小景，这样不论日后宣传推广还是网红打卡都有景可取，但在 3.2 千米全境上不刻意打造"樱花大道"的噱头。所选品种为我国本土的钟花樱桃和山樱桃，不使用日本近现代培育的观赏樱花，避免潜移默化地传递错误信息。

（六）坊门坊墙部分

坊门坊墙展示提升设计了三种样式。

第一种，用原材料、原工艺、原做法、原形制对坊墙坊门予以具象阐释、展示。定鼎门"入城"来的南三坊、洛河边的北二坊采用这种展示形式。定鼎门遗址保护展示建筑外观是对唐代造型的再现，洛阳也将洛河南北轴线打通的长远谋划，这两处可以形成规模效应，成为标志性节点。

第二种，坊门标识展示以夯土墩台，坊墙展示以 1.5 米以上的残墙。这种做法是当前做法的升级版，坊墙加高一方面可以更有效地展示天街的整体格局（提供更清晰的侧立面），另一方面更鲜明地杜绝攀爬等不当行为，还可遮挡风貌不协调的现状建筑。

以上两种做法，均需清理至遗址表面，用细沙隔离新旧土后，在上边用改性夯土以传统做法续夯。

第三种，用改性夯土对坊门、坊墙做地面铺装标识展示。使用在天街中段，主要是为了给日后里坊内部可能布置的文旅业态打开朝向天街的界面，并且在天街中段适当打开两侧视野，避免全程被坊墙围合的观感过于单调。改性夯土做法厚度 0.3 米，不触及遗址。

淳风坊、淳化坊坊门正在开展考古工作，如有发现，会另行编制坊门坊墙遗址原址展示方案。

（七）服务设施设计

按《公园规范》和《风景名胜区规范》标准，将文旅服务功能全放在天街上是"不可承受之重"，所以设计在天街上只设置少量厕位、电瓶车等候点，满足最、最基本和急迫的基本需求，使用可移动的装配式建筑，隐藏在靠近水渠的林下空间，避免对天街整体风貌的影响。厕位均使用成品厕所，避免下挖污水管网。可以更全面服务的设施和建筑，结合里坊内的长期改造逐步提供。

竖向设计、基础设施设计等，在不破坏遗址的前提下，依照规范设计，不赘述。

七、现阶段实施效果

天街展示提升设计工作启动于 2022 年 2 月，2023 年 6 月底完成了约 2 千米长的御道硬化铺装，种植、水渠、步道、坊门坊墙提升尚未开展，但已于 6 月底被选为河南省文旅大会观摩点，广泛接受省内乃至全国文化、文旅单位考察；8 月份还将（本文成稿于 2023 年 8 月）作为河南省运会闭幕式举办地。提升之后的天街已然成为展示洛阳文物保护、文旅融合发展的新窗口。

2023 年 6 月 27 日轩尼诗 X.O 在天街举办了商业发布会。考古遗产完全可以作为文化、艺术、商业的发布地、展演地，成为向世界讲述中国故事的大舞台。

但对笔者而言，这些都不如民众对天街提升的认可，更值得欣慰。

尽管现在的天街还远不是"完成体"，但地区活力和居民活力已经蓄势待发，大有滚滚而来之势。自四五月份起，哪怕还是一片工地、轴线没有完全打通、两侧原有的直线步道受施工影响已断行，但已拦不住民众涌入。人们或沿轴线漫步，或对石块与草地拍照、自发宣传，雨天打卡的人则尤其多，天街成为人人可停留、处处可怀古的高利用率空间。哪怕七八月进入盛夏，只要太阳一落山，马上涌来大量市民，有的遛弯散步的，有的网红直播，有的围坐在御道上喝酒散心，有的坐在工地石头上放空——要知道，截至本文成稿时，整个场地还没有安装灯具，连基本照明都没有，但民众如火的热情似乎点亮了这条轴线（图 16）。

因为还没有正式开放，所以外地游客很少，来人主要是本地居民，三分之二为附近小区、农村社区的，三分之一为市区其他地方特意驱车而来的。因为四处开放，难以准确统计当前的日流量，仅定鼎门有摄像头可统计每晚经定鼎门进入天街的约 1 万人。据悉，两旁的村镇社区已在加速出租和改造之中。

以上情况证明，设计组的努力方向和落地手段是正确和有效的。可简单概括为如下。

图 16　盛夏夜间照片
（来源：作者自摄）

（1）考古遗址公园 3.0、活起来、造血能力等理念和愿景，内涵丰富，涵盖面广，需加以仔细剖析、做精细工作，落到实处。

（2）考古遗产可以激发城乡片区活力，发挥巨大的社会职能；让居民"活起来"是考古遗址公园可持续运营的大前提。

（3）在"术"的层面上，用"分层设计法"来做规划设计，能够抽丝剥茧、条理清晰地破解大遗址保护、阐释和展示的谜题，做出有效、实用的方案来，避免眉毛胡子一把抓、公说公有理婆说婆有理。

最后，说一下"天街小雨润如酥"的话题。自御道铺装初显效果，很多自媒体引用这句诗来描绘提升后的天街，之后，诗句中的"天街"指的是洛阳还是长安，引发了网络论战。笔者颇有点意外，因为做设计之时，团队的主要精力都用来处理遗址信息传递、不同材质自然过渡等问题，力争在 34 米和 141 米之间双赢、在轴线"天子气"和郭城"烟火气"之间取得平衡。当设计师努力去做并且做到了，"诗意"就自发地显现了，而"诗意"大抵是古今相通的。不管怎样，有一处人们喜欢、诗意盎然的遗址公园，总是很好的事情。

注释

[1] 《通志》："矩以蛮夷朝贡者多，讽（炀）帝令都下大戏，征四方奇技异艺，陈于端门街。"（宋）郑樵：《通志》，北京：中华书局，1987 年。

[2] 《隋书》："……炀帝大业……六年诸夷大献方物……乃贺于天津街盛陈百戏（以乐之）。"（唐）魏徵：《隋书（全六册）》，北京：中华书局，1997 年。

[3] 《唐两京城坊考》："定鼎门街东第一街，从南第一曰明教坊。"（清）徐松、张穆校补：《唐两京城坊考》，北京：中华书局，1985 年。

[4] 《太平广记》卷二四零《李峤》："长寿三年，则天……于定鼎门内铸八棱铜柱……题曰……天枢，（后倾倒）洛阳尉李休烈乃赋诗以咏曰：'天门街东倒天枢。'"（宋）李昉等编：《太平广记》，北京：中华书局，2013 年。

[5] 裴夷直《和周侍御洛城雪》："天街飞鞚踏琼英，四顾全疑在玉京。一种相如抽秘思，兔园那比凤凰城。"裴夷直（787～859），字礼卿，吴（今苏州）人，郡望河东（今山西永济），唐代诗人，以绝句闻名于当时诗坛。

[6] 和凝《宫词百首》："……北阙晴分五凤楼，嵩山秀色护神州。洛河自契千年运，更拟波中出九畴。……天街香满瑞云生，红伞凝空景日明。"和凝（898～955），字成绩，郓州须昌（今山东省东平县）人，五代十国时期宰相、文学家、法医学家，为当时中原文学家之佼佼者，在五代文坛中占有一席之地。

[7] 阎文儒：《洛阳汉魏隋唐城址勘查记》，《考古学报》1955 年第 1 期；赵志文：《河南隋唐五代考古发现与研究》，《华夏考古》2012 年第 2 期；中国科学院考古研究所资料室：《中国科学院考古研究所一九六一年田野工作的主要收获》，《考古》1962 年第 5 期；赵志文：《河南隋唐五代考古发现与研究》，《华夏考古》2012 年第 2 期；陈久恒：《"隋唐东都城址的勘查和发掘"续记》，《考古》1978 年第 6 期；陈良伟、李永强、石自社，等：《定鼎门遗址发掘报告》，《考古学报》2004 年第 1 期；张如意、余永、吕劲松，等：《隋唐洛阳城宁仁坊区域考古调查报告》，《洛阳考古》2013 年第 1 期；史家珍、韩建华、石自社、等：《隋唐洛阳城宁人坊遗址发掘简报》，《洛阳考古》2014 年第 2 期；另有社科院考古所唐城队、洛阳市考古研究院的部分未发表资料。

[8] 《资治通鉴·隋纪》："帝（隋炀帝）以诸蕃酋长毕集洛阳，丁丑，于端门街盛陈百戏，戏场周围五千步，执丝竹者万八千人，声闻数十里，自昏达旦，灯火光烛天地；终月而罢，所费巨万。自是岁以为常。"（宋）司马光：《资治通鉴》，北京：中华书局，2009 年。

[9] 《资治通鉴》："己丑，上（唐中宗）御洛城南楼，观泼寒胡戏。"《文献通考》："其乐大抵以十一月，裸露形体，浇灌衢路，鼓舞跳跃而索寒也。"相当于洛阳版的泼水节。开元元年 (713 年) 十月中旬，唐玄宗颁诏"禁断"这类活动。（宋）司马光：《资治通鉴》，北京：中华书局，2009 年；（宋）马端临：《文献通考》，北京：中华书局，2006 年。

[10] 《隋书·音乐志·元宵》"每岁正月，万国来朝，留至十五日，于端门外、建国门（即唐定鼎门）内，绵亘八里，列为戏场。"（唐）魏徵：《隋书（全六册）》，北京：中华书局，1997 年。

[11] 肖金亮：《大型城市遗址的保护与展示——以隋唐洛阳城的实践为例》，《建筑学报》2012 年第 6 期。

洛阳大遗址保护利用的探索和实践之路

吕劲松　王　阁

洛阳汉魏隋唐都城遗址保护中心

[摘要] 洛阳是首批国家级历史文化名城和著名古都，作为重要的大遗址片区，坚持保护第一，守正创新，探索大遗址保护利用与城市更新、乡村振兴、文旅融合和民生改善深度融合之路，形成新时代新"洛阳模式"，让大遗址从"保起来"到"美起来"再到"活起来"，让人民共享大遗址保护成果，推动文化遗产保护同经济社会和谐发展。

[关键词] 大遗址　保护利用　一址一策　新"洛阳模式"

洛阳是首批国家级历史文化名城和著名古都。长期以来，从中央到地方各级党委、政府对洛阳的文物保护特别是大遗址的保护工作给予了高度重视和大力支持，我们在大遗址保护利用过程中，逐步探索出让大遗址从"保起来"到"美起来"再到"活起来"的新时代新"洛阳模式"，对洛阳经济社会发展起到了良好的促进作用，通过文旅融合创新，成为洛阳发展的新名片和新动力。

一、洛阳大遗址基本情况

以洛阳为中心的河洛地区长期是我国政治、经济、文化、交通的中心，先后有13个王朝在这里建都，具有5000多年文明史、4000年建城史和1500多年的建都史，丝绸之路、隋唐大运河和万里茶道在洛阳交会，留下了一大批宝贵的历史文化遗产。

在洛河沿岸、东西不足 50 千米的范围内，保留着二里头夏都、偃师商城、东周王城、汉魏洛阳城、隋唐洛阳城五大都城遗址，气势恢宏，世所罕见，被称为"五都荟洛"，是洛阳独有的城市名片。此外，还有邙山陵墓群、西周洛阳城、金元明清洛阳城、宜阳韩国故城等大型古遗址。

洛阳的这些大遗址规模大、密度高、时间跨度长，在历史文化内涵上具有很强的文明发展延续性，在分布区域上具有显著的关联性，是中华文明起源和统一的多民族国家形成和发展恢宏历史进程中价值突出、意义重大、影响深远的重要历史见证。由于历史的沧桑和战争的破坏，这些我国历史上最辉煌、最灿烂、最能够代表和反映中华文明成就的历史遗存大多都已湮没地下。从 20 世纪 50 年代开始对这些大遗址进行考古勘察和发掘工作，经过 70 多年的不断探索，已基本查明了五大都城遗址的位置、规模、历史沿革、整体布局、内涵价值等，为研究阐释和保护利用提供了科学依据。

洛阳作为重要的大遗址片区，大都位于城市核心区或城乡接合部，在洛阳的城市区中，文物区占地 598 平方千米，占比 26.8%，中心城区的文物区占地 116 平方千米，占比更是达到 52%。保护难度大、成本高、矛盾问题多，是洛阳大遗址保护利用工作的重点和难点。

二、洛阳片区大遗址保护工作的探索与实践

洛阳片区大遗址保护利用工作一直是国家大遗址保护工作的重点。在推进大遗址保护工作中，洛阳市始终坚持政府主导，遵循文物工作自身规律，以建设考古遗址公园为抓手和目标，把大遗址保护同文化建设、生态建设、旅游发展和改善民生有机结合，逐步探索出洛阳大遗址保护工作的"洛阳模式"并不断迭代升级。

特别是十八大以来，习近平总书记高度重视文物工作，在中央政治局第二十三次集体学习时强调："我们要加强考古工作和历史研究，让收藏在博物馆里的文物、陈列在广阔大地上的遗产、书写在古籍里的文字都活起来，丰富全社会历史文化滋养。"[1] 2022 年全国文物工作会议确立"保护第一、加强管理、挖掘价值、有效利用、让文物活起来"的新时代文物工作方针。我们深入学习贯彻习近平总书记关于文物工作重要论述精神和新时代文物工作方针，充分发挥考古遗产在文化遗产保护利用及经济社会发展中的带动作用，坚持保护第一，守正创新，探索出一条"大遗址保护与城市更新、乡村振兴、文旅产业和民生改善深度融合"之路，着力打造大遗址保护利用3.0 版，形成了新时代的新"洛阳模式"，让大遗址从"保起来"到"美起来"再到"活起来"，在守护好中华传统文化的"根"与"魂"的同时，彰显中华优秀传统文化的旺盛生命力和强大创造力，让人民共享大遗址保护成果，推动文化遗产保护同社会经济和谐发展。

第一，规划先行、依法保护是前提，实现大遗址"保起来"。

为科学保护展示大遗址，洛阳市为每个大遗址专门编制有各自的总体保护规划和遗址公园规划，并始终将大遗址保护规划与城市总规、历史文化名城保护规划统筹考虑，充分尊重五大都城遗址保护和考古遗址公园建设需求，实现"多规合一"。

20 世纪 50 年代初开始，城市建设、工农业生产与古城遗址保护的矛盾突出。"一五"期间，在编制一期城市总体规划时，"避开老城建新城"既保护了东周王城、隋唐洛阳城地下文物遗址，又奠定了洛阳工业发展基础。1993 年编制第三期城市总体规划时，避开了洛河以南隋唐洛阳城 22 平方千米里坊保护区建新区，形成跨洛河南北发展的新格局。在一至四期的城市总体规划编制过程中，将五大都城遗址的专项保护规划纳入其中，重视遗址保护，坚持避开遗址保护区域，寻求城市发展空间。

1985 年《洛阳市〈文物保护法〉实施细则》颁布，在全国率先实行基本建设必须先考古调查勘探和发掘、后动土施工，形成了各个部门相互配合、相互协调的城市规划建设审批模式，并根据重要发现实时调整建设规划，进行原址保护、整体搬迁异地保护等，创造了城市基本建设与文物考古、大遗址保护相结合，远离旧城建新城的"洛阳模式"，成为国家文物局向全国推广的典范。明堂、天堂遗址、应天门东西阙、回洛仓遗址等一大批重要文物遗迹得到了有效保护，为丝绸之路、大运河申遗，为大遗址保护展示利用，为建设考古遗址公园和遗址博物馆奠定了基础。

2000 年以来，以地方立法的形式，制定颁布各个大遗址的保护条例或政府规章。先后出台《洛阳市汉魏故城保护条例》（2006 年颁布）《洛阳市隋唐洛阳城遗址保护条例》（2008 年颁布）《洛阳市偃师二里头遗址和尸乡沟商城遗址保护条例》（2010 年颁布）《洛阳市邙山陵墓群保护条例》（2011 年颁布）等，2022 年根据最新考古勘察发掘成果和申遗工作需求，重新修订颁布了《洛阳市二里头遗址保护条例》（2022 年），划定保护"紫线"，明确保护范围、职责、重点等，保护工作有法可依，保护成效显著。

第二，科学考古，挖掘价值是基础，为遗产保护利用提供科学支撑。

古代都城遗址、陵墓群等大遗址承载着丰富的历史信息和文化内涵，是中国五千年灿烂文明史的主体和典型代表，具有深厚的科学与文化底蕴。习近平总书记指出，"要高度重视考古工作，努力建设中国特色、中国风格、中国气派的考古学，更好地认识源远流长、博大精深的中华文明，为弘扬中华优秀传统文化、增强文化自信提供支撑。"新时代，我们提高政治站位，牢牢把握考古的科学价值和实践意义，始终把考古工作放在更加重要的位置，主动融入"中华文明探源工程""考古中国"等国家战略，开展更加系统持续的考古测绘、调查、勘探和发掘，充分发挥考古研究在大遗址保护利用中的基础作用，不断研究揭示其价值内涵，科学全面阐释其在中华文明起源和发展过程的历史脉络、灿烂成就，取得了一系列重大考古成果，为活化历史场景、保护展示利用夯实了基础，为考古遗址公园建设提供了重要技术支撑。

如二里头遗址，近年来又有许多重大考古新发现。新发现的主干道路及其两侧墙垣，揭示二里头都城为宫城居中、显贵拱卫、分层规划、分区而居、区外设墙、居葬合一的多网格式布局（图 1），这是二里头都城布局考古中的一项重大突破，也是二里头进入王朝国家的最重要标志。二里头遗址都邑多网格式布局成功入选 2022 年度全国十大考古新发现。其他都城遗址也有重大考古发现，汉魏洛阳城宫城显阳殿、千秋门、汉魏大型水利设施、宫城仓窖区，隋唐洛阳城宫城玄武门、永泰门、正平坊，偃师商城完备的城市水系、仓储遗址等重要考古新发现，也为下一步的保护展示和遗址公园建设提供了科学的考古依据。

图 1　汉魏洛阳城宫城中轴线

（来源：中国社会科学院考古研究所制作）

第三，保护第一，科学管理是保障，准确把握文物保护利用的原则和要求。

我们始终秉持"在保护中发展，在发展中保护"的理念，坚决扛牢保护文物的重大责任，始终把保护放在第一位，坚持科学保护、依法保护、系统保护理念，从规划建设、展陈设计以及运营管理，始终坚持保护遗址本体的绝对安全为前提，保护与利用兼顾的理念和思路，做好新时代文物工作。以我们保护管理的三处大遗址为例，汉魏洛阳城保护面积 100 平方千米，隋唐洛阳城保护面积 47 平方千米，邙山陵墓群 420 平方千米，保护面积大，涉及多个县区，点多、面广、线长，文物保护工作的难度大、困难多，为此我们规划实施了数字化的遗产监测系统，建立起全覆盖的文物智慧安防体系，实时监测遗址保护区内文物安全，开展网格化巡逻防护，织密织牢安全工作网络，明确各县（区）、乡镇各级党委政府的保护职责，增强当地老百姓的保护意识，发挥义务保护员的保护热情，健全安全工作机制，筑牢文物安全底线、红线、生命线，加大对遗址本体、环境、空间格局等的保护力度，为科学保护、永续发展提供了坚强保障。

第四，一址一策，系统展示是途径，实现大遗址"美起来"。

根据遗址的保存状况和保护展示的需要，结合每处遗址不同特点、所处的不同环境，在保证遗址本体绝对安全的前提和基础上，探索创新保护展示模式，采取模拟展示、地面标识、覆罩展示等多种方法，按照"一城一策""一址一策"的原则，建设各具特色的考古遗址公园。

针对地处郊野的汉魏洛阳城遗址，采取地面模拟、植物标识、露明覆罩等方式，先后完成了北魏永宁寺塔基、宫城阊阖门、止车门、端门、铜驼大街、西阳门内大街、内城东北城墙、西城墙等遗址保护展示工程，遗址公园初具规模，影响后世城市规划、深埋地下 1500 年的汉魏城市格局和宫城轴线基本显现，使人们领略到千年前赫赫帝都昔日的繁华和历史巨变的沧桑。

针对地处城市建成区的隋唐洛阳城，主要是在保护好遗址的前提下，进一步梳理、整合现有文物资源，把保护展示与开发利用相结合，以实现文物保护、旅游发展、文化产业和旧城改造提升的有机结合，把文物资源真正变成旅游资源和市场资源，实施一批标志性保护展示工程，打造洛阳新的城市名片和文化地标，既保护了遗址本体的历史信息，又还原了隋唐洛阳城的盛唐气象，随着定鼎门（图 2）、天街、应天门、天堂、明堂、九洲池和南城墙的建成开放（图 3），历史轴线和 47 平方千米的都城轮廓笔笔勾勒，沉睡千年的文物遗迹从地下"走"到地上，从无形变为现实。

针对处于村庄环抱之中的二里头遗址，我们对占压遗址核心区的周边村庄进行拆迁安置，一边进行考古发掘，一边规划建设了二里头夏都遗址博物馆和遗址公园。据统计，3 年多来接待观众达 400 万，基本陈列荣获"2019 年度全国博物馆十大精品陈列"等奖项，已经成为"中华之源、最早中国"重要展示平台。

这些举措，都是在我们深入分析不同遗址的文化内涵和区位特点的基础上，综合区域经济社

图 2 定鼎门遗址博物馆

（来源：王煜文拍摄）

图3　天街贯通——从外郭城定鼎门遥望宫城应天门

（来源：张怡熙拍摄）

会发展和人民群众的生活所需，大胆探索、因地制宜采取的方法措施，不仅高质量建成了遗址公园、服务了地方经济社会发展，也在一定程度上丰富了文化遗产保护的"中国实践"。

第五，成果共享、惠民利民是目的，文旅融合，创新赋能，让大遗址"活起来"。

进入新时代，我们紧跟时代发展，让大遗址保护成果融入现代美好生活，把隋唐洛阳城的保护工作与城市建设、乡村振兴融合，凝聚发展合力，推动大遗址保护深入人心，打造大遗址保护3.0版本，形成博物馆＋世界遗产＋国家文化公园立体展示体系。最近正在实施隋唐洛阳城中轴线贯通工程，通过对天街遗址上现有村庄的拆迁贯通，将位于洛河南北两岸的隋唐洛阳城宫皇城区与洛南里坊区连接起来，将隋唐洛阳城中轴线上的标志性建筑定鼎门、天街、天津桥、天枢、应天门、明堂、天堂串联起来，展示洛南天街"十二坊"整体格局，作为洛阳的历史轴线，逐步恢复昔日的盛景，并深入研究、活化利用，依托天街打造"十二坊"新文旅业态，培育洛阳特色文旅文创融合发展新产业新业态。同时，推进洛南22平方千米的里坊区整体提升，提升大遗址展示利用水平，采取多种形式展示里坊交通脉络和空间格局，着力营造沉浸式体验场景，更好彰显历史文化的独特魅力和盛世隋唐的恢宏气象，打造高品质城市公共空间和沉浸式文旅目的地，让沉睡千年的隋唐洛阳城真正"活"起来，为洛阳探索走出一条具有特色的新文旅产业发展之路。

三、洛阳大遗址保护利用工作的体会和认识

大遗址保护、管理、利用和考古遗址公园建设等涉及方方面面，是一项极其复杂的系统工程。我们在持续的探索和具体实践中，不断思考、总结和提升，形成了四点初步的体会和认识。

（一）党委政府高度重视

历届洛阳市委、市政府十分重视大遗址保护利用工作，牢固树立保护文物也是政绩的思想，始终将大遗址保护和考古遗址公园建设作为中心工作和重点任务狠抓落实，市委主要领导亲力亲为、靠前指挥，多次研究解决大遗址保护中存在的征迁用地、资金筹措等突出问题。为加强大遗址保护组织机构建设，不断健全大遗址保护领导机制和工作机构，在文物局增设大遗址保护办公室，专人专班推进全市大遗址保护相关工作，为大遗址保护的顺利开展提供了有力的组织保障。提升完善各大遗址专门保护机构，负责日常的保护管理工作。如提升汉魏洛阳城、隋唐洛阳城保护机构为副县级管理机构，加强了二里头国家考古遗址公园机构力量，组建了正处级的市考古研究院，加挂河洛文明起源研究中心牌子，为持续推动大遗址保护利用工作提供了坚强的组织保障。

（二）创新保护理念

进入新时代，大遗址保护和考古遗址公园建设面临新的机遇和挑战。在以往"被动式""主动式"保护的基础上，谋划"创新式"保护策略，以实现大遗址从"保起来""美起来"到"活起来"的新跨越。我市提出"颠覆性创意、沉浸式体验、年轻化消费、移动端传播"的理念，把中华优秀传统文化融入人们现代生活，助力文化自信自强，像烛光音乐会、宫廷下午茶等艺术生活体验活动受到了青年人的热捧，全城剧本杀、博物馆奇妙夜、隋唐洛阳城国风穿越节等热度持续攀升。今年牡丹文化节，洛阳的"汉服经济"火爆出圈，特别是应天门、九洲池等天天游客爆满，一半以上游客都穿着古装汉服，仿佛一键切换到了"隋唐模式"，被网民朋友称为"全城NPC"，近段时间热度持续攀升、"霸屏"朋友圈。沉浸式的体验使得游客主动为洛阳宣传，也带动了经济发展（图4）。

（三）强化运营前置

在确保遗址安全的前提下，探索开展大遗址的相容使用，植入城市经营和运营前置理念，打造具有自我造血功能、可持续发展能力、城址共生的新时代国家遗址公园。在做好遗产保护和日常监管的前提下，引进市场运营机制，探索文物保护与市场运营新思路新方法，闯出一条依托文

图 4　隋唐洛阳城天堂明堂景点游人如织
（来源：张怡熙拍摄）

物保护展示，发展文化产业的新路，应天门、明堂、天堂、九洲池等运营委托国有公司洛阳文旅集团负责（图 5、图 6）。文化遗产的市场化运营，在一定程度上也纾解了文物遗址保护成本、日常维护费用过高的困境。

依托各大遗址开发研学旅游产品，目前开发出了"丝绸之路、运河中心、万里茶道枢纽"之旅、"河洛文明寻根"之旅、"五都荟洛"之旅等研学旅行线路和"最早中国——二里头遗址""探秘东周王城""图识隋唐洛阳城"等 30 余项研学课程，多角度展示洛阳厚重的历史文化和独特的城市魅力。在隋唐洛阳城宜人坊，建成了东方博物馆之都研学营地，2023 世界研学旅游大会在洛阳成功举办，营地的研学嘉年华活动及其运营和保护利用方式深受大家喜欢。

（四）加强要素保障

举全市之力解决考古遗址公园建设遇到的资金、征迁和用地等问题。自 2007 年以来，已累计投资近百亿元用于隋唐洛阳城、汉魏洛阳城、二里头夏都遗址、偃师商城遗址等征迁、环境治理及地面附属物清理。在隋唐城宫城核心区，先后搬迁了洛玻集团、印刷厂、公交集团、新健隆酒店、华源财富广场、第五人民医院、洛阳日报社等 46 家企事业单位，对市区南北交通要道定鼎路

图 5　隋唐洛阳城九洲池遗址公园
（来源：曾宪平拍摄）

实施改道绕行。在洛南里坊区，彻底搬迁了正平坊、定鼎门遗址区域乡镇企业、洛阳师范学院和桃花庄源酒店等。最近又投入 20 亿元开展隋唐洛阳城天街遗址贯通提升工程，整体外迁了隋唐洛阳城天街遗址上的 246 户村民和 63 家企业；拆迁安置了二里头遗址周边的 2 个村 497 户近 2000 个村民。累计划拨和流转用地 7000 余亩，用于考古遗址公园建设。洛阳大遗址保护也得到了河南省委省政府的大力支持，在资金保障上，河南省财政先后拨付 18 亿元专项资金支持洛阳市大遗址保护工作。

在国家文物局的大力支持和悉心指导下，从 2005 年 10 月的洛阳大遗址保护研讨会，到 2007 年 3 月的大遗址保护工作洛阳现场会、2009 年 11 月的大遗址保护洛阳高峰论坛，再到 2017 年 10 月的隋唐洛阳城和大运河遗产保护利用座谈会，2020 年二里头遗址申遗工作启动，至今已走过了近 18 年不平凡的历程。在大遗址保护利用工作中，我们始终坚持保护第一，正确处理保护、利用与发展的关系，在保护中发展，在发展中保护，促进城市经济社会发展；始终坚持以人民为中心，遗产保护依靠人民，保护成果人人共享，把考古遗址公园建成人们休憩游玩的场所、研学的大课堂、心灵的家园、城市会客厅，努力在提供公共文化服务、满足人民对美好生活向往、满足精神文化需求、提高文化自信自强发挥积极作用。

图 6　隋唐洛阳城应天门遗址博物馆演出
（来源：张怡熙拍摄）

　　展望未来，我们将全面贯彻习近平新时代中国特色社会主义思想和党的二十大精神，以新时代文物工作方针为引领，坚持保护第一、守正创新、多措并举、久久为功，在保护中促进城市建设、经济社会发展，保护传承好祖先遗留下的丰厚历史文化遗产，让大遗址保护的成果焕发更加璀璨夺目的时代光彩，在担负新时代文化使命、建设中华民族现代文明中展现洛阳大遗址保护利用新担当、作出新贡献。

注释

[1]　习近平：《建设中国特色中国风格中国气派的考古学，更好认识源远流长博大精深的中华文明》，《求是》2020 年第 23 期。

二里头遗址"井"字形道路及宫殿区建筑基址保护与展示模式研究

吕军辉　孙丽娟

河南省文物建筑保护研究院

慕　鹏

洛阳博物馆

[摘要]　二里头位于河南省偃师市西南9千米的二里头村南和四角楼、坨垱头村之间，二里头遗址的发掘迄今已逾六十余年，自2001年至2004年中国社会科学院考古研究所二里头工作队对遗址中心区进行了考古发掘，清理发现了大型宫殿区建筑基址、宫殿区道路、宫城城墙及宫殿区外围"井"字形道路，二里头核心宫殿区布局轮廓初步显现。1988年二里头遗址被国务院公布为第三批全国重点文物保护单位。

[关键词]　二里头遗址　"井"字形道路　宫殿区基址　保护与展示

一、前　言

偃师市二里头遗址所处伊洛河流域，位于河南省洛阳盆地东部。洛阳历史文化悠久，经考古发掘，洛阳地区先后发现有偃师二里头夏都遗址、偃师尸乡沟商城遗址、洛阳东周王城遗址、洛阳汉魏故城和隋唐洛阳城遗址等多处举世闻名的王朝都邑。洛阳地区五大都城遗址延续分布，显示出伊洛河流域城市文明演进的可持续性。二里头遗址具有极高的历史、科学、文化研究价值。

二、遗址概述

据中国社会科学院考古研究所二里头工作队对二里头遗址宫殿区的发掘发现，遗址区遗存分布东西最长约 2400 米，南北宽约 1900 米，现存面积约四百万平方米 [1]。遗址年代为公元前 19 世纪至前 16 世纪中叶，从发掘地层关系判断，为一、二、三、四期的分期格局。目前，学术界对二里头遗址的性质，认为是夏王朝晚期的都城——即夏桀都邑斟鄩。二里头遗址拥有我国最早的宫城和宫殿建筑群、最早的青铜冶铸作坊，是迄今为止学术界认可的中国早期都城遗址之一，被学者誉为"华夏第一都"[2]。2022 年 12 月，二里头考古遗址公园入选第四批国家考古遗址公园名单。

二里头遗址包括二里头文化时期的聚落遗址、宫殿区遗址、铸铜、铸陶作坊区遗址、绿松石器作坊区遗址、祭祀区遗址、墓葬群遗址等。宫殿区居于核心，遗址包括宫城城墙 4 段，建筑基址 11 处，宫城外道路 4 条，夯土墙和祭祀坑若干。宫城外 4 条"井"字形垂直相交的道路，划定了聚落以宫殿区为中心的格局。宫殿区北面为祭祀遗址，同时发现了贵族墓葬集中分布区，宫殿区南侧为手工业作坊遗址，包括绿松石制造作坊、制陶作坊、青铜冶铸作坊。宫殿区东侧有贵族墓冢遗迹集中分布区。

遗址区出土有二里头文化时期可移动文物包括二里头文化铜器 18 类 130 余件，玉器 15 类 90 余件，绿松石饰 1150 多件，原始瓷器和漆器若干，另有可复原陶器约 5000 件，石器、骨器、角器、牙器、蚌器等数千件，遗存文物品种内容丰富。

三、保护现状

二里头遗址已完成《二里头遗址保护总体规划（2006—2025 年）》、《二里头遗址展示设计方案》和《二里头考古遗址公园整体规划》，且获国家文物局批复。《二里头保护总体规划》对二里头遗址的保护展示工作提出了保护框架和展示要求。国家文物局将二里头遗址列入国家"十二五""十三五"期间 150 处大遗址保护工程之一。洛阳市人民政府高度重视二里头遗址的保护展示工作，将二里头遗址保护事业纳入区域国民经济和社会发展规划。

二里头遗址公园保护展示工作已初步形成规模，其中二里头遗址博物馆的方案由同济大学建筑设计研究院有限公司编制。二里头遗址宫殿区 1 号宫殿基址、2 号宫殿基址、宫墙基址、"井"字形道路展示设计方案由河南省文物建筑保护设计研究中心编制。遗址洛河故道及铸铜作坊、制陶作坊、绿松石制造作坊区及相关道路、绿化、电力系统由郑州大学城市规划设计研究院有限公司编制。

二里头宫殿区遗址 1 号宫殿基址、2 号宫殿基址、宫墙基址、"井"字形道路勘察过程中，得到了中国社会科学院考古研究所二里头考古工作队大力支持，同时对此区域考古发掘后已回填的遗址提供了发掘资料。实际勘测设计中宫殿区东、北两侧的"井"字形道路，回填后按考古发掘情况，在其上复原出素土夯实路面，遗址整体保存状况较好。

四、考古资料研究

（一）宫殿区遗址

宫殿区为二里头遗址核心区（图 1），由四条"井"字形道路及宫城城墙围合而成，城墙沿已探明的四条道路内侧夯筑。2019 年以来，考古工作者在中心区新发现主干道路及其两侧墙垣，揭示了二里头都邑多网格式布局[3]。

宫殿区发现了多座大型夯土建筑基址，其中属于二里头文化二期的建筑基址 2 座，分别为 3 号、5 号基址，其位于宫殿区东中部，东西并列。属于二里头文化三期的建筑基址有：1 号宫殿基址、2 号宫殿基址、4 号基址、7 号基址、8 号基址、9 号基址、10 号基址和 11 号基址，其中 1 号宫殿及 7 号、8 号、9 号基址位于宫城西南部，7 号、8 号基址分别跨于宫城南墙西段和西墙

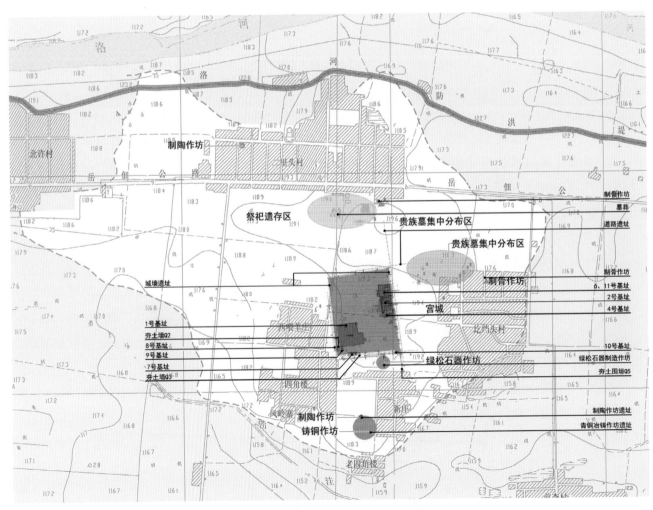

图 1 《二里头遗址展示设计方案》

南段，且 7 号基址恰好坐落于 1 号宫殿基址南大门正前方。2 号宫殿基址及 4 号、11 号位于宫城东中部，二者建于 3 号建筑基址的废墟之上。10 号基址位于宫城南东城墙之外，相对独立。属于二里头文化四期的建筑基址为 6 号基址，6 号基址位于 2 号宫殿基址北墙外，应为 2 号基址后期增建建筑。

纵观宫城城墙及宫殿区总体建筑布局，以 1 号宫殿基址所处的宫城西南部和 2 号宫殿基址所处的宫城东中部为主要宫殿区建筑分布区，且 1、2 号宫殿区的所处时期同为二里头文化三期，学术界认为 1 号宫殿区基址为夏社建筑，2 号宫殿区基址为宗庙建筑，体现了"宫庙分置"的建筑布局制度。其布局形制影响了后世二里岗文化、商晚期文化、东周春秋战国文化，直至汉、唐以后文化。

（二）1 号宫殿区建筑基址

1 号宫殿区建筑基址（图 2）于 1960 年发现，当年开始发掘，历时 15 年，前后经过 11 次发掘，总计揭露面积约 13600 平方米 [4]。据考古资料显示，1 号宫殿区坐北朝南，由大门、主殿、南、北、东、西廊庑和庭院组成。在主殿东北部，廊庑北墙和东墙上各辟一边门，可通往 2 号宫

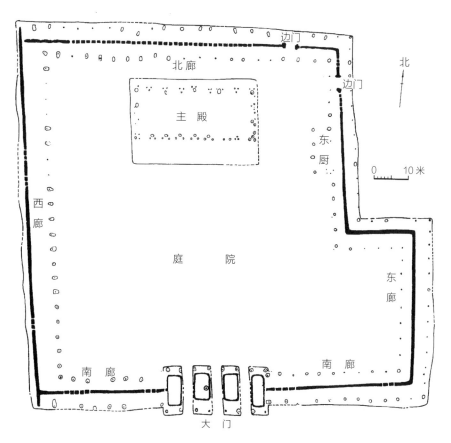

图 2　1 号宫殿基址复原图

（来源：杜金鹏：《二里头遗址宫殿建筑基址初步研究》，《考古学集刊》第 16 集，北京：文物出版社，2005 年）

殿区，在东墙北部有东厨 1 座。1 号宫殿区总平面布局呈"刀把"形，东北隅凹缺，整座院落围合布局严谨。

主殿建筑由殿堂、月台组成，主殿长方形布置，台基面阔 36 米，进深 25 米，现存殿基高于庭院地面约 0.2 米，夯土台基上有两圈柱洞，外圈为檐柱，柱洞直径 0.18～0.2 米，复原数量为 48 根，内圈为老檐柱，柱洞直径约 0.4 米，复原柱子数量为 22 根，殿堂内部未发现柱洞或其他建筑遗迹，殿前为空旷的庭院。

大门建筑基址，夯土基座，面阔 28 米，进深 13 米，东西两侧分别与南廊庑相连，大门面阔七间，进深四间，门基址上有三条南、北向门道和四条夯土门墙，推测门墙间应置有门。

东厨位于主殿东侧，平面长方形，坐东朝西，面阔三间，进深二间，其北侧有一个"灰坑"，坑底铺垫鹅卵石，应为东厨的储藏穴窖。

廊庑围绕 1 号宫殿建筑外围封闭而建，将宫殿与外部环境隔离开。从基址现状看，廊庑以连续的木骨泥墙隔绝宫室内外，同时木骨泥墙也兼有承载顶部结构作用，西侧木骨泥墙内侧 6 米有一排与之平行的柱洞。南、北、东侧廊庑中间均有木骨泥墙，木骨泥墙将其分为内、外廊道，木骨泥墙内外 3 米处各有一排与之平行的柱洞。推测南、北、东、西廊庑建筑应为双坡屋面结构形制。

（三）2 号宫殿区建筑基址

2 号宫殿区建筑基址（图 3）于 1976 年秋季发现，1977 年开始发掘，到 1978 年底结束。2 号宫殿区西南距 1 号宫殿区基址约 150 米。据考古资料显示，宫殿区建筑平面呈方形，坐北朝南，2 号宫殿区由大门、主殿、廊庑、警卫房和庭院组成，主殿东侧东廊有"东厨"。南、东、西三面廊庑围合，北面为夯土隔墙，北隔墙偏西有北廊庑五间，整座院落布局严谨。

主殿建筑台基现存高度约 0.2 米，面阔九间 33 米，进深三间 13 米。台基上有一圈柱洞，系廊柱遗迹。台基中央用木骨泥墙围筑起三个大房间。主殿台基南侧，发现有高于庭院地面的三块夯土，发掘者推测为主殿的"踏步"。在主殿的四周发现有铺垫的石板，推测为房檐散水。殿前后分别有两个烧土坑，可能与"燎祭"（用火烧燎牺牲、贡品的祭祀行为）或"庭祭"（燃柴照明）有关。

主殿后的 M1 为一竖穴式深坑，平面长方形，东西长 5.2 米，南北宽 4.25 米，考古简报 M1 应与 2 号宫殿同时期。学界对 M1 的性质，也有不同的看法，一种认为这是一座大型墓葬，另一种认为是一座祭祀坑。所以，M1 对判定 2 号宫殿的性质有着重要意义。

东厨在东廊庑的中部，为木骨泥墙围合的建筑空间，坐东朝西，东西宽 3.5 米，南北长 6.1 米。应是礼仪建筑中"东厨"制度的形制。

主殿的南、东、西三面置廊庑，北面为夯土隔墙，将宫殿与外部环境隔离开。从现存基址上看，东、西廊庑外为夯土隔墙，内侧有一排与之平行的柱洞。北面夯土隔墙偏西为北廊庑，北廊庑面阔五间，进深一间。南廊庑中间用木骨泥墙，木骨泥墙内、外 3 米处各有一排与之平行的柱洞，将其分为内、外廊。推测东、西廊庑应为双坡结构建筑，南廊庑应为双坡内、外廊结构形制。据考古发掘资料显示，东墙有四个门道，门道基槽宽 1.4～1.9 米不等。

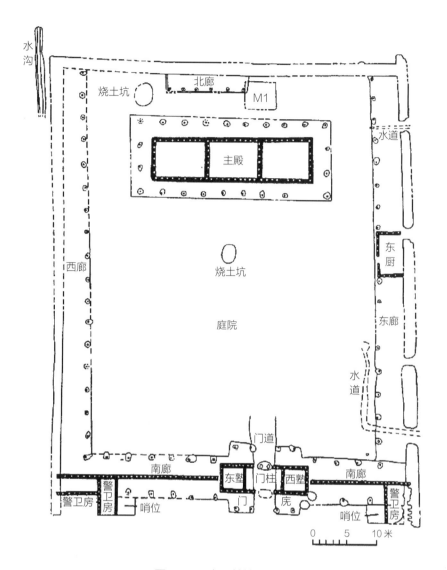

图 3　2 号宫殿基址复原图

（来源：杜金鹏：《二里头遗址宫殿建筑基址初步研究》,《考古学集刊》第 16 集, 北京：文物出版社, 2005 年）

　　大门位于南廊庑中轴线偏东处, 坐北朝南, 平面呈长方形, 大门由南北门廊和木骨泥墙围合的长方形门房组成。门房面阔三间, 门房台基面阔 14.4 米, 进深 4 米, 门道从门房中间穿堂而过, 门道与木骨泥墙连接处有柱础坑和柱础石, 应是安装门的遗迹, 大门宽度不超过 1 米。门房东、西次间南北门廊各有 2 个檐柱柱洞, 分别于南廊庑东西连接。

　　警卫房分别在南廊庑的东南角和西南角设置, 其墙体均采用夯土墙, 朝南方向无墙为开放式门。其中, 东南角为单室, 东西宽约 3.5 米, 南北长约 5.9 米。西南角为三室, 东西宽约 3.5 米, 南北长约 5.9 米, 在西南角警卫房西侧, 为一间配房, 南北长 5.7 米, 东西宽 2 米。

　　2 号宫殿区中间为庭院, 庭院西高东低, 庭院内发现有两处地下排水设施, 分别位于北起第一门道, 门道下有 11 节陶水管连接而成, 水管直径 0.165 ~ 0.22 米, 长 0.5 米, 安装在预先挖好的沟槽内。南起第一门道下有石板砌成的地下排水沟, 推测应为院落的水门。

（四）"井"字形道路遗址

中心区西南的墙垣和道路均位于作坊区以西，宫殿区四面围墙均在道路网格围起的空间内侧，围墙外侧有宽约 10 ～ 20 米的道路 [5]。20 世纪 70 年代在勘探发现 2 号宫殿区基址的同时，在其东侧探明了一条长约 200 米的南北向道路。21 世纪初发掘时，最终确定这条南北向道路长约 700 米，路的北端被晚期堆积打破，南向伸进村庄。随后东西向的道路也被发现，南北和东西向的两条道路垂直相交，形成主干道上的十字交会。在 1 号宫殿区基址以南，又找到了围绕宫殿区的第三条道路，在 1 号宫殿区基址的西墙外，也确认了宫殿区西侧道路的存在。至此，显示出宫殿外围呈现出完整的"井"字形道路格局。已发现的四条道路垂直相交，其走向与 1 号、2 号宫城城墙及宫殿区基址围墙的方向基本一致，"井"字形道路把二里头遗址分成不同功能区，形成了以宫城区内建筑群为中心，宫城外墓葬区、祭祀区、手工业作坊区围绕的宏大都邑遗址。

（五）宫城城墙遗址

宫城城墙平面呈长方形（图 4），东墙方向 174°，西墙方向 174.5°，东北角及西北角略呈

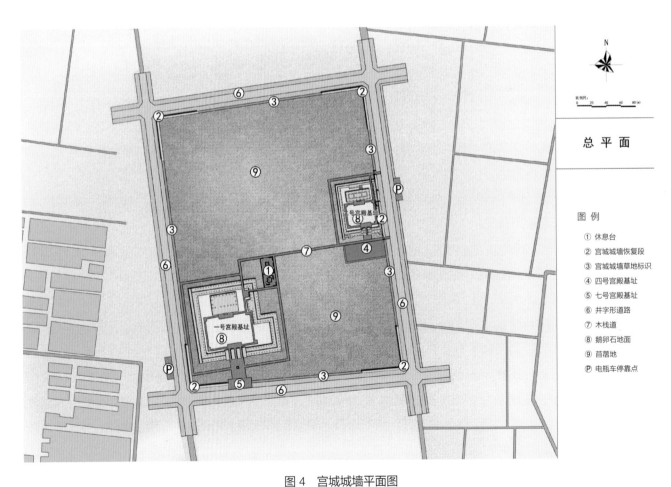

图 4　宫城城墙平面图

（来源 :《二里头遗址展示设计方案》）

直角，南墙与东墙延长线夹角为 87°。城墙沿已探明的四条"井"字形道路内侧修筑。四面城墙中，东墙与北墙保存较好。东墙残长 330 余米，北墙残长约 250 米，南墙残长 120 余米，西墙残长 150 余米。依发掘报告看，宫城东墙和北墙无基槽，平地起筑。西墙和南墙部分地段发现较浅的基槽。墙体上宽 2 米左右，底部略宽，最宽逾 3 米。残存高度 0.1～0.75 米。宫城东北角城墙交接处系一次性夯筑而成，未发现接缝或嵌入现象，城墙上发现多处局部修补、增筑的现象。

五、保护与展示设计

（一）宫殿区保护与展示设计

宫殿区遗址主要展示内容为：在"井"字形道路遗址上采用素土夯实—三七灰土压实，上铺黄土色透水混凝土进行展示；宫城城墙在现有遗址自然地面以上采用三七灰土夯实，预埋混凝土垫块，垫块上铆接装配式钢结构框架，钢结构顶及侧面挂仿夯土预制彩色纤维混凝土（GRC）板进行复原模拟展示。其中，宫城城墙仅在四角及 2 号宫殿东侧进行模拟复原展示，其余均为地表植物标识展示；1、2 号宫殿区建筑基址采用与发掘资料形制相仿的仿夯土预制装配式彩色纤维混凝土（GRC）挂板，挂板间采用焊接，外粉仿夯土色混凝土。装配式结构在必要时吊拆，可对遗址进行二次发掘。宫城城墙及宫殿区内均采用碎石及绿植标识展示。

宫殿区展示主入口设在 7 号宫殿建筑基址上，7 号宫殿遗址采用自然地面以上高架木栈道。入口处设宫殿区碑刻说明及标识牌。1 号宫殿区均为基址展示，通往 2 号宫殿基址区道路采用自然地面以上架高木栈道做法，由于线路较长，在道路中设置一处休息平台，休息平台旁置大型盆栽槐树一棵。2 号宫殿基址区与其轴线对应的 4 号建筑基址，采用绿植标识展示的方式。为使游客对遗址参观便利，在宫殿区的西南角和东侧与 2 号宫殿相近处，各设电瓶车停靠站一处。宫殿区内部的展示道路均采用自然地面上高架木栈道做法，此做法不仅减少了游客对遗址本体的踩踏，必要时吊拆展示设施，可对遗址进行二次发掘。

（二）"井"字形道路保护与展示设计

据考古发掘资料显示，"井"字形道路遗址最宽 20 米。保护展示方案在现状"井"字形道路遗址上覆素土压实，为满足保护展示和旅游需求，将"井"字形道路每边各加宽 1 米，保护展示道路总宽 22 米，道路高于两侧自然地面，道路采用双边坡排水。"井"字形道路中间 10 米宽为电瓶车道，两侧每边各 6 米宽为行步道，双向行驶。电瓶车道具体做法为：现有路基素土碾压密实 -300 毫米厚级配碎砾石—多空隙水泥稳定碎石基层 -150 毫米厚 C20 透水混凝土面层（土黄色）。行步道做法为：现有路基上素土碾压密实 -300 毫米厚级配碎砾石 -150 毫米厚三七灰土夯实。

道路边缘置土黄色混凝土预制道牙石 2000 毫米 ×200 毫米 ×500 毫米，道路每十米设 0.01 米宽的伸缩缝，伸缩缝内填高密度聚乙烯泡沫。道路中间分别向两侧设 1% 排水坡，排入道路两侧绿化带。

（三）宫墙基址展示设计

为增加游客对宫城城墙及宫殿区空间的尺度感和展示效果，宫城城墙遗址的保护展示采用分段地面模拟复原展示，展示段为宫城的东北角和 2 号宫殿基址东侧城墙，其余城墙遗址展示均采用绿植标识的方式，将宫墙的范围、规模、形制展示出来。

复原宫城城墙宽 2.44 米，高 1.5 米。穿越城墙的木栈道宽 2 米。城墙自然地面以下做法为：素土压实 -300 毫米厚级配碎砾石 -30 毫米厚 1∶3 干硬性水泥砂浆结合层—水泥浆一道—现浇钢筋混凝土地梁 250 毫米 ×600 毫米，梁上预埋钢板 12 毫米厚 300 毫米 ×300 毫米和 Φ16 螺栓焊接，上部与桁架连接。桁架采用方钢焊接，此结构可根据考古需要随时进行拆卸。宫城城墙东北角模拟展示长 36.6 米，东墙模拟展示长 84 米，总长 230.4 米。

（四）1 号宫殿区建筑基址展示设计

1 号宫殿区展示设计，包含 7 号宫殿建筑基址、大门基址、1 号宫殿建筑基址、庭院和参观廊道、游客休息平台等六部分，总展示面积为 18840 平方米。

方案将 7 号宫殿设为宫城区的主入口，7 号宫殿南置踏步与"井"字形道路连接，宫殿区建筑基址下部采用现浇钢筋混凝土地梁 250 毫米 ×600 毫米，梁上预埋 120 毫米 ×120 毫米防腐木，再上为 27 毫米厚炭化木地板铆接。

1 号宫殿建筑基址展示，按照考古发掘的宫殿建筑基址平面，在自然地面以下素土压实 -300 毫米厚级配碎砾石，其上置 3600 毫米 ×3660 毫米钢筋混凝土装配式梁、板模块拼接，梁、板间进行焊接，素混凝土填缝。梁、板上钢桁架架空，桁架外挂土黄色仿夯土彩色纤维混凝土（GRC）板（图 5）。板顶标高 0.75 米，板顶建筑面阔、进深和柱网结构按发掘柱洞布置，仿木柱采用 10 毫米厚彩色纤维混凝土（GRC）板壳体，内部中空，木柱柱头熏黑处理。

大门建筑基址，按照考古发掘平面，在自然地面以下素土压实 -300 毫米厚级配碎砾石，其上采用 3600 毫米 ×2440 毫米和 2440 毫米 ×1220 毫米钢筋混凝土装配式梁、板模块拼接，梁、板间进行焊接，素混凝土填缝。梁、板上钢桁架架空，桁架外挂土黄色仿夯土预制彩色纤维混凝土（GRC）板。板顶标高 0.55 米，板顶建筑面阔、进深和柱网结构按发掘柱洞布置，仿木柱采用 10 毫米厚预制彩色纤维混凝土（GRC）板壳体，内部中空，木柱柱头熏黑处理。大门三条门道，其中中间门道宽 3 米，东西二门道宽 2.9 米，门道做法与木栈道做法。

廊庑建筑基址，按照考古发掘建筑基址平面，分别采用 3.66 米和 2.44 米作为开间设置，在自然地面以下素土压实 -300 毫米厚级配碎砾石 -30 毫米厚 1∶3 干硬性水泥砂浆结合层—水泥浆一道—现浇钢筋混凝土地梁 250 毫米 ×600 毫米，梁上预埋 0.012 毫米厚 300 毫米 ×300 毫米钢

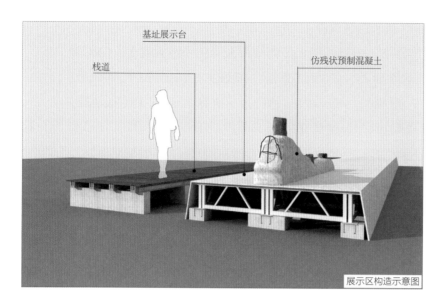

仿夯土混凝土挂板示意图

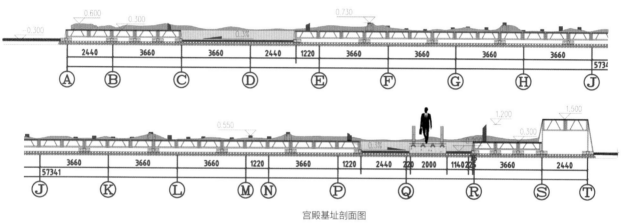

宫殿基址剖面图

图 5 宫殿区及木栈道设计示意图

板和 Φ16 螺栓焊接，上部与桁架连接。桁架采用方钢焊接，廊庑顶面标高 0.55 米，木骨泥墙标高 0.75 ~ 0.95 米，外观采用土黄色仿夯土 10 毫米厚彩色纤维混凝土（GRC）板壳体，内部中空，木柱柱头熏黑处理。柱网残柱高低错落，最高 0.8 米，最低 0.3 米（图 5）。

东厨建筑基址，平面长方形，坐东朝西，面阔三间，进深二间，结构做法同廊庑。1 号宫殿区木栈道标高为 0.45 米，木栈道宽 2 米。其基座采用自然地面以下素土压实 -300 毫米厚级配碎砾石—预制现浇钢筋混凝土地梁 250 毫米 ×600 毫米，梁上预埋 120 毫米 ×120 毫米防腐木，再上为 27 毫米厚炭化木地板铆接。休息及参观平台做法同上。宫殿庭院及 0.6 米宽散水均采用 100 毫米厚 Φ20 至 Φ40 灰白色鹅卵石铺地。

（五）2 号宫殿区建筑基址展示设计

2 号宫殿建筑基址，按照考古发掘的宫殿建筑基址平面，在自然地面以下素土压实 -300 毫米厚级配碎砾石，其上采用 3600 毫米 ×2440 毫米钢筋混凝土装配式梁、板模块拼接，梁、板间进行焊接，素混凝土填缝。梁、板上钢桁架架空，桁架外挂土黄色仿夯土彩色纤维混凝土（GRC）板。板顶标高高出自然地面 0.6 米，板顶建筑面阔、进深和柱网结构按发掘柱洞布置，仿木柱采用 10 毫米厚预制彩色纤维混凝土（GRC）板壳体，内部中空，木柱柱头熏黑处理。2 号宫殿建筑木骨泥墙高 0.9 米。柱网残柱高低错落，最高 0.8 米，最低 0.3 米。

大门建筑基址，按照考古发掘基址平面，在自然地面以下素土压实 -300 毫米厚级配碎砾石，其上采用 3600 毫米 ×3660 毫米和 2440 毫米 ×1220 毫米钢筋混凝土装配式梁、板模块拼接，梁、板间进行焊接，素混凝土填缝。梁、板上钢桁架架空，桁架外挂土黄色仿夯土彩色纤维混凝土（GRC）板。板顶标高 0.5 米，板顶建筑面阔、进深和柱网结构按发掘柱洞布置，仿木柱采用 10 毫米厚预制彩色纤维混凝土（GRC）板壳体，木柱柱头熏黑处理。大门三条门道，大门门塾为仿木骨泥墙，高 0.9 米，外观做法土黄色仿夯土 10 毫米厚预制彩色纤维混凝土（GRC）板，内部中空。柱网残柱高低错落，最高 0.8 米，最低 0.3 米。大门门道宽 2 米，门道做法与木栈道做法同。

廊庑建筑基址，按照考古发掘基址平面，采用 3.66 米和 2.44 米作为开间设置，在自然地面以下素土压实 -300 毫米厚级配碎砾石 -30 毫米厚 1∶3 干硬性水泥砂浆结合层—水泥浆一道—现浇钢筋混凝土地梁 250 毫米 ×600 毫米，梁上预埋钢板 12 毫米厚 300 毫米 ×300 毫米和 Φ16 螺栓焊接，上部与桁架连接。桁架采用方钢焊接，廊庑顶面标高 0.55 米，木骨泥墙标高 0.75 ～ 0.95 米，

图 6　宫殿区建成后效果图

外观采用土黄色仿夯土 10 毫米厚预制彩色纤维混凝土（GRC）板壳体，内部中空。柱网残柱高低错落，最高 0.8 米，低 0.3 米，色彩采用仿木熏黑色，结构为 10 毫米厚彩色纤维混凝土（GRC）板壳体，内部中空。大门东、西、北三面夯土墙做法同宫墙，不同的是夯土墙高 1.2 米。东厨建筑基址，平面长方形，坐东朝西，结构做法同东廊庑。

2 号宫殿区木栈道标高为 0.45 米，木栈道宽 2 米。其基座采用自然地面以下素土压实 -300 毫米厚级配碎砾石—预制现浇钢筋混凝土地梁 250 毫米 ×600 毫米，梁上预埋 120 毫米 ×120 毫米防腐木，再上为 27 毫米厚炭化木地板铆接。休息及参观平台做法同上。宫殿庭院及 0.6 米宽建筑基址散水均采用 100 毫米厚 Φ20 至 Φ40 灰白色鹅卵石铺地。

（六）绿化设计

宫殿区内除遗址本体部分，均选用苜蓿作为大规模种植的地被植物，其间点缀国槐（用树箱并设阻根层）。参观道路围绕的展示区内部，选用黑麦草，休息区内用树箱种植金叶女贞、国槐。周边宫城标识植物选用芒草。绿化设计方案选用低矮植物植被，目的是突出遗址区的展示内容和效果。

六、结　语

二里头遗址规模宏大，布局严谨，文化内涵丰富。作为中国古代文明与早期国家形成期的大型都邑，二里头遗址的重要学术地位得到了学术界的公认[6]。二里头遗址保护展示利用设计及工程实施，再现了遗址完整的文化价值和历史信息（图 6），建成后的二里头遗址宫殿区特色鲜明、主题突出、可识别性较强，对二里头遗址国家考古遗址公园的建设具有重要的学术研究价值和现实意义。2019 年，二里头宫殿区及"井"字形道路保护展示工程施工设计方案获得了"中国文物保护示范工程奖"，取得了较好的社会效益，为河南省国家考古遗址公园建设和展示利用模式起到了积极的示范作用。

注释

[1] 许宏、陈国梁、赵海涛：《二里头遗址聚落形态的初步考察》，《考古》2004 年第 11 期。

[2] 刘庆柱：《中国古代都城遗址布局形制的考古发现所反映的社会形态变化研究》，《考古学报》2006 年第 3 期。

[3] 赵海涛：《二里头都邑布局和手工业考古的新收获》，《华夏考古》2022 年第 6 期。

[4] 杜金鹏：《考古集学刊》，北京：科学出版社，2006 年，第 178 ～ 182 页。

[5] 赵海涛：《二里头都邑聚落形态新识》，《考古》2020 年第 8 期。

[6] 赵海涛、许宏：《新探索与新收获：近十年二里头遗址田野考古概述》，《南方文物》2018 年第 4 期。

考古遗产保护利用与可持续性发展构想
——以曹操高陵博物馆建设为例

孔德铭　　武晓敏

曹操高陵遗址博物馆

[摘要]　考古遗产的保护利用与可持续发展是当前我国文化遗产保护需要研究的重大课题之一。曹操高陵遗址博物馆通过加快博物馆的建设及对外开放，提高遗址展示、文物展览、保护利用的科技水平，加强对遗址、相关历史背景、人物及其时代价值的研究阐释，拓展战略合作发展空间，强化打造豫北冀南"三国文化"片区，积极筹备组建"全国三国文化"联盟等方法，形成联动发展效应，成功入选全国考古遗产保护展示"十佳案例"之优秀案例，走出了一条独特的文化遗产活化利用之路。

[关键词]　考古遗产　保护利用　曹操高陵

随着新时代中国考古事业的蓬勃发展，一些重大的具有历史意义的考古发现在实证五千年中华文明进程的作用和地位得到彰显。作为考古发现的物质载体，考古遗产得到极大的丰富，作用和价值日益提高，并影响着人们的物质、精神和文化生活。做好考古遗产的保护研究和活化利用工作，充分发挥考古遗产在文化建设、意识形态建设中的作用，已成为目前中国文博界需要探讨和解决的关键问题之一。安阳曹操高陵是 2019 年度全国十大考古新发现之一，2013 年全国重点文物保护单位，日前曹操高陵遗址博物馆正式开馆，并取得了一定的社会和经济效益，走出了一条不同寻常的文物遗产活化利用之路，也是中国考古遗产保护利用的成功范例之一。如何做好遗址博物馆，特别是做好中国知名考古遗产的可持续发展非常重要。下面以曹操高陵遗址博物馆为例进行简要的探讨。

一、曹操高陵遗址博物馆概况

安阳（曹操）高陵位于河南省安阳市西北约 15 千米的殷都区安丰乡西高穴村南，为东汉末年著名政治家、军事家、文学家曹操的陵寝。2010 年 2 月 4 日，安阳（曹操）高陵被确定为"河南省重点文物保护单位"；2010 年 6 月 11 日，安阳（曹操）高陵入选国家文物局"2009 年度全国十大考古新发现"；2013 年 5 月经国务院批准被评为"第七批全国重点文物保护单位"。该陵园坐西向东，平面长方形，西部已遭破坏，现存东西长度约 110 米，南北宽 130 米。陵墓位于陵园中心偏南，平面为甲字形，坐西向东，是一座带斜坡墓道的多室砖券墓（图 1）。斜坡墓道长 39.5 米，最深处距地表约 15 米，上宽下窄，上口宽 9.8 米，底部宽 2.7 米，墓道两壁分别有七级台阶，逐级内收。墓室有前、后两个四角攒尖顶的主墓室，前、后室各有南、北两个侧室。墓室四壁及顶部均由特制的长方形大砖砌成，底部平铺方形青石板。该墓形制复杂、用料考究、规模宏大，占地面积达 740 平方米。虽遭多次盗掘，墓室内出土各类文物 900 余件，包括陶质模型明器、铁甲、铁剑、玉珠、刻铭石牌等，其中刻有"魏武王常所用格虎大戟"等内容的多件圭形石牌极为珍贵，为研究确定墓主身份提供了直接而重要的依据。此外，陵园内还发现有其他相关遗存，陵园以西发现有陪葬墓。安阳（曹操）高陵的发现与发掘，为汉魏考古学研究树立了准确的年代标尺，为研究汉魏帝王陵寝制度、丧葬文化乃至研究汉魏历史提供了珍贵的实物资料，具有重要的社会、历史、文化科学价值。2008 年以来，经过考古勘探和考古发掘共发现曹操高陵陵园、曹操墓本体、

图 1　高陵内部

图 2　曹操高陵遗址博物馆

大量陪葬墓、宋代守陵户居址等文物遗迹，遗址分布密集，面积广大，布局严谨有序，总占地面积约 490 亩。

2018 年以来，为了贯彻落实习近平总书记关于文化遗产保护的重要指示批示精神，让文物活起来，进一步加强对曹操高陵遗址的保护研究和展示利用工作，报国家文物局批准后，由清华建筑设计研究院等单位设计，目前实施完成了安阳高陵本体保护与展示工程（主体）、安阳高陵保护与展示工程（内部展示设计与施工一体化）、智慧化安防技防工程、安阳高陵本体保护展示工程、环境控制项目（Ⅰ期）曹操高陵一期、二期本体保护工程、环境控制工程。整个建设工程包括遗址保护大棚、遗址博物馆、能源中心及游客服务中心、考古管理用房等配套设施，融遗址本体保护、出土文物展示、环境整治控制、研学旅游服务等为一体。2023 年 4 月 29 日，曹操高陵遗址博物馆正式建成对外开放（图 2）。

曹操高陵遗址博物馆基本陈列定名为"往事越千年——曹操高陵历史文化展"，选自毛泽东诗词《浪淘沙·北戴河》中的名句。我们举办基本陈列的宗旨是利用考古、历史和社会学的研究成果，依托高陵出土文物资源，讲述与曹操相关的汉魏历史，达到传承和弘扬中华优秀传统文化的目的。展陈理念是突出考古发掘的科学性、曹操人物的完整性以及展陈内容的丰富性、展陈手段的多样性，达到本次曹操高陵遗址博物馆基本展陈的目标。

高陵遗址博物馆基本陈列分为遗址展示和室内展示两个区域。遗址展示区域面积约 16000 平方米，立体地展示了高陵陵园内的曹操墓本体、神道、陵前建筑基址、围壕、垣墙、陪葬墓等，观众可以通过栈道近距离地参观这些遗址。

基本陈列室内展示部分面积约 8000 平方米，展线长约 600 米，展览内容包括"高陵重现"和"超世之杰"两部分。第一部分"高陵重现"，以曹操高陵考古发掘出土的大量珍贵文物为主，辅以历史文献资料、影像资料等，突出展示曹操高陵的发掘源起、科学考古及有关专家研讨会内容，让人们通过展览走进高陵、感悟高陵。第二部分"超世之杰"，以曹操高陵出土文物为纲，结合"汉末风云""官渡之战"等大型沉浸式体验等现代展示手段，集中展示墓主人曹操在政治、军事以及文学等方面的历史贡献和影响。

展览共展出高陵出土文物 500 余件（套），其中有能证明墓主人身份的"魏武王常所用挌虎大戟"等石牌、石璧、十二陶鼎（图 3）等文物，同时，也展出了体现曹操薄葬思想的随葬陶器、铜器、铁器等。另外，为了更好地展现展览的历史背景，我们还借展了洛阳市文物考古研究院、安阳市文物考古研究院、邺城博物馆、许昌市博物馆等文博单位的汉魏时期相关文物。整个展览以考古发掘为基础，以历史文献为依据，用文物、场景、多媒体等相结合的展览语言，尽可能地为观众展现出一个历史上真实的曹操。

图 3　十二陶鼎

　　高陵遗址博物馆基本陈列展陈风格肃穆、大气。展览除了文物展示外，还采用了场景和多媒体相结合的展示手段，将汉末风云、官渡之战以及曹操对邺城的营建等历史事件，多元化、沉浸式地展现给观众。展览中还设置了观众互动环节，观众可以通过多媒体深入了解汉魏文化知识，通过背诵曹操的诗文进行游戏闯关，还可以通过触摸屏书写对曹操的评价和观展心得等留言。高陵遗址基本陈列的亮点，一是遗址展示，展厅设计充分利用高陵遗址的原有地形，使遗址展示既是整个展览的大序厅，又是室内展示的一部分，将遗址展示与文物展示充分融合在一起；二是模拟墓室，受遗址保护影响，曹操墓本体无法完全满足观众参观的需求，我们在墓室西北侧按照 1：1 的比例修建了一处高仿真模拟墓室，完整地复原了真墓室内部的结构和遗迹。同时，在模拟墓室外，通过大屏幕，观众可以了解墓室的结构解析，了解曹操墓与洛阳曹魏大墓结构的对比等知识。展览的第三个亮点在展览尾声部分，我们在展览结尾处设置了一处纪念场所——魏武堂，观众可以在这里回味历史、感知古人，通过追思古人，把历史的尊严还给英雄。同时，我们还收集、购买了 1 千余册与曹操有关、与汉魏历史文化有关的书籍，陈列在展览的结尾处，并设置阅览桌椅，观众参观完展览后，可以在这里借阅书籍，更深入地了解曹操，了解汉末这段历史（图 4）。

图 4　展览结尾处书籍

二、充分挖掘时代价值，研究阐释和活化利用考古遗产

曹操作为我国历史上著名的政治家、军事家、文学家和思想家，对中国历史发展产生了重大影响，充分挖掘曹操高陵的时代价值，研究阐释和活化利用曹操高陵考古遗产，对于传承好发展好中华文明，深刻理解"两个结合"具有重要的现实意义。

（一）征战无数

从历史记载来看，曹操尊儒抑佛，以文治国，儒家文化讲究的是忠君报国的政治思想、上尊下卑的伦理道德、励精图治的不懈奋斗。曹操一生深受儒家思想和道家思想影响，扶持汉献帝，维持汉王朝的统治。一生征战上百次，行程大半个中国，南征北战，平定军阀割据和叛乱，最终统一了中国北方。

（二）崇尚节俭

曹魏集团中，曹操带头禁止奢侈，后宫不敢衣锦，卞夫人"无文绣珠玉"。曹丕与曹植争宠，为了赢得曹操的欢心，他采用的一个重要方法便是衣着朴素，日用节俭，并让妻子、仆人等节俭度日。曹操节俭的思想和其他思想是相通的，他的廉洁促成其政治军事成就，他的政治军事生涯，培养其廉洁自律的品德。

（三）中国薄葬制度的开创者和忠实的实践者

曹操提倡薄葬，"建安十年，魏武帝以天下凋敝，下令不得厚葬，又禁立碑"。他在《终令》中说："古之葬者，必居瘠薄之地。其规西门豹祠西原上为寿陵，因高为基，不封不树。"[1]在《遗令》中说："天下尚未安定，未得遵古也。葬毕，皆除服。其将兵屯戍者，皆不得离屯部，有司各率乃职，敛以时服，无藏金玉珍宝。"[2]曹操墓科学发掘共出土文物900余件，多数为陶器、石器、瓷器、铁器等随葬明器和日常用器兵器，仅发现极少量的玉器、铜器。墓葬所反映的薄葬思想与曹操本人生前所倡导建立的薄葬制度相一致。薄葬制度对中国历史产生了深远的影响。

（四）实施了多项政治措施，影响深远

曹操一生实施了多项政治措施，如实施"屯田"政策、"开凿灌渠，兴修水利"，重视农业和手工业生产，推动技术进步和改革，同时也非常重视士人的教育和文化建设，促进了社会稳定和

发展。这一系列重大举措，不但对当时恢复经济，发展生产等有重要作用，对中国今天政治、经济、文化等方面也有重要的影响。

（五）"唯才是举""赏罚分明"的用人政策

曹操一生政治军事生涯中提倡"唯才是举""选将量敌""赏罚分明""褒亡厚往"等系列用人方针，先后发布三次"求贤令"，符合我们现在"德才兼备"的用人政策，在我国现阶段改革开放的社会环境中，为我们的用人政策提供积极的务实的理论参考，具有更为深远的借鉴意义。

（六）致力于改革创新

曹操高陵墓葬形制、方位的变革对于中国墓葬制度、中国文化方面的影响与当代中国的改革创新、"一带一路"倡议等具有重要的意义。曹操文统建安，开创了中国建安文学的"老骥伏枥，志在千里"的雄心壮志和拼搏精神为当代中国发展提供了强劲的精神动力。

三、曹操高陵遗址博物馆发展战略构想

（一）立足区位优势，打造豫北冀南"汉魏三国文化"片区

豫北冀南是中国"三国文化"重要发源地之一，这里有汉末三都之一邺都遗址，也是曹操的封地魏国、归葬之地高陵的所在地，同时又有魏文帝曹丕夫人甄夫人朝阳陵所在之地。此外，这里还有西门豹祠、曹操开凿漳南灌渠遗址、白沟遗址、数千座的东汉晚期至三国时期的墓葬等，目前这里保存了丰富的"三国文化"遗迹。

近期河南省安阳市、鹤壁市、濮阳市与毗邻的河北省邯郸市、邢台市，山西省晋城市、长治市，山东省聊城市等建立了文旅融合发展机制。豫北安阳和冀南的邯郸是发起市之一，都是历史文化名城，双方有着良好的合作基础。近年来，双方围绕当地的三国文化分别建设了曹操高陵遗址博物馆、邺城博物馆、邺城考古遗址公园、北朝博物馆等，正在规划建设西门豹祠、朝阳陵（甄妃墓）等文物保护单位。因此，加强豫北冀南两市（安阳市、邯郸市）、四县（区）（临漳县、磁县和殷都区、北关区）等区域的联动，建立沟通协作机制，根据发展情况适时扩大行政区域，着力打造独具特色的"三国文化"片区，推动建成具有大区域性特色文化片区，并积极推动将该文化片区的建设与发展上升到国家战略高度，打造成为国家乃至世界性研究保护和活化利用"三国文化"的新地标，形成知名的中华优秀传统文化大品牌。

（二）建设国际一流"三国文化"交流平台

以曹操高陵博物馆为平台，积极与东亚、东南亚相关机构合作开展"曹操高陵出土文物精品展""大三国文物精品展"等"三国文化"海外巡展和学术交流活动，扩大博物馆的世界影响力，打造成为世界性保护研究、展示利用三国文化的国际平台，并以此吸引日本、韩国及东南亚的游客到中国研学三国文化，促进中外文化的交流。

（三）组织召开"三国历史文化研讨会"，组建"三国文化"联盟

近期，召开了新一届"河南三国文化学会年会暨三国历史文化研讨会"，成立了"汉魏文化研究院"，完成"河南三国文化学会秘书处"挂牌和学会秘书处建设工作，建设全国三国文化研学基地。同时积极与国内的洛阳、许昌、南阳、成都、南京、亳州、临漳、东阿等三国文化遗址丰富的地市联合成立中国三国文化联盟，充分打造、传承、运用好中华优秀的"三国文化"的宝贵资源，共同创造发展好新时期中国特色社会主义新文化，推动中国文化繁荣、建设文化强国。

（四）大力发展文创产业，加快文旅融合，走可持续发展之路

目前曹操高陵遗址博物馆已与近 50 家国内一流文创公司进行了沟通和前期合作，一些文创产品初步取得了较好的社会效益和经济效益。下一步，我们将进一步搞好研学活动，建设好独具特色的"三国文化"研学游基地，吸引更多的青少年了解、认识和研究三国文化。

注释

[1] （晋）陈寿撰，（宋）裴松之注：《三国志》卷一《武帝纪》，北京：中华书局，1959 年，第 51 页。
[2] （晋）陈寿撰，（宋）裴松之注：《三国志》卷一《武帝纪》，北京：中华书局，1959 年，第 53 页。

遗产活化视角下考古遗址公园研学实践探索
——以大河村考古遗址公园研学为例

钱　燕

郑州市大河村考古遗址公园

[摘要]　新时代文物工作方针要求"让文物活起来"，促进遗产活化，更好地惠及公众，研学是考古遗址公园遗产活化的一种有效方式，正在建设中的大河村考古遗址公园结合馆内资源在研学开展上进行了系列探索，研读研学政策、研发特色课程、开展研学活动，取得了不错的反响，然而仍有许多不足，只有将遗址博物馆与公园结合起来，实现空间的有效利用；园区与校方深入合作，打造学生专属IP精品课程；体验活动更加多元化满足不同群体需求，才能吸引更多群体的关注，发挥考古遗址公园的价值。

[关键词]　遗产活化　大河村考古遗址公园　研学实践

2022 年全国文物工作会议提出"保护第一，加强管理，挖掘价值，有效利用，让文物活起来"的文物工作方针，强调在保护的基础上深入挖掘文物价值，实现遗产活化，让文物真正活起来，惠及于公众。《"十四五"文化和旅游发展规划》也提出将不断完善文化遗产保护传承利用体系，不断提高文化遗产传承利用水平。通过遗产活化实现遗产价值的阐释、转化与传播，让遗产充分融入社会经济发展历程，才能形成强大的社会凝聚力[1]。2021 年出台的《大遗址保护利用"十四五"专项规划》较之前的"十一五""十二五"和"十三五"专项规划，更加关注遗址利用工作。研学是遗产活化利用的一种重要方式，考古遗址公园凭借丰富的文物资源、优越的环境、宽松的空间是开展研学的最佳场所之一。

一、国家考古遗址公园建设情况

考古遗址公园是依托考古遗址，对遗址进行有效保护、展示和利用的一种手段，基于我国大遗址以土遗址为主的特点，大遗址保护利用的实践中缺乏现成的法律法规、规范等经验指导，我国在实践中提出了独有的、符合我国国情的考古遗址公园模式。考古遗址公园的提出与发展经历了较为漫长的时间，50 年代西安兴庆宫公园的建设成为遗址公园的早期探索；20 世纪 80 年代，《西安城市总体规划（1980 年—2000 年）》首次明确提出"遗址公园"的概念；2000 年《圆明园遗址公园规划》的提出，正式将"遗址公园"纳入文化遗产保护领域；2009 年 6 月，大遗址保护良渚论坛在杭州召开，结合良渚遗址公园建设的启动，国家文物局首次将"建设考古遗址公园"作为大遗址保护的有效途径正式向社会发出倡导。

2022 年国家文物局修订出台的《国家考古遗址公园管理办法》将国家考古遗址公园定义为：以重要考古遗址及其环境为主体，具有科研、教育、游憩等功能，在考古遗址研究阐释、保护利用和文化传承方面具有全国性示范意义的特定公共文化空间 [2]。它不同于一般性质的公园，是以遗址保护为首要任务，以展示遗址外在形态、传达遗址价值与信息为重要手段、以向公众传播遗产价值为基本目标的特定场所 [3]，同时具备公园的游憩、科研等功能，是基于考古遗址与公园相结合而又不同于两者的新型产物 [4]。这是保护和展示遗址的一种重要方式，也是目前国内主要的展示手段之一。自 2010 年以来，国家文物局陆续公布 4 批国家考古遗址公园名单，目前我国已建成 55 处国家考古遗址公园。

二、遗产活化是考古遗址公园良性发展的有效方式

遗产活化是在尊重遗产的前提下，使遗址及周边环境的价值及文化意义转化为具有多重体验感的旅游产品的过程，即让静态的遗产生动化、拥有生命力 [5]。单霁翔认为，文化遗产地需要更多地挖掘人们接受信息和知识的方法，以历史为背景，让文化遗产资源能够"活起来"，让百姓在生活中对文化遗产有更深刻的感受 [6]。在遗址得到保护的前提下，遗产活化开发是考古遗址走向公众和社会的重要手段 [7]。国外的考古遗址公园很注重遗产的活化利用，例如日本吉野里遗址公园在遗址保护的基础上，重视对遗址的开发利用和公众体验参与，重视公众在多样性开发中的积极作用，例如弥生生活馆提供插秧、钻木取火及射箭等活动以及制作玻璃制品、勾玉等手工艺品活动；以实验考古学的方式传授古代文明相关知识；举办各种特别活动增加体验感 [8]。公众参与活动也是英国弗拉格考古遗址公园的特色，利用是保护的拓展，合理利用是最好的保护 [9]。公众参与是越来越多的考古遗址公园规划设计的共识。

考古遗址公园建设既是一项文物工程，也是一项惠民工程，开阔的空间、丰富的文物资源于公众没有机会参与资源的使用，作为资源所有者的利益得不到实现，直接导致公众资源保护意识难以形成，只有进行遗产活化，改变其孤冷高高在上的姿态，与当地经济发展和城市建设融合起来，转换成城市休闲空间、市民消费得起的地方才能更好地发挥其价值。

考古遗址公园遗产活化方式目前主要有：特色讲解、展览展示、研学实践教育、文化创意产品研发、举办文化活动、科技赋能等几种不同方式。

特色讲解：几乎各个考古遗址公园都配备有讲解服务，通过讲解员、自助语音讲解和智能导览机等不同方式对外讲述遗址公园的文化遗产内涵，使展示内容发挥其教育和引导作用。特色讲解可以根据遗址公园特色转变形式使其更有代入感，讲解员可以身着具备遗址公园内涵的服装或是在讲解过程中插入与遗址相关的故事情节、表演或者肢体语言来辅助讲解，如殷墟国家考古遗址公园的讲解员在讲解的过程中身着商朝的服装，跟随讲解员步伐仿如穿越回商代。

展览展示：遗址公园内几乎都建有遗址博物馆，可以说是遗址公园的标配，是展示遗址出土物和相关遗存的重要方式，手段有很多种，如基本陈列、临时展览、遗址本体和遗迹现象原状展示、复原展示、模拟展示等。不同类型的考古遗址公园除了展示自身具备的基本要素外，还应将其特有之处进行展示，如大河村考古遗址公园除了新建仰韶文化博物馆展示中国仰韶文化，还建有保护大棚对房基遗址和地震带遗迹进行原状展示，使游客对 5000 多年前特有的"木骨整塑"房屋和 4000 多年前的地质灾害有深入了解。

研学实践教育：是遗址公园遗产活化中新兴的一种形式，又称为研学旅行是素质教育诉求下发展起来的一种新的校外教育形式，博物馆研学作为其中一种，凭着丰富的教学资源和优越的展馆环境吸引众多中小学生走进博物馆开展研学。三星堆国家考古遗址公园凭借三星堆为古蜀国都城遗址、出土众多青铜器及金器、象牙器等珍贵文物的特色，开发有古城探秘、蜀王寻踪、金沙遗响、巴蜀盛世，模拟考古和古蜀工匠制作青铜器、玉器等体验课程。大明宫国家考古遗址公园成立考古探索中心，深挖遗址内涵，盘活文化资源，推出考古探方体验、文物拼接、斗拱搭建、编钟奏乐、遗产探访等系列研学课程。

文化创意产品研发：文化创意产品，简称文创产品，是指依靠创意人的智慧、技能和天赋，借助于现代科技手段对文化资源、文化用品进行创造与提升，通过知识产权的开发和运用，而产出的高附加值产品。很多考古遗址公园都有尝试，如三星堆国家考古遗址公园开发的金面具巧克力、川蜀小堆盲盒等，甚至还跨界融合，推出动画片《三星堆·荣耀觉醒》、动画电影《金色面具·英雄》《三星堆传奇·勾云之星》以及 AR 游戏《一起来捉妖》。金沙国家考古遗址公园联名川西坝子火锅品牌，实现博物馆与火锅的碰撞，在国内是一次罕见而创新的跨界联动。

举办文化活动：结合遗址内涵，借助遗址公园空间举办与遗址文化内涵相关的文化活动，形式多样，如郑州商城国家考古遗址公园举办的国潮音乐会吸引众多年轻人参与，金沙国家考古遗址公园每年举办金沙太阳节活动风靡海内外。

科技赋能：借助科技手段对遗址公园内的文化遗产进行转化，开发出数字文物、数字博物馆、灯光秀等形式展示文物和遗址，郑州商城国家考古遗址公园举办城墙灯光秀，以别样手段展示商都文化内涵。金沙遗址博物馆与百度百科强强联手，共同打造了数字化成都金沙遗址博物馆之百科数字博物馆，通过重要遗迹、藏品精粹、文化景观等分馆，全方位展示金沙遗址博物馆的众多珍贵展品。大明宫国家考古遗址公园以盛唐文化为特色，筹建 4D 影院，演绎《大明宫传奇》。

在上述各种活化利用方式中，研学实践教育兼具教育性、实践性、参与性和趣味性，能够满足不同层次人群的需求，能够有效实现遗址公园遗产价值的转化和传播，加上国家政策的支持，未来有很大的市场潜力，笔者认为研学实践教育是对遗址公园遗产活化利用最直接和最有效的一种方式。

三、大河村考古遗址公园遗产活化利用探索——研学实践

　　研学是大河村考古遗址公园对馆藏资源和展馆空间活化利用的一种重要方式，尚在建设中的大河村考古遗址公园利用现有博物馆自 2016 年就开始探索研学实践路径，解读研学政策，组建研学团队，开发系列研学课程，每年开展百余场研学活动，惠及省内外中小学生 5 万余人。

1. 研读政策，深入分析学生需求

　　2016 年 11 月，由教育部、国家发展改革委等 11 部门联合发布了《关于推进中小学生研学旅行的意见》（后文简称《意见》），对研学旅行的具体实施提出了明确的要求"把研学旅行纳入学校教育教学计划"，要"加强研学旅行基地建设。各基地要将研学旅行作为理想信念教育、爱国主义教育、革命传统教育、国情教育的重要载体，突出祖国大好风光、民族悠久历史、优良革命传统和现代化建设成就，根据小学、初中、高中不同学段的研学旅行目标，有针对性地开发自然类、历史类、地理类、科技类、人文类、体验类等多种类型的活动课程"。2016 年《国务院关于进一步加强文物工作的指导意见》指出"培育以文物保护单位、博物馆为支撑的体验旅游、研学旅行和传统村落休闲旅游线路"[10]，强调利用博物馆资源开展社会教育和研学旅行服务。

　　2017 年 9 月教育部发布的《中小学综合实践活动课程指导纲要》直接将研学旅行归为综合实践课程的范畴，明确了教育范畴下研学旅行的课程属性。2019 年以来，河南省和郑州市分别从文化旅游、教育及其他各方面出台了一系列研学相关利好政策，2019 年河南省教育厅等 10 部门出台了《关于推进中小学生研学旅行的实施方案》，提出"注重因地制宜，突出河南特色，打造具有中原风格、国家标准、国际视野的研学旅行'五个一'精品工程"。2023 年郑州市教育局等 11 部门在《关于推进中小学生研学旅行的实施方案》中提出要"结合中原文化和郑州特色，开发一批育人效果突出的研学旅行实践活动课程，建设一批具有良好示范带动作用的研学实践基地（营地）"。国家、省、市不管是教育部门还是文物部门都对研学工作的开展提出了明确要求，在这些背景下，作为校外教育基地的大河村考古遗址公园深入研读这些利好政策，组建研学团队研习学生教材，结合校本课程以及教育目标，综合学生对校外实践活动内容的需求，积极进行研学探索与实践。

2. 深挖资源，开发系列研学课程

　　郑州市大河村考古遗址公园（原名郑州市大河村遗址博物馆）是为保护、展示、研究、利用和传承大河村遗址丰富的文化内涵而在原址上建立起来的一座宣传教育机构。馆内丰富的文化遗存和多样的展示手段提供了众多的研学资源，是学习古代优秀历史文化的重要基地；宽大的场馆和素养较高的人员，为研学提供了优越的条件。遗迹厅展示有距今 5000 多年的联排式仰韶文化房基以及灰坑、墓葬、窖藏坑等多种类型的遗迹，完整再现了古代先民在此生活、劳作、娱乐的场景，加上数字设备的辅助展示，置身其中，仿佛回到 5000 多年前一片生机盎然的景象中（图 1）。

除了各类房基、窖穴、墓葬、壕沟等类型多样遗迹的展示，还有数量巨大的陶、石、骨、蚌、角、玉质地的珍贵文物及各类标本。不仅包括生产工具，亦包括生活用具，全面反映了大河村先民生产生活的情景，是公众认识史前文明的直接例证（图2）。

关于研学课程的开发，《意见》中明确指出研学旅行要遵守教育性和实践性原则，教育性和实践性是研学旅行的灵魂所在。同时还指出中小学研学旅行的课程目标在于培养学生"四个自信、三个学会"，增进对生活世界的理解和认识，促进中小学生形成正确的世界观、人生观和价值观，成为德智体美全面发展的社会主义建设者和接班人[11]。在研学课程的设计中，馆方秉持这些原则和目标，同时结合青少年探知欲强、活泼好动的身心特点与馆内真实可触的遗址现场、种类丰富的陶器展品、纹饰多样的彩陶及众多天文知识的体现、较多与纺织相关的展品、先进的"木骨整塑泥房"等资源，深入校内调研，邀请老师一起进行课程设计，最终确定以围绕与人类生活密切相关的"衣食住行工"展开，开设了11项课程（图3），包括《探秘之旅》《植物锤染》《织织为知之——古代编织和纺织》《考古体验》《钻木取火》《屋从哪里来——古代房屋搭建》《陶器工坊之陶器制作》《陶器工坊之绘制彩陶》

图1　大河村遗址博物馆遗迹厅
（来源：馆方拍摄）

图2　大河村遗址博物馆展厅
（来源：馆方拍摄）

图3　研学课程教案
（来源：笔者拍摄）

《陶器工坊之陶器修复》，后又研发《一枚蚕茧的前世今生》《探索土壤的秘密》，构建了一套适合不同年龄段的中小学研学课程体系。这些课程多是服从于人文与社科主题，与历史、数学、科学、自然与技术的探索与体验相关联，注重的是学生独立思考、动手解决问题及团队协作能力的培养。

3. 优化预约通道，开展形式灵活多样

研学的参与采取预约制，开通电话和微信预约双通道，专人负责对接和管理。为确保安全及活动效果，每项课程限定一定人数参与，在确保有序组织、紧密跟踪的基础上，实现研学全过程的精细化管控和管理，使学校、学生与基地的建设目标形成积极的映射关系，促进基地的健康、可持续发展（图4~图8）。

开展形式上馆内馆外相结合，课堂场地多在遗迹厅空白区域，拉近与遗存距离，实现感官

图4　研学活动——探秘之旅
（来源：馆方拍摄）

图5　研学活动——钻木取火
（来源：馆方拍摄）

图6　研学活动——绘制彩陶
（来源：馆方拍摄）

图7　研学活动——考古体验
（来源：馆方拍摄）

和实践双重刺激，保证体验效果。一般先由导入视频引导学生对课程有个总体印象，在研学导师的讲授下正式进入各门课程的深入体验和学习。馆外采用研学小分队进校园的形式，研学导师带着研学教具走进不同学校，让同学们足不出户感受传统文化的魅力。同时开拓思路，利用线上资源将研学课堂搬进直播室，《屋从哪里来——古代房屋搭建》《陶器工坊之绘制彩陶》《织织为知之——古代编织和纺织》《钻木取火》《考古体验》等课程都

图 8   研学活动——植物锤染

（来源：馆方拍摄）

先后走进直播室。讲座与研学课堂的结合也吸引众多网友参与，《陶轮转转——古代纺轮》为主题的线上微讲座，将身处不同地域的网友连接在一起，深受追捧。课程体验结束后，学生们完成研学资料包的评价部分提交给馆方，便于馆方改进。

四、引发的思考

大河村考古遗址公园多年研学活动的开展，取得了不错成绩，2018 年被评为全国中小学生研学实践教育基地，然而在具体实施中也存在一些问题，结合存在问题，引发如下思考。

1. 馆园结合，推进考古遗址公园基地向营地转变

为了更好地展示遗址中的出土物，遗址公园内一般都建有遗址博物馆，而博物馆的空间相较于遗址公园要小很多，开展教育活动受到一定限制，就如大河村考古遗址公园现有博物馆仅有 1 万多平方米，博物馆展厅面积 8000 余平方米，用于研学的场地主要是展馆和遗迹厅内的 4 块空地，虽有置身遗址现场身临其境的效果，但是每个场地容纳人数有限，限制了前来研学的团体规模。笔者根据回收的学生反馈单，统计出有部分学生提出博物馆过道太窄、环境暗、桌椅太少等问题，限制了研学活动的规范化组织与开展，研学环境需要优化。大河村考古遗址公园的建设对研学的大规模开展可以说是恰逢其时。公园按照"一核"（文化遗产保护核心区）"两节点"（中国仰韶文化博物馆、中原考古研究展示中心）"三片区"（生态湿地修复区、原始农耕种植区、综合体验区）进行布局，占地面积约 2400 亩。大河村文化要素众多，除了核心展示区内的遗址本体展示外，规划设置了综合体验区，面积约 10 公顷。综合体验区位于整个遗址公园的东北侧，将对仰

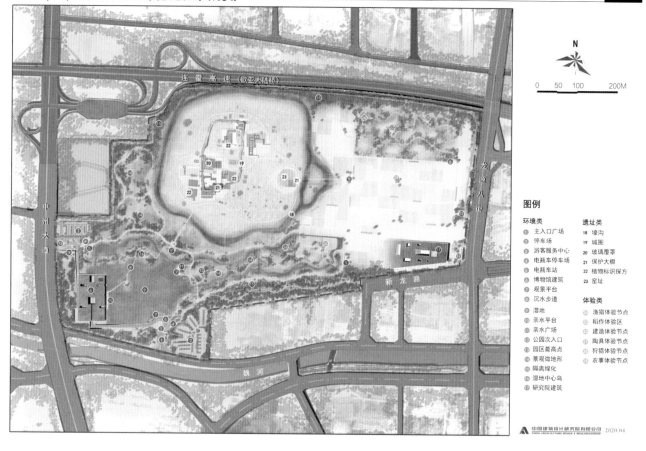

图9 大河村考古遗址公园规划图

（来源：《大河村国家考古遗址公园修建性详细规划》）

韶中晚期的生产工具制作、狩猎、陶艺制作等生产技术进行室外模拟展示，以众多生活场景阐释遗址价值，提升游客体验感及代入感。

根据《大河村遗址文物保护规划（2010-2030）》（下文简称《规划》），综合体验区位于四类建设控制地带内，《规划》指出此区域不得放置各种形式的现代游乐场等不协调的功能，不宜作为大河村考古遗址公园扩展游览用地使用，新建和改建建筑檐口高度不得超过8米，建筑连续立面不得超过30米。笔者发现新的仰韶文化博物馆除了展厅、办公用地和库房等，并没有额外规划研学专用场地。因此建议可以在不影响公园整体景观的情况下将综合体验区进行适当改造，建成未来研学专属场所，汇集体验、餐饮、住宿、娱乐等各种项目的研学营地，满足游客入园吃喝娱乐购各项服务，让孩子们不出公园就能实现所有学习与娱乐需求。这样博物馆与遗址公园可以形成资源的有效联动，可以说在遗址公园内建设研学营地是未来很好的发展方向。2021年教育部发布"中央专项彩票公益金中小学生校外研学实践活动项目资金支持营地、基地"，将宁夏银川西夏陵国家考古遗址公园研学基地纳入名单；2022年安吉古城国家考古遗址公园研学旅游入选由中国文物学会、中国文物报社举办的"2021全国文化遗产旅游百强案例"，让我们看到了国家考古遗址公园作为研学活动目的地的可行性和未来发展前景[12]。

2. 园区与校方深入合作，打造学生专属IP精品课程

作为学生第二课堂的博物馆与学校教育的目的是一致的，都是为了培养德智体美劳全面发展的社会主义接班人，2020年，教育部、国家文物局联合印发《关于利用博物馆资源开展中小学教育教学的意见》，鼓励"博物馆要会同教育部门和学校，结合中小学生认知规律和学校教学需要，充分挖掘博物馆资源，研究开发自然类、历史类、科技类等系列活动课程。"博物馆与学校有效衔接，才能更好地了解学生需求，这就需要博物馆自身不断地提升科学教育服务质量，不断地研发适合学生的馆校结合课程[13]。课程的研发中要深入挖掘文物内涵，将知识传播从双向互动转为多方融合，将"研学课程"深化为"精品课程"，让"线上链接"与"线下衔接"相结合[14]。因此馆内多个部门要联合起来，从不同角度进行知识的扩展与解读，邀请来自历史、考古、建筑、教育等多个领域的资深人士和专家组成研学小组，共同探讨课程研发。

当然研学项目的设计应在保护遗址本体与环境的前提下，秉持教育性与实践性的原则，结合遗址公园文化遗产特色元素，包括以文化遗产特色物品或特有元素打造专属IP，如大河村考古遗址公园结合彩陶文化、天文星象、房基遗址等，开发系列与古代先民饮食类、手工业类、建筑类等相关的研学课程，曾被评为河南省研学实践教育精品课程，后期可将其进行优化，形成系列主题。良渚国家考古遗址公园曾结合遗址中出土大量玉器研发了玉文化主题的研学课程广受好评，后期还可以结合最早的大型水利建筑等研发有关早期水利建筑形制、发展演变以及对现代水利建筑影响等方面的系列课程。甑皮岩国家考古遗址公园内有距今12000至7000年的早期洞穴遗址，可结合这个特色研发有关人类早期居住环境、居住形式演变等方面的课程。

此外金沙国家考古遗址公园与学校深入合作，将博物馆建在学校，筹建mini博物馆，孩子们在校园里就可以参观博物馆，这是一种不错的园区与学校融合的方式。西安曲江二小在校内开设博物馆课堂，每周一节课，深受孩子们欢迎，可以说博物馆与学校深度融合大有可为。同时遗址公园需要加强创新融合，结合遗存形态进行科学演绎，研发话剧、舞台剧等表演节目，提高学生们参与的兴趣。

3. 体验项目更加多元化，满足不同群体需求

广义的研学对象还包含成年人的体验性学习，遗址公园内除了研发适合中小学生的研学项目，还可以开发面向亲子家庭以及中青年人和老年人为对象的研学体验活动，体验种类更加多元化，满足人们活到老学到老终身学习的诉求。每逢周末和节假日，很多家庭相约一起出游，离城区较近的遗址公园或许成为他们的首选目的地，若能与孩子一起参与活动体验更能加深亲子关系。2024年春节期间，馆方推出的公众考古体验活动场场爆满，很多家长表示也很想参与，奈何受人数限制只能远远观看，这也让我们看到了其他群体的需求。盘龙城国家考古遗址公园就做得很好，开设的"小小考古人，守护盘龙城"系列活动，通过考古课堂、模拟发掘、参观文物陈列室、遗址区游戏等方式，学生和家长可以同时参与，体验文物从发掘出土、研究、修复的整个过程，吸引了很多家长的关注。

现在的老年人也很注重自身精神文化世界的充实，选择到环境优美、内涵丰富的考古遗址公园休憩、疗养，愉悦身心。安吉古城国家考古遗址公园给各个国家考古遗址公园做了一个示范，不仅开发了与劳动教育相吻合的考古研学课程面向青少年，还在公园内建设有餐饮、住宿、娱乐等延伸服务设施，是市民休闲度假的理想场所。

考古遗址公园研学是一种新兴形式，将知识性、实践性与趣味性相结合，彰显了公园特色。大河村考古遗址公园利用自身资源禀赋，深度挖掘，在研学课程的开发、组织与实施、评价等方面探索了一条特有的道路，取得了可喜的成绩，然而现有场馆限制了接待规模和课程体验，只有将遗址博物馆与园区结合起来，充分利用空间；园区与校方联动，深挖资源，根据学生需求打造特色 IP 精品课程；开发出更加多元化的体验项目兼顾不同群体，才能吸引更多的人关注，让文化遗产资源"活起来"，真正发挥遗址公园遗产的价值。

注释

[1] 高静、周佳：《遗产活化理念下国家考古遗址公园的设计实践》，《世界建筑》2023 年第 6 期。

[2] 《国家考古遗址公园管理办法》，国家文物局：http://www.ncha.gov.cn/art/2022/4/1/art_2318_45461.html.

[3] 郑伟、刘志聪、李世瑾、张慧：《遗址公园保护与建设的实践思考——以良渚遗址公园旅游基础设施配套工程总承包项目为例》，《中国园林》2022 年 S1 期。

[4] 单霁翔：《大型考古遗址公园的探索与实践》，《中国文物科学研究》2010 年第 1 期。

[5] 高阳：《遗产活化视角下大汶口考古遗址公园核心区景观规划设计研究》，山东农业大学硕士学位论文，2020 年。

[6] 单霁翔：《实现考古遗址保护与展示的遗址博物馆》，《博物馆研究》2011 年第 1 期。

[7] 王京传：《考古旅游：互动视野下的考古与旅游》，《旅游学刊》2009 年第 8 期。

[8] 高阳：《遗产活化视角下大汶口考古遗址公园核心区景观规划设计研究》，山东农业大学硕士学位论文，2020 年。

[9] 崔妍：《让考古遗产焕发历久弥新的光彩》，《人民日报》2023 年 2 月 9 日第 005 版。

[10] 《国务院关于进一步加强文物工作的指导意见》，中华人民共和国中央人民政府：https://www.gov.cn/gongbao/content/2016/content_5058893.htm.

[11] 《教育部等 11 部门关于推进中小学生研学旅行的意见》，中华人民共和国教育部：http://www.moe.gov.cn/srcsite/A06/s3325/201612/t20161219_292354.html.

[12] 宋绍华：《国家考古遗址公园的研学活动研究》，《中国文化遗产》2024 年第 1 期。

[13] 孙羽、李维薇：《PBL 模式下的研学课程探索与实践——以昆明动物博物馆动物主题探究课程为例》，《科学教育与博物馆》2020 年第 3 期。

[14] 贺华：《基于研学语境下的博物馆教育课程探析》，《中国博物馆》2020 年第 4 期。

考古发掘现场土质遗存应急性保护理念与对策分析

陈家昌

中国文化遗产研究院

张良帅

河南省文物考古研究院

[摘要] 考古发掘现场土质遗存保护问题日益得到考古界和文物保护领域的重视。本文通过对考古发掘现场土质遗存存在的典型病害的剖析，探讨了土质遗存病害产生的影响因素，结合考古现场出土文物保护的目标要求，提出了土质遗存应急性保护实施中应遵循的基本理念及相应的保护技术方法，以期为健全考古现场土质遗存的科学保护提供参考。

[关键词] 考古发掘 土遗址 应急保护 对策

一、前　　言

考古土质遗存是考古过程中被发掘出来的包含有重要考古信息的土体或以土为主体构成的一类物质遗存，这类土质遗存主要包括各种土质的或依附于土质载体的不可移动的遗迹和遗物，它们多埋没在地下。埋藏在地下的文物，除了个别材质能够长时间保持原有形态之外，其中大部分埋藏在土体中的遗物遗迹都会随着时间的推移，同土体结合为一体或者附着在土体上。土质遗存包含的考古信息非常丰富，不仅包含着大量的形态不同的遗物、遗迹，而且也包含有大量的自然环境变迁的相关信息，这些关键考古信息对阐释历史信息具有无可替代的重大价值。因此，近年来，随着考古学的不断发展及多学科手段的不断介入，针对考古现场出土文物开展的多学科合作，考古现场应急性保护也日益受到考古界和文物保护界的重视[1]。

土质遗存在我国文化遗产资源中不仅占有很大比例，而且包含极为丰富的历史信息，是研究中华文明起源及发展历程的重要依据，具有重大的历史价值、科学价值及艺术价值。由于土质遗存在地下经过千百年的埋藏，尽管其物化性质发生了很大变化，但由于与所处环境建立了相对平稳的动态平衡，也就能够较好地保持其原有状态[2]。土质遗存一经发掘出来，特别是当土质遗存处于高含水状态，随着周围环境条件的急剧变化，上述动态平衡即被打破，使得土质遗存不断地发生干湿交替，在新的平衡建立的过程中，必然会引起土质遗存的状态改变，这种状态变化通常就是土质遗存被环境破坏的过程，并且这种变化过程通常表现出一定的易损性及突变性。目前，针对考古发掘现场出土的可移动文物的保护已经积累了不少经验[3]，但考古发掘现场的不可移动文物（主要指土质遗存如墙址、建筑遗址、道路、窑址、灰坑、大型墓葬及农田遗址等）的保护，尚未有较好的经验和技术方法可循。因此，在研究土质遗存遭受侵蚀损害的原因、机理等工作的基础上，及时实施土质遗存的应急性保护，是做好现场考古工作十分重要的关键环节。

二、考古发掘现场土质遗存典型病害及其影响因素

发掘现场土质遗存发掘出土后，从本质特征来说大部分情况系可归属为潮湿土遗址范畴。通常而言土质遗存在发掘出土后，如果不做特别防护处理，则极易产生表观改变及结构破坏。结构病害主要包括：开裂（包括干缩裂隙与卸荷裂隙）、失稳、变形及坍塌。表观病害主要包括：风化、盐析、霉菌及苔藓等（图1～图6）。

图1　含嘉仓遗址开裂

图2　韩都故城城墙失稳

图3　李家沟遗址变形及坍塌

图4　黎阳仓遗址风化

图5　回洛仓遗址盐析

图6　三杨庄遗址霉菌及苔藓

　　土质遗存破坏的主要影响因素从内因来说主要有：土体组分、结构及赋存状态；从外因来说主要包括有：水、可溶盐、酸、微生物、气、热及光线等。

（一）水的侵蚀

　　研究表明，水对土质遗存稳定性的影响最为密切，当土质遗存中存在的过饱和水渗出时会对遗址造成一定的冲蚀。同时，地下水与土体会以三种方式发生作用，即物理作用（包括润滑作用、软化和泥化作用、结合水的强化作用）、化学作用（包括离子交换、溶解作用、水化作用、水解作用、溶蚀作用、氧化还原作用）以及力学作用（包括静水压力和动水压力作用）[4]。

　　干湿交替作用频发引起的土体水分的不均匀挥发最终导致的开裂及坍塌[5]；土体作为亲水性材质，其必然会随着土体中水分的变化而产生相应的膨胀和收缩[6]，黏土矿物含量较高的土体其干缩湿胀的现象更为明显。埋藏在地下的土质遗存经发掘后，从潮湿的地下环境暴露于大气环境中，遗址土体由于失水发生剧烈收缩，进而产生裂隙、裂纹并发育成剥离、坍塌等严重病害[7]。水盐作用产生的结晶压和水合压力[8]以及冻融引起的物理破坏也是造成土质遗存快速损毁的重要因素。此外，空气污染引起的酸化作用[9]、昼夜和季节交替温差变化[10]、微生物活动[11]等作用，也都会在一定程度上加大土质遗存产生差异性变化，导致土质遗存坍塌、开裂、风化病害的进一步扩展。此外，土质遗存存在的其他病害如渗水导致的掏蚀，地面沉降、可溶盐表面、富集等，这些病害都同土体自身及赋存环境中水的波动相关。

　　总之，土质遗存病害的发生、发展是其自身组分状态与赋存环境相互作用的结果。水是潮湿环境下土质遗存产生破坏的主导因素，它可以直接或间接引发土遗址发生病变，加速物理、化学和生物破坏作用[12]。同时，土质遗存过分干燥也会导致土体开裂、粉化等问题。因此，做好土质遗存的现场保护不仅仅是对水的隔绝处理，而是正确地实施对地表水的科学调控。

（二）微生物侵蚀

　　考古遗存发掘出土后，通常湿度较大，此时当温度、光线适宜时，就会引起微生物如霉菌、真菌及苔藓等低等植物滋生。微生物对土质遗存危害较大，其不仅会影响遗址的外观状态，而且也有可能会引起生物风化[13]。由于微生物的多样性和复杂性，很难完全消除微生物对土质遗存的侵蚀。目前，在微生物侵蚀控制方面，通常采用杀菌、抑菌，覆盖隔离层等措施。如在发掘现场使用不透光的黑色塑料薄膜、无纺布等覆盖，不仅可阻挡外界环境中可见光对土质遗存的危害，而且还可有效抑制霉菌及苔藓等病害的扩散发展。

　　除上述侵蚀因素外，赋存环境中温度、湿度剧烈波动及大气中的各种污染物等也会直接或间接引起土质遗存的状态改变，状态改变的累积效应最终将导致土质遗存发生损害。

三、考古发掘现场土质遗存保护技术应用现状
及存在的问题

目前，针对土质遗存存在的病害问题，文物保护工作者做出了大量的努力，开展的主要保护工作可以归纳为四方面内容：一是赋存环境控制，采用保护棚或塑料薄膜等对土质遗存进行防雨水冲刷、防阳光暴晒等防护处理；二是提高土质遗存的力学稳定性，采用物理工程手段解决土质遗存的垮塌、失稳等结构稳定性问题；三是抑制表面风化，采用化学材料对土质遗存的表层风化、开裂、防治生物病害侵蚀等进行保护处理；四是回填处理，采用回填土层覆盖考古信息提取完毕的土质遗存，这种保护措施目的是减缓遗迹在开放环境中的破坏速度。

（一）赋存环境控制

由于赋存环境中水的侵蚀带来了遗址土体的软化、坍塌，干湿循环和冷热交替最终会导致遗址土体粉化等问题[14]。因此，环境中水的控制是解决土质遗存保护的关键因素和先决条件。目前，针对地表水和地下水所采用的技术手段都是以阻水为目的，如为防止地表水对遗址的冲刷，通常采用防护大棚减小降水的直接冲刷，把影响遗址周边的地表水通过排水系统进行疏导；同时采用止水帷幕、对遗址四周水分渗透通道进行阻断等工程措施，从而减小地表水对土质遗存的侵蚀。有效的水分控制能够为做好考古遗址保护提供有利条件，是考古遗址保护中最基本保障技术之一。

（二）提高土质遗存的力学稳定性

考古发掘现场土质遗存本体的开裂、坍塌是威胁遗址安全稳定的主要诱因，坍塌破坏往往都是毁灭性的。因此，考古土质遗存的稳定性问题也是考古现场保护中的重要问题。目前，考古现场土质遗存稳定性防护措施主要有：物理防护，支护和锚固等技术。如对有坍塌风险的考古遗存部位，采用木板等进行支顶、采用沙袋进行支护等；对土质遗存开裂、垮塌的部位进行灌浆、锚固等措施。通常而言，土质遗存发生失稳现象多是各种危害因素叠加侵害的结果，如微观尺度的裂纹的不断发育就会逐渐形成宏观尺度上的裂缝，而裂缝的不断发展最终就会引起土质遗存结构的失稳垮塌。因此，为有效提高土质遗存的力学稳定性，在保护工程实施中就需要在遵循最小干预与有效保护的原则基础上，采取多种技术的协同，以实现保护效果的最大化。

（三）抑制表面风化

潮湿环境土遗址的表面往往承载有较多的历史信息而成为我们保护的重点，但遗址表面由于

干缩开裂、土体粉化等病害也是最容易被破坏的部位，因此防止遗址表面风化也就成为潮湿环境土遗址保护的重要问题[15]。遗址的防风化加固保护是长期困扰我国文物保护界的难题，而潮湿土遗址防风化的关键在于保护加固材料和工艺的研发。

（四）回填处理

回填处理是在考古发掘过程中，对于那些露天保存的具有一定价值的遗迹而采取的回填土层覆盖的一种保护措施，其目的是减缓遗迹在开放环境中的破坏速度。在对考古遗址进行回填前，需要对回填土的性质进行分析和测试，同时对回填区域周围的环境和地形进行仔细的勘察和分析，避免形成如地表水聚集等不利因素的发生，以确保回填保护效果。回填保护工程的主要内容包括：清理、铺撒纯净河沙、防水透气膜作为分隔层、分层铺回填土、分层夯实、回填素土层等步骤。从已有的回填保护工程效果来看，短期临时性回填具有较好的防护效果，但长期保护效果缺乏相应的跟踪评估。因此，在实施回填保护处理中，应根据遗址性质、结构与保存状况确定回填保护的原则及保护目标，全面评估回填方案中保护措施、隔离材料等选择的科学性和有效性[16]，总结和凝练出适合考古现场遗址的回填技术，以确保遗址的完整保护。

如上所述，当前我国考古现场土质遗存保护的相关保护理念，还远不能满足指导保护实践的需求，相关保护技术也面临着一些亟待解决的难题。因此，树立正确的保护理念及原则，探索考古现场土质遗存的保护理念具有十分的紧迫性。同时，应在分析考古现场土质遗存保护特点，最大程度地保护土质遗存的完整性及其负载的文物价值，有力保障考古研究顺利进行这一核心目标的基础上，结合我国相关土遗址保护实践现状，在保护技术研发等方面应进一步加大研究力度。

四、考古现场土质遗存保护理念及保护技术探索

在考古现场土质遗存的保护理念探索方面，应遵循的保护理念主要包含以下三点。①预防性保护理念：通过全面调查考古发掘环境包括现场水文地质环境、空气温湿度、气候状况等，理清土质遗存的出土状况，结合考古现场环境控制及相关保护技术的应用，提高土质遗存全流程保护中的病害预防、病害防护、病害减缓及恢复土质遗存良性动态平衡等能力，为土质遗存保护预案及应急性保护措施的制定创造良好条件。②适应性保护理念：考古发掘打破原有文物保存环境平衡后，在新的平衡关系建立之前，文物遗迹遗物往往处于破坏最快的阶段。因此，在考古发掘阶段保护工作的主要目标就是减缓文物病害的发展进程，同时增强文物本体的环境适应性。③多学科交叉融合保护理念：通过多学科深度交叉，提高保护和考古工作之间的融贯与协作，最大限度地保护遗址所承载的珍贵信息，并确保土质遗存的长期稳定。

在保护理念指导下，根据考古发掘现场土质遗存的不同情况，应遵循的基本保护原则主要包括：①最小干预原则；②可再处理原则；③全信息提取原则；④长短结合原则；⑤环境适应性原

则等；其中，长短结合原则是保障土质遗存长期稳定安全的关键。长短结合原则是指短期的应急性保护处理和长期的保护规划要互相结合，相辅相成。通常而言，长期规划侧重于长期目标的制定和计划，而应急性保护则更关注于抢救性保护的可实施性，并确保抢救性保护工作的实施能够和长期规划无缝衔接，进而通过应急性保护工作的实施及合理的长期规划，以便更好地保障土质遗存的长期稳定安全。

在考古现场土质遗存的保护技术研发方面：长期的保护实践表明，土质遗存的保护是一个复杂的问题，其病害的多样性与复杂性决定了需要采用多学科综合保护措施，实施新材料、新技术的研发和拓展才能达到较好的保护效果。重点应开展以下四个方面工作。①水环境监测与调控技术：在详细调查遗址赋存环境的基础上，将文物保护特殊需求与岩土工程技术相结合，对遗址水环境实施测、挡、排、降、阻、控的综合保护手段，即通过研发土遗址现场水环境综合实时监测技术，达到实时掌握遗址水环境状况；通过保护棚等设施对降水进行遮挡；通过排水槽或暗渠对地表水或地表径流进行疏排；通过岩土工程措施控制地下水水位下降；通过止水帷幕等措施对地下水进行阻隔；通过施加防风化加固材料同时达到考古遗址土体表层水分蒸发速率的微调控。通过以上措施，能够降低降水、地表水、地下水及遗址土体表层水分活动对考古遗址的不利影响。②考古遗址稳定性预判与预加固技术：重视遗址考古发掘过程中的监测，通过遗址现场原位实时监测方法的改进和不断完善，提出考古过程中遗址稳定性预判方法与遗址保护预案，使之不仅确保考古工作的顺利进行，而且也最大限度地减少遗址发掘过程中由于保存环境的突变给遗址带来的破坏，进一步提高土质遗存暴露出土后的环境适应能力。③新材料、新技术、新工艺研发：在深入开展土体表层风化、剥落、盐析和霉变等病害科学研究的基础之上，揭示病害的发生、发展过程，厘清病害机理，建立起土质遗存防风化保护材料设计、合成及科学评价体系，进而有针对性地开发出集可溶盐稳定、渗透补强、抗生物侵蚀等性能为一体的土质遗存防风化的保护材料及其新工艺、新技术。④多学科综合保护技术研发：重视多学科合作研究与新技术，近年来，随着科学技术的发展和保护理念认识的深化，深度学习与数字化仿真模拟越来越成为文物保护的重要手段[17]-[19]。通过深度学习与数字化模拟保护，探索考古遗址可行的保护加固技术，具有经济、高效、环保等优势，能够为遗址本体保护技术的开发提供重要支撑。

五、结　论

考古现场土质遗存的保护技术研发是做好考古研究工作的重要环节，将物理加固、化学材料保护、数字技术与预防性保护技术等有机结合，形成考古现场土质遗存综合保护技术体系，是今后考古现场土质遗存的保护技术发展的方向和趋势。整体而言，考古现场遗址保护尚面临着许多困难，病害机理研究有待进一步深入，保护和评价体系也还不完善，特别是高效的保护材料的研发、应用等不足依旧突出。目前，在我国考古事业高质量发展的大背景下，大型考古遗址保护的需求在不断增加，同时也对潮湿状态土遗址保护技术提出了更新、更高、更严的要求。因此，保护工作者应在新时代文物保护方针的前提下，进一步加大保护技术研发力度，创新保护手段。针对潮湿考古土遗址保护重大科技需求，开展潮湿环境下考古土遗址典型病害及形成机理研究，建立考古遗址本体风化病害评估系统，突破土遗址防风化加固与微生物抑杀关键材料研发，构建保护材料应用和修复技术安全性评价新体系及智能监控、预警、精准调控平台，全面提升考古现场遗址整体系统化保护水平，从而才能为有效保护好考古遗产提供强大科技支撑。

注释

[1] 黄建华：《考古发掘现场文物保护的理念与现状》，《西部考古》2009 年第 4 期。

[2] 陈庚龄：《论考古发掘现场文物保护的重要性与科学意义》，《丝绸之路》2011 年第 14 期。

[3] 郭伟民：《遗产与资产——大遗址保护利用若干问题再思考》，《中国文化遗产》2022 年第 4 期。

[4] 仵彦卿：《地下水与地质灾害》，《地下空间》1999 年第 4 期。

[5] 周杰、杨晓芳、王逢睿，等：《毛细水干—湿循环作用下的土遗址劣化特征与机理》，《兰州大学学报（自然科学版）》2002 年第 6 期。

[6] 贺中润、王子威：《膨胀土的工程性质及其处理方法》，《黑龙江水利科技》2011 年第 4 期。

[7] 王旭东：《潮湿环境土遗址保护理念探索与保护技术展望》，《敦煌研究》2013 年第 1 期。

[8] 张良帅、陈家昌、贺思予：《土遗址盐害机理与抑制研究综述》《敦煌研究》2020 年第 3 期。

[9] 曹军骥、胡塔峰、马涛，等：《汉阳陵帝陵外藏坑遗址展示厅的文物保存环境研究》，北京：科学出版社，2016 年，第 258 ~ 262 页。

[10] 孙满利、李最雄、王旭东，等：《环境对交河故城破坏机理研究》，《敦煌研究》2007 年第 5 期。

[11] Xu R, Chen Y, He D, et al. Preliminary Study on Microbial Deterioration Control and Effectiveness Evaluation in the Neolithic Prehistoric Archaeological Site of Dadiwan, Northwest China. *Coatings*, 2024, 100(14).

[12] 侯文芳、苏伯民、顾海滨，等：《长沙铜官窑谭家坡遗迹馆微环境调查研究》，《文物保护与考古科学》2018 年第 2 期。

[13] Cámara B, Buergo M A D, Bethencourt M, et al. Biodeterioration of marble in an underwater environment. *Science of The Total Environment*. 2017, 609: 109-122.

[14] 贾付春：《中原地区潮湿土遗址保护理念探索与对策研究》，郑州大学硕士学位论文，2016 年。

[15] 王旭东：《潮湿环境土遗址保护理念探索与保护技术展望》，《敦煌研究》2013 年第 1 期。

[16] 王伟锋、邵文斌、严苏梅，等：《遗址博物馆建设过程中的遗址回填保护问题初探——以秦始皇陵 K0006 陪葬坑为例》，《文博》2011 年第 4 期。

[17] Xie H. Digitized Visual Transformation of Grotto Art Using Deep Learning and Virtual Reality Technology. *Scientific Programming*, 2022.

[18] Wang P, Ma X, Fei L, et al. When the digital twin meets the preventive conservation of movable wooden artifacts. *Heritage Science*, 2023,54 (11).

[19] Ma X Y, Zhao J, Weng Y K, et al. 3D structural deformation monitoring of the archaeological wooden shipwreck stern investigated by optical measuring techniques. *Journal of Cultural Heritage*, 2023, 59: 102-112.

考古遗址公园资源活化利用路径探索

张云峰

郑州市大河村考古遗址公园

[摘要] 国家考古遗址公园作为保护、传承和利用文化遗产而诞生的新模式，较之传统文博单位，资源更丰富，可使用的活化利用手段也更多样。本文通过分析考古遗址公园资源优势和劣势，扬长避短，探索其活化利用发展路径。

[关键词] 文化遗产　考古遗址公园　活化利用

习近平总书记十分重视文化遗产保护、利用工作。他多次调研传统文化保护传承，阐述弘扬优秀传统文化、保护历史文化遗产、坚定文化自信的重要性。他强调，"让收藏在博物馆里的文物、陈列在广阔大地上的遗产、书写在古籍里的文字都活起来"，为我们进行文化遗产保护传承、活化利用指明了方向。

一、文化遗产活化利用的内涵

（一）什么是文化遗产活化利用

文化遗产是历史留给人类的财富。从存在形态上分为物质文化遗产（有形文化遗产）和非物质文化遗产（无形文化遗产）。物质文化遗产即传统意义上的"文化遗产"，根据《保护世界文化和自然遗产公约》（简称《世界遗产公约》），包括历史文物、历史建筑、人类文化遗址等。本文所述文化遗产泛指物质文化遗产。

文化遗产的活化利用，主要是运用多样的保护、研究、展示、宣传、运营、管理等手段，对文化遗产进行挖掘、解读和阐释，将其融入现代生活，不断焕发新的生机与活力。

（二）文化遗产活化利用的意义

在我国，2002年修订的《中华人民共和国文物保护法》将"合理利用"正式写入文物工作的"十六字"方针。虽然起步较晚，但近年来国家不断加大文化遗产利用工作的力度，尤其是在国家机构改革的背景下，各级政府的文化遗产保护管理与旅游管理的行政机构已经合二为一，做好"文旅融合"已经成为文化遗产工作的重要内容[1]。

对文化遗产进行活化利用，主要意义有以下几个方面：首先，是求真溯源，搞明白"我们是谁，从哪里来，到哪里去"的问题；其次，是文化自信，在充分了解我们的历史、文化之后，激发出强烈文化认同和民族自豪感；最后，是继承和弘扬，将古老的文化赋予新的内涵，充分融入现代生活，为现代生活提供灵感或启迪。

二、考古遗址公园资源优势与劣势

国家考古遗址公园是为了保护传承和利用文化遗产而诞生的新模式，是以重要考古遗址及其背景环境为主体，具有科研、教育、游憩等功能，在考古遗址保护和展示方面具有全国性示范意义的特定公共空间。在进行资源活化利用时，具有独特的优势和劣势。

（一）优势

1. 馆园结合，可塑性高

较之其他文化遗产保护形式，考古遗址公园一般包含有面积广阔的园区，同时配有1个以上的专题陈列馆（博物馆），因此，在进行资源活化利用时，既可以使用博物馆常用的展示、宣传和利用的手段，也可以兼顾景区、主题公园、城市公园等利用手段，可塑性较强。由此，衍生出了四种不同的遗址公园开发模式——城市休闲绿地开发模式、考古遗址公园开发模式、遗址文化景区开发模式、主题文化公园开发模式。

采用城市休闲绿地开发模式的遗址公园，一般位于城区，与居民生活区结合紧密，园区为开放式运营，主要满足市民的休憩娱乐、体育锻炼等需求，一般客流较为可观，但管理难度较大，较为典型的有郑州商城、三门峡庙底沟等。

考古遗址公园开发模式为大多数遗址公园所采用的开发模式，管理运营主要以文物部门牵头，在围合的园区内对遗址文化内涵和价值进行多种手段的展示、阐释，较为典型的有杭州良渚、广汉三星堆等。

选择遗址文化景区开发模式的遗址公园，一般遗址本身知名度较大，周边交通便利，旅游配套服务设施较为完善，对于客流的吸引力、承载量都较为可观，典型代表有西安秦始皇帝陵、洛阳隋唐洛阳城、安阳殷墟等。

主题文化公园开发模式目前是被采用最少的一种开发模式，在进行资源开发和利用时争议较大，文化的严肃、严谨性与主题文化的趣味、娱乐性不易兼顾，在国内还处于探索阶段，代表为江苏高邮龙虬庄。

2. 现场展示，沉浸感强

遗址公园以重要的考古遗址为背景，根据考古发掘资料，会对重要的遗迹、遗物进行现场展示或复原展示，可以使公众直观、清晰地看到遗址所处时期的人文、社会现象和考古发掘的真实场景。这种展示不会局限于面积有限的文博场馆中，而是塑造和还原在广阔的遗址公园园区内，巨大的叙事空间辅之多样化的科技展示手段，为公众营造了更为丰富、逼真、有趣的沉浸式观展体验，对于公众的影响更为深刻（图 1）。

图 1 大河村遗址博物馆展示现场

（来源：郑州市大河村考古遗址公园）

3. 主题突出，特色鲜明

建设为国家考古遗址公园的遗址，大多为中国历史各阶段具有代表性的聚落、国家、城镇、墓葬、军事、工业或宗教等遗址[2]，一个园区主要针对一个遗址进行价值阐释，而综合类博物馆大多按照城市发展通史进行展示阐释，二者相较，遗址公园的展示主题更为突出，文化脉络清晰，叙事逻辑完整，传达给公众的知识更纵向深入，特色也更鲜明。

（二）劣势

1. 区位不可选

综合类博物馆的选址，一般会综合考虑城市发展建设、交通、配套等，大都建设在城区，与城市发展契合，交通便捷、配套完善；而遗址公园在选址时，多在遗址被发现的原址进行建设，这就造成遗址公园的选址具有"不确定性"。这种"不确定性"，可能会使遗址保护与城市发展建设产生矛盾，造成遗址周边人地关系紧张；也会使得较多遗址位于山野、乡村、城郊，交通不便，配套缺失，不利于遗址的保护、宣传，致使遗址公园客源不足，资源利用率不高。

2. 遗址可观性差

在遗址公园进行展示的过程中，常常面临可观性差的问题。诸多遗址因年代久远，特别是新、旧石器时期的遗址，受当时生产力的限制，先民生活方式和审美观念较为原始，遗址原貌和出土的文物相对不够精致，和现代生活差别巨大。同时，相当数量的遗址公园在园区内主要进行原貌展示、复原展示、考古发掘现场展示等几种方式，传达的信息不够多样，观众对于遗址的认知仍有"遗址 ≈ 废墟，考古发掘现场 ≈ 整齐的土坑"的观念，不利于文化的传播。

3. 周边配套不完善

为数不少的遗址公园建设在山野、乡村、城郊，周边经济、文化发展水平不高，交通便捷度差，配套的餐饮、住宿、购物、娱乐等设施不完善，为公众的参观体验带来种种不便，致使较多遗址公园"养在深闺人未识"，大大制约了遗址公园的运营和发展。

三、活化利用中存在的问题

因遗址公园的特殊性，在进行资源活化利用时，也面临着诸多问题的困扰。

（一）政策与机制束缚问题突出

作为国家考古遗址公园，其管理机构多是当地的文物保护管理部门，一般都是公益事业单位，较多都不具备收费资质，缺乏社会企业、资金的参与渠道。各地事业单位管理、财政、审计、税收等政策的差异，造成一部分遗址公园机制灵活，可以采取的利用方式较为丰富多样，公园的整体运营效果较好；而另外一部分因体制束缚，只能采用相对传统的利用方式，效果不太理想。

（二）文旅融合不够深入

在对遗址公园进行运营时，现有的公园管理机构更多的是采用传统的文博管理手段，重文保、轻文旅；重管理、轻运营；只谈文化，对于商业不敢提、不敢碰。公园在规划时，主要考虑遗址保护和文化价值展示，缺乏对旅游配套服务设施的规划，致使开园之后，游客基本的交通、餐饮、休憩等需求都不能得到充分满足，体验感差。这既无法满足人民群众对于美好生活的追求和向往，也不符合现在文旅行业蓬勃发展的市场需要，必然不能长盛久兴。

（三）产业链不完善

遗址公园作为新兴行业，目前仍处于探索发展阶段，尚未建立完善的产业链。我们应充分认识到，遗址公园不仅仅是文物保护管理机构，更先天带有文化产品的属性，因此，我们在进行管理运营时，应对遗址资源进行包装、加工和再创造，并将其推向市场。这些，都需要逐步建立"文化元素提炼—设计—生产—营销"一条龙的完善产业链，源源不断地为公众创造需求、满足需求，让文化走出园区，走向社会。

（四）区域带动性差

遗址公园在建设和运营过程中，多注重自身的经营和发展，较少关注到区域联动问题，难以同周边文旅资源形成共生发展的多赢局面。一个成熟、成功的文旅项目，应起到带动区域经济、文化良性发展的重要作用，不可讳言，遗址公园目前形成的周边区域带动效应的规模和效果都较为一般。遗址公园作为一个文化产品，应成为带动经济增长转型的新增长极，有力带动区域社会经济与文化产业的蓬勃发展[3]。

四、发展路径

考古遗址公园作为国家在大遗址保护领域创建的新模式，在行业发展中应起到示范、带动作用。在建设和运营过程中要充分考虑遗址保护利用、民生需求供给、产业融合发展等问题，为大遗址保护和文化传播探索出新的发展路径。

（一）转变思路，创新模式

考古遗址公园作为一个文化综合体，以文物保护为主的传统管理手段所提供的基础性服务，已经不能满足国家、社会、群众对于遗址公园的发展要求，行业急需转变思路，创新发展模式，引入市场化管理运营理念，提高竞争、营销、服务等意识，敢于和商业景区展开博弈，充分满足游客的多样化、定制化、高标准文旅需求，将文旅融合落到实处。

（二）深挖资源，树立品牌

在进行资源活化利用过程中，要注重品牌效应。对于遗址资源需进行深度挖掘，充分阐释，合理进行再加工、再创造，建立完善的产业链，打造专属特色品牌，成为响亮的城市名片。

同时，也要做好品质升级工作。要向国内一线城市、一线文博单位、一线旅游景区看齐，多取经、敢尝试，立足本地实际，把握行业发展趋势，结合市场需求，做好品牌规划，提升产业品质，提高产品和服务的质量，实现开放、智能、绿色、健康、可持续发展。

（三）加强宣传，拓宽渠道

宣传推广对于文旅景区的重要作用日益凸显，各大景区在宣传、营销上频频发力，各显神通，效果也非常突出。然而，包含遗址公园在内的文博机构的宣传营销工作还不到位，部分单位对于宣传营销工作还不够重视，思维保守、方式传统、渠道狭窄。

遗址公园应主动突破传统宣传形式的限制，敢于进行文化营销，勇于适当"炒作"，善于"讲故事"，主动创造热点，适度包装"立人设"。转变由官方、传统媒体主导宣传的思维，试点委托专业团队进行策划、包装、宣传，鼓励新媒体传播方式的介入，鼓励网红、明星进行正能量宣传发声，最大限度加大宣传力度，拓宽宣发渠道，提高公园的影响力和传播力。

（四）社会参与，成果共享

一般来讲，我们普遍认为的社会参与，主要是企业、高校、科研院所、事业团体等社会资本，提供技术、资金、人力等资源，在遗址公园的规划、建设和发展过程中积极参与，贡献力量。不能否认，以上机构为遗址公园的发展做出了积极贡献，未来，在促进行业持续、良好发展方面会需要更全面、深度的合作。然而，另一个重要角色的深度参与，常常被广大遗址公园所忽视，这个角色就是游客。

从需求方面来讲，文化和娱乐消费并不是居民生活中的基础性消费，而是在满足基本的生理和安全需求之后，谋求的更高层次的精神需求、归属需求（社交需求）和自我实现需求，是在国民生活从温饱阶段过渡到小康阶段之后集中、爆发式增长的需求类型，这类需求的特点就是，迫切性不强、需要一定的外界环境的刺激、冲动型释放和满足。

由此可推，遗址公园这一文化产品，对于游客消费来讲，并不具备强烈的迫切性、必需性，而只有成为游客的刚需，遗址公园才能真正活起来、火起来，那如何成为游客出行消费的必需选项呢？答案就是：与游客建立联系，联系越紧密，需求越多越强烈。简单来说，就是让游客积极参与到遗址公园的建设和发展过程中，增加游客与公园之间的情感联系，让公园主动融入游客生活。

有一些博物馆已经关注到这一问题，积极进行了尝试，效果显著。如注重发展粉丝经济：建立粉丝群，积极听取粉丝的呼声和建议，为粉丝打造专属活动或产品，不断提升粉丝的规模和忠诚度。粉丝是广大游客群体的代表，粉丝的呼声也是许多游客的心声，双方的联系和互动，让博物馆的活动和产品更贴近游客，更能充分满足游客的需求，博物馆也在此过程中不断修正方向，良好发展。

（五）共生联动，协调发展

在遗址公园制定发展规划和运营方案时，需同步考虑区域共生发展问题。公园与周边文旅资源之间要建立连接、产生关系，进行持续的交流，双方互为补充，遗址公园可以为周边文旅资源提供文化和历史支持，周边旅游资源为遗址公园提供吃、住、行、游、购、娱等旅游服务支撑，形成持续、稳定、良好的发展局面[4]。

五、大河村考古遗址公园资源活化利用探索

大河村遗址位于郑州市中心城区东北部，遗址面积 50 余万平方米，是一处包含有仰韶文化、龙山文化以及夏、商四种考古学文化的新石器时代大型聚落遗址。遗址距今 6800 至 3500 年，参与和见证了中华文明起源、形成、发展直至夏、商奴隶制王朝建立的全过程，文化内涵丰富、文化链条完整。

在对遗址资源进行活化利用时，大河村考古遗址公园也进行了诸多探索和实践，成效显著。

（一）研学引领

为充分发挥遗址公园的社会教育功能，公园深度挖掘遗址文化内涵，开发不同种类的研学

体验课程 9 项 13 小节（图 2），以探索体验类为主，如考古体验、制陶体验、原始房屋搭建、古代编织纺织等。为了辅助解读遗址文化内涵，公园还规划建设了两个标准化考古探方（图 3），并自主创作、编制了两部动画科普视频和一部漫画科普书籍，大大延伸和拓展了研学的方式和内容。

　　精心研发的各类体验课程，深入体现了大河村遗址的文化内涵，培养了学生的民族自信心和自豪感、创新精神及实践能力，得到了学生、家长和各级教育部门的肯定，单位先后被评为全国中小学研学实践教育基地、河南省中小学社会实践教育基地、首批河南省中小学生研学旅行实践基地；课程《大河村研学课堂》被评为河南省研学实践教育精品课程。

（二）文创助力

　　大河村文创开发工作始于 2017 年，七年间通过不断创新产品开发，拓宽展销渠道，加强品牌传播，致力于"大河村"文创品牌的塑造，让文创产品成为传播大河村文化的载体，建立起公众和大河村遗址公园沟通互动的桥梁。

图 2　大河村遗址博物馆研学课堂

（来源：郑州市大河村考古遗址公园）

图 3　大河村遗址博物馆考古体验探方
（来源：郑州市大河村考古遗址公园）

　　产品多次荣获各类省级、市级文创大赛金奖、银奖和优秀作品奖；在今年初，在由中华文物交流协会、中国文物报主办的"第二届全国文化创意产品推介"活动中荣获"第二届全国文博百强文创产品单位"；8 月，产品"大河村一家人手办"成功入选 2023 年度中国好礼产业促进计划 2023 年度产品名录（图 4），荣膺"国礼"；公园多次作为郑州市文创品牌的优秀代表参加各类国家级、省级文博展会，在全国范围内展示大河村文创品牌及产品，为展示郑州城市形象，讲好黄河文化故事做出了积极贡献。

（三）数字化加持

　　近年来，随着信息技术的发展，数字科技与文化遗产的结合也越来越紧密，诞生了很多数字类展示和服务项目，如数字展厅、云展览、云讲座、云直播等，大河村考古遗址公园也不断在此方面进行探索和实践，建设了一批数字化项目，主要应用于陈展、研学、社教、互动体验等方面。

　　如建设了"星空下的村落"数字展览，以线上 VR 全景展示为主要手段，全面完整地记录大河村遗址博物馆"星空下的村落"主题展览。

图4 "大河村一家人"文创手办

（来源：郑州市大河村考古遗址公园）

搭建"I仰韶"仰韶文化数字展示服务平台，对郑州区域内典型性仰韶文化遗产资源进行整合，有效发挥历史文化场馆等遗产资源的文化传承和教育功能。

建成各项数字展示体验项目如VR互动体验、VR游览体验、体感互动游戏、全息投影、全景电子沙盘、电子翻书、动画视频、科普影音、游戏拼图、体感捕鱼等数字互动体验项目，受到观众特别是青少年的强烈欢迎，参观体验常常流连忘返（图5）。

开展各类线上教育活动，吸引众多游客参与，丰富了公众生活，传播了大河村遗址丰富的文化内涵，极大地提升了馆方的影响力。如非遗潮计划——"博物馆奇妙夜"直播、"探寻古代遗址 观摩研学课堂"线上研学、"大河新语 文化赋兴"线上活动、"三下乡—黄河文化宣讲"线上讲座、与河南广播电视电台合作举办"星空下的村落"——探秘大河村遗址博物馆在线直播活动等。

（四）沉浸式演绎补充

大河村的沉浸式演绎主要有数字化演绎和实景演绎两种（图6）。目前，园区正在建设4D影院、仰韶文化博物馆"仰韶印象"、仰韶文化房基遗址三个沉浸式数字化演绎项目，以期给观众带来沉浸式的观展新体验。

同时，园区也关注到在"Z世代"中较为火热的互动剧院、剧本杀等文化现象，正在进行遗址剧本杀和情景剧创作，未来将会给公众创造更多样、潮流的文化传播方式。

图 5 大河村遗址博物馆 VR 体验

（来源：郑州市大河村考古遗址公园）

图 6 舞台剧"大河先民的幸福生活"

（来源：郑州市大河村考古遗址公园）

六、结　语

遗址公园较之传统文博单位，其定位和角色已经发生了巨大的变化，而此变化，是国家经济和社会发展带来的，也是群众对于美好生活的追求所需要的。如何在新的定位中找准方向，乘风前行，是当下遗址公园发展过程中面临的主要问题。从管理走向运营，从引导走向服务，降低姿态，走进市场，走入群众，将成为遗址公园茁壮成长之路。

注释

[1]　张晓斌：《广东文化遗产活化利用的模式与实践》，《文博学刊》2020 年第 2 期。

[2]　孙华：《国家考古遗址公园的性质和特征》，《中国文化遗产》2022 年第 4 期。

[3]　刘卫红：《考古遗址公园的文化产品特性与发展趋势》，《中国文化遗产》2022 年第 4 期。

[4]　季丽慧、都铭：《考古遗址公园与旅游资源的共生发展研究——以杭州良渚古城遗址公园为例》，《规划·园林》2021 年 9 月。

从彩陶到青铜器、汉画像砖石
考古图像在"文物活起来"方面的价值探寻

韩炜炜

郑州市大河村考古遗址公园

［摘要］ 本文梳理了彩陶、青铜器、汉画像砖和画像石主要图像及其种类，在此基础上，以个别图案为例，分析彩陶图案在夏商周青铜器、汉画像石画像砖及在魏晋唐宋元明清等诸多历史时期器物、服饰上的传承应用，最后提出考古图像的应用以及其在"文物活起来"方面的价值。

［关键词］ 彩陶　青铜器　汉画像

图像是对客观对象的写实或抽象描写，实验心理学家赤瑞特拉（Treicher）通过著名的心理实验证实人类获取的信息 83% 来自视觉，而图像是人类视觉的基础，是人类社会活动中最常用的信息载体。在漫长的历史中，人类通过各种途径创造的图像是人类认识世界和自身的重要源泉。近年来，图像学给学术界带来了创新，特别是在考古学中。

考古图像，就是在文物遗存中存在并通过考古发掘而发现和获得的图像；图像考古，就是将图像用考古学的方法进行研究。

"考古图像"非常广泛，不仅限于所谓的"平面视觉材料"。可以是史前的陶器纹饰、岩画，也可以是历史时期的青铜器纹饰、画像石、画像砖、壁画、帛画、铜镜、瓷器纹饰、服饰纹饰、雕塑等平面上的图像。

一、从彩陶到青铜器、汉画像砖石——图像的种类

（一）彩陶纹饰

史前遗址彩陶中的纹饰种类，大体可分为象形性和非象形性两种，其中非象形性主要是几何纹饰，象形性包括植物纹、动物纹、天文图案、人物纹等，为研究方便，笔者将史前遗址彩陶纹饰分为几何纹、植物纹、动物纹、天文图案、人物纹五大类。其中几何纹概念比较宽泛，包括了由基础的点、直线、曲线构成的各种非象形图案。

1. 黄河流域（表1）

（1）前仰韶文化

大地湾一期主要是简单的几何图案，直线构图，宽带纹；第二期出现了几何花纹和动物纹——鱼纹；第三期主要有网格纹、弧形三角纹、回旋勾连纹或称勾叶圆点弧三角纹、垂弧纹、圆点纹，植物纹、动物纹等。第四期有网格纹和弧边三角纹、锯齿纹、植物纹等[1]。

（2）仰韶文化

早期的半坡类型，以直边三角形以及由直线组成的折线纹样、菱形纹样、宽带纹样或斜线纹样为代表，而曲线的运用则很少见到，半坡类型具象自然纹样中以动物纹样，鱼、鹿、羊等为主。动物纹常见的有鱼纹、鱼蛙纹、变形鱼纹和兽面纹或变形猪面纹等，以极具特色的鱼纹或变形鱼纹最为常见[2]。中期的庙底沟类型，花瓣纹、旋花纹和叶形纹都熟练地运用了自由律动、节奏感很强的连续式纹样的构图形式[3]。晚期的秦王寨—大河村类型，有太阳纹、彗星纹、直线纹、曲线纹、网格纹、莲蓬纹、禾苗纹等三十多种。

（3）马家窑文化

石岭下类型，主要有几何纹和动物纹、平行条纹、波浪纹、连弧纹、锯齿纹、弧线三角勾叶纹、勾形纹、草叶纹。马家窑类型，主要有几何纹、植物纹、动物纹、卷草图案、漩涡图案、蛙形图案、鸟纹、点、网纹、波形纹和弦纹。半山类型，主要有几何纹样中的锯齿形图案、方格纹、漩涡纹、连续漩涡纹、菱形网格纹、网格纹、圆圈纹、葫芦纹、水波纹、花叶纹、三角折线纹。马厂类型，经常出现折线、回纹、方格纹、三角纹、弦纹、网格纹、垂直叶脉纹和蛙纹，而这些纹样中，以蛙纹图案最具代表性[4]。

（4）卡约文化

彩陶以黑彩为主，也有紫红彩，几何纹以斜线三角纹、旋涡纹、回纹等为主，还有一定数量的动物纹，常见的主要是羊、鹿、狗、鹰等，无论是出土地点，还是动物种类均以黄河流域居多[5]。

（5）大汶口文化

早期前段（王因早期、刘林早期），波浪纹、花瓣纹、草木纹、太阳纹、编织纹、涡旋纹、回

旋勾连纹、网格纹、折线纹、连山纹、三角纹、圆圈纹、毛边菱形纹、云雷纹、八角星纹、圆圈纹。早期晚段（王因中、晚期，刘林晚期，野店一、二、三期，大墩子下层，北庄一期），红色或白色陶衣。八角星纹、团花状云雷纹，双角纹。中期（大汶口早、中期，野店第四期），网格纹与折线纹组合的图案，圆圈纹、花瓣纹。晚期（大汶口晚期、少饶村上层墓地），连续涡旋图案，三角图案[6]。

（6）陶寺龙山文化遗址

出土一批彩绘陶，以黑陶衣为地，施红、白、黄彩，或以红色为地，施黄、白彩。纹样有圆点、条带纹、涡纹、几何形纹、云雷纹、龙纹、变体动物纹等[7]。器型包括盆、罐、壶、瓶、豆等，以彩绘蟠龙图形的陶盘最富特征。陶寺龙山文化彩绘陶的出现，时间下限在距今3800年前后，大概标志着黄河中下游史前文化彩陶历史的结束。

表1 黄河流域三大彩陶中心代表纹饰

遗址	时期	纹饰类型	彩绘颜色	陶色
北辛文化		带状纹	黑彩、红彩	红陶
大地湾文化	一期（前仰韶）	宽带纹	不均匀的紫红色	红陶
	二期（仰韶早）	几何形花纹、鱼纹	黑色	红陶
	三期（仰韶中）	几何纹、植物纹、动物纹	黑彩、红彩、白彩	红陶
	四期（仰韶晚）	几何纹、植物纹		红陶
仰韶文化	半坡类型	动物纹、几何纹，还有少量的植物纹和人面鱼纹	大部分为黑彩，少数为紫红色或深褐色彩，个别为红彩	红陶
	庙底沟类型	几何纹、植物纹		红陶
	秦王寨—大河村类型	几何纹、植物纹、动物纹、天文图案	黑彩、红彩、褐彩、白彩	红陶、灰陶
	后冈—大司空类型	∞、ℛ、S、∧、⚭	红彩	灰陶
马家窑文化	石岭下	几何纹、动物形纹	黑彩、红彩	红陶、橙黄色陶
	马家窑	几何纹、植物纹、动物纹、人纹		
	半山类型	几何纹、植物纹、人纹		
	马厂类型	几何纹、动物纹、人纹		
大汶口文化	早期前段	几何纹、植物纹、天文图案	黑彩、红彩、白彩	
	早期后段（鼎盛时期）	几何纹、天文图案		
	中期（平缓期）	几何纹、植物纹		
	晚期（衰落期）	纯几何形图案		
陶寺龙山		几何纹、动物纹	红彩、白彩、黄彩	黑陶
卡约文化		几何纹、动物纹	黑彩、紫红彩	

2. 长江流域（表2）

（1）跨湖桥文化

主要有几何纹、动物纹、天文图案，包括条纹、曲折纹、"十"字纹（鸟形纹）及太阳纹[8]。

（2）河姆渡文化

少数动植物纹图像多刻于盛储器的腹部，偶见彩绘彩陶比较独特，数量极少，胎质为夹碳陶，所夹碳较细，器表涂一层细腻的灰白陶土，上施咖啡色和黑褐色彩绘花纹，都为罐类器物的肩腹残片[9]。

（3）马家浜文化

少量的植物纹[10]。

（4）大溪文化

草叶纹、花瓣纹、抽象变形的龙纹、鸟纹、编织纹、绳纹、网纹、水波纹、朱绘黑陶[11]。

（5）屈家岭文化

太极式图案、网格、陶索、锯齿、波浪、圈点、平行条纹[12]。

（6）南京北阴阳营文化

它有较多的彩陶，有的先施以白色或红色陶衣，再绘以红、黑或深红色彩，花纹较简单，有带纹、网纹、三角纹、弧线纹和姜形方格纹等[13]。

（7）崧泽文化

平行弦纹、斜向篮纹[14]。

（8）良渚文化

旋纹、斜方格纹、弦纹、宽带纹[15]。

表 2　长江流域各文化纹饰类别

	纹饰类型	彩绘颜色	陶色
仙人洞遗址	在印制的圆圈纹上染色	朱色	红陶
城背溪遗址	几何纹	黑彩	红陶
跨湖桥文化	几何纹、动物纹、天文图案	红衣白彩、白衣红彩、少数黑彩	红陶
河姆渡文化	几何纹、植物纹、动物纹	茶褐色	红陶、夹炭陶
马家浜文化	植物纹	红褐彩、淡黄彩、黑彩	红陶、夹炭陶
大溪文化	几何纹、植物纹、动物纹	浅土黄红，浅土红，赭石红，深熟褐，黑和白。红衣黑彩为主，也有中间夹以红彩的，黑彩朱绘，少量褐彩，个别白彩	红陶、夹炭黑陶
屈家岭文化	几何图案、太极图案	黑彩、红彩、橙黄彩	黑陶、红陶、灰陶
阴阳营文化	几何纹	白、红色陶衣，红彩、黑彩	红陶、夹炭陶
崧泽文化	几何纹	黑衣，朱红色彩绘	灰陶
良渚文化	几何纹	红色、粉红色陶衣，红褐色、黑褐色彩	黑陶、灰陶、红陶

（二）青铜器上的图像

中国古代青铜器上的纹饰，始于夏代晚期，最早出现在容器上的是实心连珠纹，但因为夏代晚期青铜容器至今还发现得很少，纹饰资料不丰富。商周时期是青铜器大发展的时期，商周时代青铜器纹饰，大致可分为八大类：兽面纹类、龙纹类、凤鸟纹类、各种动物纹类、火纹类、各种兽体变形纹类、几何纹类和人物画像类等。

兽面纹类：按照鼻子为中线，左右对称，有角、目、耳、爪，有的还有身躯和兽尾。环柱状角型兽面纹、牛角型兽面纹、外卷角型兽面纹、内卷角型兽面纹、曲折角型兽面纹、龙角型兽面纹、长颈鹿角型兽面纹、虎头型兽面纹、龙蛇集群型兽面纹。

龙纹类：形体蜿蜒的动物都可归于龙类，爬行龙纹、卷体龙纹（龙卷曲起来）、交体龙纹、双体龙纹（一个头两个身体）、两头龙纹（一个身体两个头）。

凤鸟纹类：凤凰和各种鸟类，按照凤冠的形状：多齿冠凤纹、长冠凤纹、花冠凤纹；按照喙（角）的形状：弯角鸟纹、长颈鹿角鸟纹、尖角鸟纹；除此还有：鸱鸮纹，雁（鸭子）纹。

各种动物纹类：虎纹（口大张，身上有花纹）、牛纹、象纹、鹿纹、蜗身兽纹、蛇纹、龟纹、蟾蜍纹、鱼纹、蝉纹、长鼻兽纹、贝纹（贝壳的样子）。

火纹类：火纹（圆涡纹、涡纹）。

各种兽体变形纹类：鸟兽合体纹、兽目交连纹（窃曲纹，兽目为特征）、波曲纹（环带纹）、鳞纹（鳞片状）。

几何纹类：连珠纹、弦纹（横向线条）、直条纹（竖直线条）、横条纹（宽阔的横线或凹陷或凸起）、斜条纹（左右斜线呈现 A 形）、云雷纹（柔和线条为云，方折角为雷）、百乳雷纹（斜方格雷纹）、曲折雷纹（波形雷纹）、勾连雷纹（作山形）、三角雷纹（三角形内有雷纹）、菱形雷纹（在菱形、方块、长方形中填雷纹）、网纹、陶纹（陶，绳索也）。

人物画像类：采桑、习射、宴乐、弋射、攻城、舟战、狩猎。

（三）汉代画像砖、画像石上的图像

以画像砖石为代表的汉画像艺术，形象而生动地描绘了汉代人生产、生活的多个侧面，反映了当时人的哲学观、社会意识等，可谓无所不包。著名历史学家翦伯赞先生言："这些石刻画像（指汉画像石）假如把它们有系统地搜集起来，几乎可以成为一部绣像的汉代史。"鲁迅先生赞誉"惟汉人石刻，气魄深沉雄大""汉画像的图案，美妙无伦"。蒋英炬、杨爱国在《汉代画像石与画像砖》一书中将之划分为四类[16]。

社会生活类：如农耕、狩猎、盐井、舂米、采桐、纺织、捕鱼、手工业劳动、养老、车骑出行、聚会、讲经、谒见、庖厨、宴饮、乐舞百戏、战争、献俘、武库、刑徒、建筑以及禽、兽、虫、鱼、草木等。

历史故事类：如古代帝王、将相、圣贤、高士、刺客、孝子、列女等。

神鬼祥瑞类：如伏羲、女娲、西王母、东王公、仙人、天神、玉兔、蟾蜍、九尾狐、三青鸟、三足乌、九头人面兽、四神（灵）、方相氏、日、月、星座及各种祥禽瑞兽、神怪等。

花纹图案类：如平行条纹、菱纹、十字穿环（璧）纹、连弧纹、垂帐纹、连锁菱纹、菱环纹、连环纹、网格纹、三角锯齿纹、树纹、波浪纹、绳索纹、双曲纹、云朵纹、蔓草状云纹、卷云纹、云龙纹、兽面纹、复合花纹等。

二、图像继承与演变——从彩陶到青铜器、汉画像砖石

彩陶纹饰在商周青铜器上的传承最直接地表现在一些几何纹饰上，如云雷纹，继承了彩陶纹饰中的"互"字、倒S纹和旋纹的演化发展。还有青铜器上的鳞纹，重现了彩陶纹饰中的垂弧纹。青铜器上的涡纹更是演变自彩陶纹饰中的涡纹。

1.彩陶上的"互"字纹

2.彩陶上的倒S纹

3.彩陶上的旋纹

4.青铜器上的云雷纹

图1 彩陶"互"字、倒S、旋纹与青铜器云雷纹对比
1.河南郑州市大河村遗址 2.河南陕县庙底沟遗址 3.湖北枣阳雕龙碑遗址 4.河南安阳小屯村遗址

1. 涡纹彩陶罐

2. 青铜器涡纹（火纹）

3. 彩陶上的垂弧纹

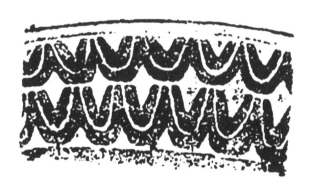

4. 青铜器上的鳞纹

图2 彩陶与青铜器上的涡纹、垂弧纹对比

1. 1956年甘肃永靖三坪征集马家窑文化彩陶罐　2. 河南安阳小屯村遗址　3. 河南陕县庙底沟遗址
4. 父庚壶、河南省三门峡市上村岭虢国墓地 M1820

其次，最明显的表现在鸟纹上，彩陶纹饰中的鸟纹及其变体，在青铜器上得以发扬光大，在汉画像砖石上得以延续。

在汉代画像石、画像砖中，情况与青铜器上类似，对彩陶纹饰的传承发展还是最明显地体现在几何纹饰方面。如倒 S 纹、乳钉纹、菱形纹等。

三、考古图像在"文物活起来"方面的价值探寻

历史文化遗产的传承保护不是关起门来保护，要让遗产与生活相融合，让遗产为公众提供知识和文化服务。融合利用过程中，实现遗产价值的传承、弘扬和可持续发展。这个过程，就是习近平总书记提出的"文物活起来"，就是"活化应用"的过程。

1. 美学艺术价值

彩陶纹饰在汉代以后历史时期器物、服饰上仍然有大量应用，服饰纹饰上的情况与青铜器、画像石、画像砖上一样，彩陶几何纹饰表现出强大的生命力，一直到现在，依然具有很高的艺术和观赏价值。

2. 祥瑞寓意价值

青铜器和汉画像砖石上有很多图像具有明显的祥瑞或辟邪禳灾含义，如四神、扶桑树、金乌、九尾狐、玉兔、铺首衔环等，这在活化利用工作中有待进一步开发利用。这类图像往往有着丰厚长久的文化积淀，即使在彩陶上也可以隐约追溯到它们的身影；更有着高深莫测的文化内涵，需要我们进一步研究和解读，并找准活化利用的视角，将传统文化发扬光大。汉画像砖、画像石中诸多神话类图像，如东王公西王母、伏羲女娲、风神雨伯等，对于追溯我国神话起源及演变具有重要价值，如何做好活化利用也是一个不小的课题。

3. 场景复原价值

青铜器上的人物场景和汉画像砖、画像石中社会生活类图像，对于复原古代服饰、发型、发饰、舞蹈、生产、生活场景等具有重要的原始史料价值，彩陶上这样的图像非常稀少，但是史前的一些玉、石刻中可依稀见到。

4. 传统教育价值

汉画像砖、画像石上往往把复杂的故事用简练的场景配以榜题表现出来，如孔子见老子、孔子击磬、二桃杀三士、项橐三难孔子、王陵母伏剑、聂政自屠、狗咬赵盾、闵子骞驾车失棰、鲁义妇等故事，这些故事包含五常、五德等中华民族传统文化核心价值取向，对于传统文化教育具有重要价值。

四、结　　语

　　做好文物活化利用是我们的历史使命，在考古图像的活化利用中，可以对考古图像元素进行直接复制利用，也即所谓的"直接提取"；也可以对考古图像进行结构打散重组、核心要素提炼、同类要素归纳等方式进行重塑，也即所谓的"间接提取"方式。不管采用哪种方式，都离不开对考古图像的系统研究和深入解读、文化阐释，没有深入的研究，文物活化或会流于眼花缭乱的表面热闹，或会陷于张冠李戴的谬误。因此图像考古研究是做好考古图像活化利用的基础，也正是考古图像的遗产价值之所在。

注释

[1]　汪国富：《从大地湾遗址出土的彩陶看中国彩陶的发展》，《发展》2012 年第 7 期。

[2]　张建青：《半坡类型彩陶》，《青海日报》2013 年 7 月 26 日第 011 版。

[3]　马宝光、马自强：《庙底沟类型彩陶纹饰新探》，《中原文物》1988 年第 3 期。

[4]　文静：《试析马家窑文化彩陶纹饰》，中央民族大学硕士学位论文，第 26 ～ 32 页。

[5]　乔虹：《浅析卡约文化陶器与周边地区的文化交流》，《四川文物》2013 年第 3 期。

[6]　赵婧、袁广阔：《大汶口文化彩陶图案浅议》，《华夏文明》2016 年第 2 期。

[7]　曾骐：《黄河流域史前文化中的彩陶》，《中山大学学报（社会科学版）》1992 年第 4 期。

[8]　王心喜：《试论跨湖桥文化》，《四川文物》2006 年第 4 期。

[9]　孙天健、万嫒华：《新石器时代长江流域彩陶文化》，《中国陶瓷工业》1998 年第 3 期。

[10]　孙天健、万嫒华：《新石器时代长江流域彩陶文化》，《中国陶瓷工业》1998 年第 3 期。

[11]　闵萍：《大溪文化彩陶纹饰简析》，《史前研究》2000 年第 00 期。

[12]　方酉生：《试论屈家岭文化》，《武汉大学学报（社会科学版）》1986 年第 3 期。

[13]　孙天健、万嫒华：《新石器时代长江流域彩陶文化》，《中国陶瓷工业》1998 年第 3 期。

[14]　梁丽君：《崧泽、良渚文化三大纹样母题研究》，南京大学硕士学位论文，2011 年，第 22 ～ 46 页。

[15]　孙天健、万嫒华：《新石器时代长江流域彩陶文化》，《中国陶瓷工业》1998 年第 3 期。

[16]　蒋英炬、杨爱国：《汉代画像石与画像砖：20 世纪中国文物考古发现与研究丛书》，北京：文物出版社，2001 年，第 44、45 页。

圣地仰韶·花开中国
——仰韶文化彩陶纹饰设计与运用有感

王　苹

中国社会科学院文化发展促进中心

[摘要]　仰韶文化是中国最早发现和命名的新石器时代考古学文化，彩陶是其重要的文化内涵。新时代背景下，除继续加强仰韶文化彩陶的考古发现与研究外，还应关注彩陶的社会意义与价值。在已发表的仰韶文化彩陶资料基础上，进行纹饰的展开、复原及相关文化因素的提炼，将其运用于服装设计、文创产品研发等领域，取得了较为显著的成绩，也为类似工作的开展提供了借鉴与经验，有助于真正实现"让文物活起来"的目标，更好地宣传考古成果与优秀传统文化。

[关键词]　仰韶文化　彩陶　纹饰运用

一、仰韶文化与新时期文物工作的开展方向

仰韶文化是一支重要的新石器时代考古学文化，因最早在河南省三门峡市渑池县仰韶村发现而得名。1921年瑞典地质学家、考古学家安特生对仰韶村遗址进行了发掘，确立了中国考古学史上第一个考古学文化——仰韶文化[1]，也拉开了中国现代考古学的序幕。仰韶文化发现至今已有一百余年，在几代考古学者的不断探索和努力下，仰韶文化研究取得了丰厚的成果。仰韶文化距今约公元前6900～前4900年，历时2000年，可分为早、中、晚三期，主要分布在黄河中游地区，覆盖地域最广时，北抵长城沿线及河套平原，南达汉水中游上段地区，西到陇东，东至豫中一带，是黄河中游乃至全国分布范围最大、影响范围最广、延续时间最长的新石器时代考古学文化，在中国考古学研究中具有重要地位。

　　有关仰韶文化来源的探索，最早的发现和发掘者安特生提出了"西来说"的观点，并赴甘肃、青海等地进行考察以证实自己的假说，在当时引起了巨大的影响。1931年，梁思永主持发掘河南安阳后冈遗址，采用以土质土色区分地层的考古学方法，确认后冈遗址包含仰韶文化、龙山文化、殷商文化三个文化层[2]，地层叠压和先后承继关系明确，证实了仰韶文化向龙山文化发展的去向。1960～1961年，考古工作者对陕西西乡李家村遗址进行了较大面积的发掘，为探索仰韶文化前身提供了可靠的线索[3]。随后，考古工作者又在河南新郑裴李岗[4]、河北武安磁山[5]发现裴李岗文化、磁山文化遗存，在陕西华县老官台[6]、甘肃秦安大地湾[7]发现老官台文化遗存，年代均在距今8000年以上，早于仰韶文化遗存。其中，以老官台文化与仰韶文化关系最近，应为仰韶文化的直接源头。

　　2021年11月24日，中央全面深化改革委员会第二十二次会议审议通过了《关于让文物活起来扩大中华文化国际影响力的实施意见》（以下简称《意见》）。《意见》指出："要准确提炼并展示中华优秀传统文化的精神标识，更好体现文物的历史价值、文化价值、审美价值、科技价值、时代价值。"在新时代背景下，随着经济社会的不断发展与人民精神文化需求的提高，"让文物活起来"的理念愈发深入人心。因此，如何更好地贯彻国家政策，顺应时代发展，深掘文物价值并使文物"活起来"和"火起来"，充分发挥其社会文化价值显得至关重要。2023年6月2日，习近平总书记出席文化传承发展座谈会并发表重要讲话，强调在新的起点上继续推动文化繁荣、建设文化强国、建设中华民族现代文明，是我们在新时代新的文化使命。习近平总书记先后考察了中国国家版本馆和中国历史研究院。在中国考古博物馆，习近平总书记先后参观了"文明起源"和"宅兹中国"专题展，了解新石器时代和夏商周时期重大考古发现，询问相关研究工作进展。习近平总书记强调，要实施好"中华文明起源与早期发展综合研究""考古中国"等重大项目，做好中华文明起源的研究和阐释。只有全面深入了解中华文明的历史，才能更有力地推动中华优秀传统文化创造性转化、创新性发展。

　　仰韶文化内涵十分丰富，包括不同的地方类型。早期主要有渭河流域到河套以南的半坡类型、豫北冀南的后冈类型和汉水中上游地区的下王岗类型。中期各地文化面貌比较一致，统归庙底沟类型。晚期区域差异较为显著，渭河流域和陕晋豫交界处有西王村类型，郑州、洛阳为秦王寨类型，豫北冀南为大司空类型，晋中以北至河套地区有义井类型和海生不浪类型。也有学者将仰韶文化视为一个文化群，从中再划分出若干考古学文化，如半坡文化、后冈一期文化、庙底沟文化等。在诸多地方类型当中，半坡类型和庙底沟类型发现彩陶数量较多。

　　半坡类型是仰韶文化年代较早的一种地方类型，彩陶多为施红陶衣的盆、钵、罐，以黑彩居多，纹样有人面、鹿、鸟、猪等，其中鱼纹和变形鱼纹是半坡类型使用较多的题材，富有特色，最为典型，鱼纹在演变过程中由具象表达逐渐趋向于抽象化、规范化的几何体，构图时或为单体，或为双鱼复合体，又或与人面纹、网格纹相结合。除了动物和人面纹饰之外，在一些钵、盆上还绘有各种符号，这对研究中国文字起源具有重要的学术价值。

　　庙底沟类型彩陶器型多为盆、钵和罐，以红陶衣绘黑彩为主，兼有少数淡红陶衣绘浓黑彩、白陶衣绘黑红彩。纹饰主要为各种各样的直线、曲线、弧线所构成的几何纹，如垂弧、凸弧、三角（对三角、背三角、弧线三角等）、豆荚、花瓣、回旋勾连、网格、羽状、带状、辫形、马鞍形、火形纹等，还有少量蛙、鸟纹，彩陶纹饰色彩对比鲜明，多以曲线构图，多种纹饰组合成复合纹饰。其中，以垂弧、圆点勾叶、弧线三角与曲线组成的连续花瓣纹是庙底沟类型彩陶纹饰的典型代表，花瓣纹又有双瓣、四瓣和多瓣等类型。

从考古发掘情况来看，花瓣纹在庙底沟类型时期的影响力相当大，王仁湘先生认为，四瓣式花瓣纹彩陶分布的中心是在关中及附近地区，东到苏北，西及甘青，向南扩张到鄂北直至江南一带[8]，这在一定意义上证实了它的重要。在《关于仰韶文化的若干问题》中，苏秉琦先生解析了庙底沟彩陶的菊科和蔷薇科两种花纹图案[9]，在1985年的晋文化学术讨论会上，苏秉琦先生以"华山玫瑰燕山龙"的诗句表达了庙底沟类型彩陶的"玫瑰花瓣"为"华"的意义象征，苏秉琦先生说"华山玫瑰"指的是"源于华山脚下仰韶文化的一个支系，它的一部分重要特征是重唇口尖底瓶和一枝玫瑰花图案彩陶盆"。同时苏先生还认为，庙底沟类型彩陶上的花纹，很可能就是生活在华山周围"花族"的图腾。因为远古时期"花"同"华"，所以这里很可能就是华夏名称最早的起源地[10]。庙底沟类型是仰韶文化发展的繁盛期，这一时期的彩陶纹饰在艺术方面取得了空前的成就，王仁湘认为这是史前艺术发展达到的第一个巅峰，并且表示："庙底沟人已经创立了体系完备的艺术原理，在艺术表现上体现最明确的是连续、对比、对称、动感与地纹表现方法，而成熟的象征艺术法更是庙底沟人彩陶创作实践的最高准则，它应当是当时带有指导性的普适的艺术准则。"[11]

由此可见，仰韶文化彩陶本身已经具备了极强的艺术美，蕴涵了原始先民对美的追求，时至今日依然令人叹为观止。首先，仰韶彩陶多以红、白、黑为主，还有一些通体浅黄色的陶器，其上主要绘黑彩，少数为红彩或黑、红两色搭配，色彩对比鲜明，展示了原始人类的质朴、和谐之美；其次，仰韶彩陶纹饰包括人面纹、动物纹、植物纹、几何抽象纹、天文星象纹等多种类型，从纹样的装饰形式来看，出现了单独纹样、连续纹样和适合纹样，甚至在图形的组织上出现了对比、均衡的形式美法则；另外，仰韶彩陶不仅注重纹饰之美，在器型和纹饰之间也力求和谐统一，彩陶纹饰大多装饰在器物的肩腹部，使器物的上、下部之间形成对比，突出主题纹样，根据不同的器型，采用不同的构图方法，使彩陶纹饰与造型更具协调美。这些高超的艺术素材为今天的产品设计提供了创作源泉。

在文物保护的基础上，以创新方式对文物进行活化利用，推动中华优秀传统文化的创造性转化、创新性发展，是让文物真正活起来，融入生活并且带动社会经济发展的可行性方法。保护传承是利用创新的基础，利用创新是保护传承的时代要求。21世纪以来，我国文物保护利用的实践也进一步证明，经济社会发展是文物保护利用的基础，文物保护利用是经济社会发展的重要内容和有力支撑。为此，全国各地方政府和文化事业单位为刺激当地旅游业的发展，带动当地经济文化，均致力于活化和宣传本地文化遗产。

二、仰韶文化彩陶纹饰在服装设计与文创产品研发中的运用

三门峡市地处豫、晋、陕三省交界处，是1957年伴随着万里黄河第一坝——三门峡大坝的兴建而崛起的一座新兴城市，也是沿黄城市中距黄河最近的城市，同时也是仰韶文化的核心区域，

仰韶遗址和庙底沟遗址均位于三门峡市内，出土了丰富的仰韶文化器物。2023 年 5 月 19 日，第二十八届三门峡黄河文化旅游节·第九届中国特色商品博览交易会在三门峡市国际文博城举行，我们借此"一节一会"，参与了开幕式暨"圣地仰韶·花开中国"大型文艺演出节目时装秀表演，时装秀服装元素均融合仰韶文化彩陶纹饰，同时推出仰韶文化一系列文创产品，将文物进行了活化利用，突出演绎了"一节一会"当中的仰韶文化主题。研发文创产品的首要任务就是对仰韶彩陶纹样进行充分的了解并加以分析，我们借助这次开幕式暨大型文艺演出的主题"圣地仰韶·花开中国"，围绕"花"这一主题，提取仰韶文化彩陶的元素对服装进行了设计，表达花开中国、华夏起源、文明起源之意。

此次时装设计共分为四个系列，分别为"含苞待放""蓓蕾初绽""繁花似锦""花开中国"，每个系列包括十套服装。前三个系列笔者各选取两套设计进行详细介绍，最后一个系列作为整体展示。

"含苞待放"系列第一套服装为淡黄色偏绿，裙身饰彩陶器盖上的花瓣纹饰。帽檐和裙摆宽大，外搭宽大的拖地披风，披风上部和帽子设计取自中国传统的渔具——斗笠和蓑衣。裙身的花朵代表春花盛开的景象。裙、帽材质轻盈微透光，服装整体具有"青斗笠、绿蓑衣"的春雨朦胧的古典之美（图 1、图 2）。此系列第二套服装整体为翠绿色，上半身为墨绿色，胸前及双袖均有半坡彩陶鱼纹的设计，且四条鱼纹呈现不同的游向。裙身模仿鱼身的设计，以增加动感，服装展示者左手执两条绿色小鱼。服装设计寓示"春水碧于天"，水深处有鱼群嬉戏游动的春景（图 3、图 4）。鱼纹是仰韶文化半坡类型的典型纹饰，不仅数量多，且延续时间长。半坡早期彩陶鱼纹形象比较写实，比较常见的是单独的鱼纹，多为侧面形象，比如服装采用的鱼纹。到中晚期时，鱼纹的形象开始抽象化，多为直线与弧线相结合，圆点、弧线和弧边三角纹穿插应用，除平展式外还

图 1　"含苞待放"系列第一套

图 2　"含苞待放"系列第一套服装实物展示

服装设计鱼纹源自一件1954——1957年出土于陕西省西安市半坡遗址的彩陶盆,现藏于中国国家博物馆。属于新石器时代仰韶文化早期,器高17、口径31.5厘米,盆为泥质红陶。口外侈,方唇,上腹外鼓,下腹内折斜收,平底。器表磨制光滑。口沿涂彩,上腹绘三条黑彩鱼纹,逆时针环绕盆腹分布。鱼头以线条勾勒,大致呈三角状,鱼嘴大张,用黑彩绘三角形尖锐牙齿,头部留白区域以圆圈及圆点绘鱼眼,靠鱼头处的月牙形留白表示鱼鳃,中部的黑色三角及外侧的弧线构成鱼身,其上部绘有较大的背鳍,下部前后分别绘制胸鳍与臀鳍,鱼尾涂黑做剪刀状。

图3 "含苞待放"系列第二套

图4 "含苞待放"系列第二套服装实物展示

图5 西安半坡遗址几何化鱼纹

出现了回旋、跳跃等姿态。晚期彩陶上的单独鱼纹采取了变形夸张的艺术处理,鱼纹变成了上下对称的式样,几乎完全几何化(图5)。

"蓓蕾初绽"系列第一套服装整体为嫩黄色,上半身有垂弧纹、条带纹和原点纹的连续纹样(图6、图7)。此系列第二套的上衣图案取自1978年河南汝州阎村出土的鹳鱼石斧图彩陶缸,下身图案取自陕西西安半坡遗址的两组双鱼纹和两组对三角纹彩陶盆(图8、图9)。

"繁花似锦"系列中的第一套服装整体黑白,裙身饰条带纹、弧边三角、圆点、弧线组成的复合纹饰,灵感源于2002年河南三门峡庙底沟遗址出土的彩陶钵(图10、图11)。第二套为灰色套装,印有黑彩鸟衔鱼尾纹样,图案设计选自1960年出土于陕西宝鸡北首岭遗址的彩陶壶(图12、图13)。

"花开中国"系列为整体展示,共有十套旗袍,均饰有彩陶纹样,外着宽袖披肩,十人并排站立展开双臂连为一体,披肩表现花瓣和回旋勾连纹这两种仰韶文化的典型彩陶纹饰,点题"花开中国"(图14、图15)。

除以"圣地仰韶·花开中国"为主题的服装设计之外,我们还研发了一系列仰韶文化彩陶纹样衍生的文创产品,如第二十八届三门峡黄河文化旅游节标志(图16)及吉祥物彩花花、"仰韶圣地·花开中国"文创T恤(图17)、3D浮雕雕花口红、公文包(图18)、丝巾(图19)、"永不

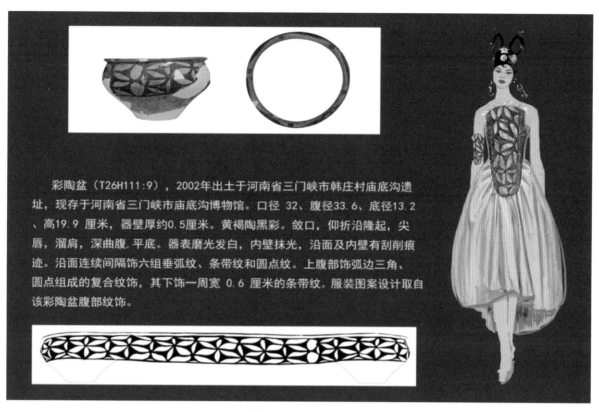

图 6 "蓓蕾初绽"系列第一套

图 7 "蓓蕾初绽"系列第一套服装实物展示

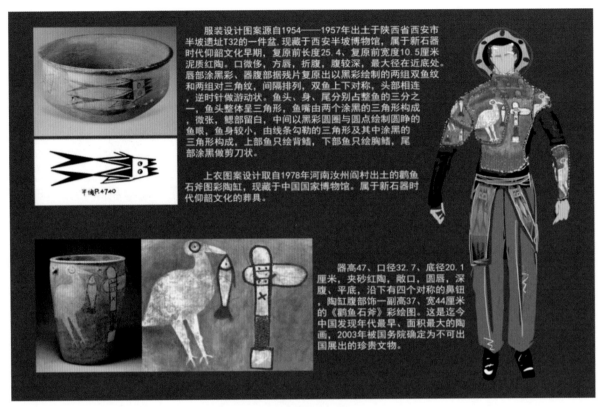

服装设计图案源自1954——1957年出土于陕西省西安市半坡遗址T32的一件盆，现藏于西安半坡博物馆，属于新石器时代仰韶文化早期，复原前长度25.4、复原前宽度10.5厘米泥质红陶。口微侈，方唇，折腹，腹较深，最大径在近底处。唇部涂黑彩，器腹部据残片复原出以黑彩绘制的两组双鱼纹和两组对三角纹，间隔排列，双鱼上下对称，头部相连逆时针做游动状。鱼头、身、尾分别占整鱼的三分之一，鱼头整体呈三角形，鱼嘴由两个涂黑的三角形构成，微张，鳃部留白，中间以黑彩圆圈与圆点绘制圆睁的鱼眼，鱼身较小，由线条勾勒的三角形及其中涂黑的三角形构成，上部鱼只绘背鳍，下部鱼只绘胸鳍，尾部涂黑做剪刀状。

上衣图案设计取自1978年河南汝州阎村出土的鹳鱼石斧图彩陶缸，现藏于中国国家博物馆。属于新石器时代仰韶文化的葬具。

器高47、口径32.7、底径20.1厘米，夹砂红陶，敞口，圆唇，深腹、平底，沿下有四个对称的鼻钮，陶缸腹部饰一副高37、宽44厘米的《鹳鱼石斧》彩绘图。这是迄今中国发现年代最早、面积最大的陶画，2003年被国务院确定为不可出国展出的珍贵文物。

图 8 "蓓蕾初绽"系列第二套

图 9 "蓓蕾初绽"系列第二套服装实物展示

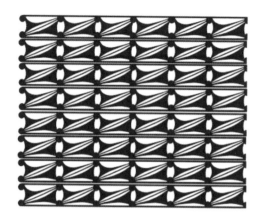

彩陶钵（H72:3）于2002年河南省三门峡市庙底沟遗址出土，属于新石器时代仰韶文化中期，黄褐陶黑彩。直口，尖圆唇，弧腹，下腹部近直，平底。器表磨光，内壁抹光，有刮削痕迹。口部外壁、腹部各饰一周条带纹，其间区域饰五组对弧边三角、圆点、弧线组成的复合纹饰。口径 13、底径 4.6、高 7.1厘米。

图 10 "繁花似锦"系列第一套

图 11 "繁花似锦"系列第一套服装实物展示

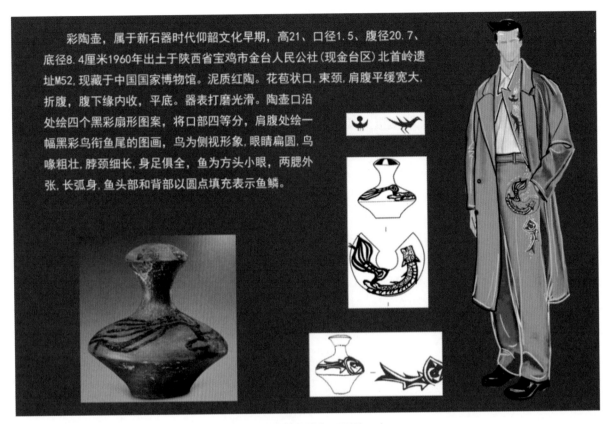

彩陶壶，属于新石器时代仰韶文化早期，高21、口径1.5、腹径20.7、底径8.4厘米1960年出土于陕西省宝鸡市金台人民公社(现金台区)北首岭遗址M52，现藏于中国国家博物馆。泥质红陶。花苞状口，束颈，肩腹平缓宽大，折腹，腹下缘内收，平底。器表打磨光滑。陶壶口沿处绘四个黑彩扇形图案，将口部四等分，肩腹处绘一幅黑彩鸟衔鱼尾的图画，鸟为侧视形象，眼睛扁圆，鸟喙粗壮，脖颈细长，身足俱全，鱼为方头小眼，两腮外张，长弧身，鱼头部和背部以圆点填充表示鱼鳞。

图 12 "繁花似锦"系列第二套

图 13 "繁花似锦"系列第二套服装实物展示

内穿彩陶纹饰旗袍，外着宽袖披肩，10人并排站立，展开双臂连为一体，披肩呈现出仰韶文化的两种典型彩陶纹饰，即花瓣纹和回旋勾连纹，上一部分为花瓣纹，其下连接回旋勾连纹，展现出"花开中国"的主题。

图14 "花开中国"系列整体展示

图15 "花开中国"系列十套旗袍展示

分离"杯碟、陶瓷兔、仰韶图案袜子、手机壳等，同时还有印有仰韶文化花瓣纹、黑彩弧边三角形和直线、红彩圆点、竖线纹等纹样的美食面包，以及以仰韶文化出土文物为原型设计的文创雪糕，例如鹳鱼石斧图雪糕、双联壶雪糕、彩陶盆雪糕、鲵鱼彩陶瓶雪糕（图20）等。还有第二十八届三门峡黄河文化旅游节矿泉水"仰韶神泉"的设计（图21）。

图16 第二十八届三门峡黄河文化旅游节标志

文化旅游节标志作为T恤图案。

图 17　黄河文化旅游节 T 恤

单肩包材质为纯棉帆布，既可以手提，也可以单肩斜跨
有米色和黑色两种。

图 18　黄河文化旅游节公文包

丝巾

丝巾的设计采用彩陶盆02SHMT317H22：84的纹饰，
通过不同的颜色变化和搭配，设计出11款，既有颜色
艳丽者，也有素简者，可满足不同喜好的消费者。

图 19　黄河文化旅游节丝巾

这件鲵鱼彩陶瓶于 1937 年甘肃省天水市武山县傅家门遗址出土，现藏于甘肃省博物馆。瓶身饰一鲵鱼，躯体弯曲，上绘网格纹。该款雪糕是以此纹饰为原型设计的。

鲵鱼彩陶瓶雪糕

鲵鱼纹平底彩陶瓶，仰韶文化晚期。甘谷县西坪遗址征集。高 38.4 厘米，口径 7 厘米，底径 12 厘米。完整。泥质橙黄陶。小口平沿，颈部加饰一堆纹条带，圆肩，近直腹，平底，两侧有桥形耳。腹饰一鲵鱼纹，双眼圆睁，唇张齿露，长条曲折形身躯，首尾相接，两侧饰爪形纹。很多学者认为这是娃娃鱼的真实图案，但另有学者分析图案是人首蛇身，可能是伏羲氏的形象，还有学者认为是龙的原始图形。现藏甘肃省博物馆。这款雪糕是以该瓶为原型设计的。

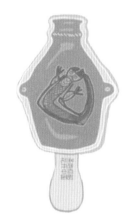

图 20 仰韶文化彩陶主题雪糕

第二十八届三门峡
黄河文化旅游节矿泉水

矿泉水

气泡水

气泡水设计取自仰韶文化彩陶瓶的腹部纹饰，造型颇为新颖可爱。

矿泉水上设计有第二十八届三门峡黄河文化旅游节标志。

图 21 黄河文化旅游节矿泉水"仰韶神泉"设计

三、结　语

　　此次文创产品设计与服装设计并非简单的文物复制，更在于突出文物的趣味性、和谐性和功能性。采用彩陶纹饰元素的同时，还需考虑服装或文创产品整体的内涵表达和美感表现，而非生搬硬套，设计产品构思新颖，顺应时代潮流，深受大众欢迎。例如在庙底沟博物馆推出的彩陶雪糕和冰淇淋等产品，不仅口感良好，外观大方，包装精致，还能加深观众对博物馆的印象，让观众在参观博物馆的同时也能品尝到仰韶文化带来的味觉体验。而服装设计通过文艺演出时装秀的方式亮相"一节一会"开幕式暨大型文艺演出，为观众带来了"仰韶之光"的视觉盛宴，让大众深刻体会到了仰韶文化的魅力，真正实现让仰韶文化在现代生活中"活动、活跃"，在媒体、互联网上"火爆"起来的目标。

　　此次设计成功将仰韶文化彩陶纹饰应用到现代文创产品中，为彩陶文创产品创新提供了新的思路，努力以创新的方式讲好仰韶文化故事，对促进文旅融合发展具有很大的作用，也为三门峡的文旅经济发展作出了一定贡献。目前市场上与仰韶文化彩陶相关的文创产品数量不多，仰韶文化的传承和弘扬还需要我们继续努力，让文物在保护的基础上活化利用，在活化的过程中得到保护和传承，同时更好地实现文创产品的种类化和多样化。

注释

[1]　安特生著，袁复礼译：《中华远古之文化》，北京：文物出版社，2011 年。

[2]　梁思永：《小屯、龙山与仰韶》，《梁思永考古论文集》，北京：科学出版社，1959 年。

[3]　夏鼐：《我国近五年来的考古新收获》，《考古》1964 年第 4 期。

[4]　开封地区文物管理委员会、新郑县文物管理委员会、郑州大学历史系考古专业：《裴李岗遗址一九七八年发掘简报》，《考古》1979 年第 3 期。

[5]　河北省文物管理处、邯郸市文物保管所：《河北武安磁山遗址》，《考古学报》1981 年第 3 期。

[6]　严文明：《黄河流域新石器时代早期文化的新发现》，《考古》1979 年第 1 期。

[7]　甘肃省文物考古研究所：《秦安大地湾——新石器时代遗址发掘报告》，北京：文物出版社，2006 年。

[8]　王仁湘：《庙底沟文化彩陶向南方两湖地区的传播》，《江汉考古》2009 年第 2 期。

[9]　苏秉琦：《关于仰韶文化的若干问题》，《考古学报》1965 年第 1 期。

[10]　苏秉琦：《晋文化问题——在晋文化研究会上的发言（要点）》，《晋文化研究座谈会纪要》，1985 年。

[11]　王仁湘：《中国史前的艺术浪潮——庙底沟文化彩陶艺术的解读》，《文物》2010 年第 3 期。

考古遗址博物馆的考古叙事与价值传播

鲍丽娟

中国国家博物馆

[摘要] 新时代社会经济全面发展和新文物工作方针，为中国特色的考古遗址博物馆发展提供强大动力和支撑，考古遗址博物馆发展热潮的如期而至，也对考古遗址博物馆所承担的社会责任提出更高要求。探索基于考古遗址博物馆特质的考古叙事展陈方式，充分挖掘文化遗产的内涵和底蕴，助力新时代社会文化发展，推动考古遗产形成良性业态，促进考古遗址博物馆承担起向普罗大众传播中华文明的历史，增强文化自信的时代责任，是当代博物馆学、考古学研究的新课题。

[关键词] 考古叙事　考古遗址博物馆　展陈语言

一、新时代背景下的遗址博物馆

新时代社会经济文化全面发展，伴随着中国考古学走过百年的历程并形成完善和成熟的学科体系，考古遗址博物馆也经历了半个多世纪的发展，走过了形成、发展和迅速成长的阶段，成为博物馆体系中重要的组成部分。博物馆事业在新时代迎来了崭新的发展契机，2020 年 9 月 28 日，习近平总书记主持十九届中央政治局第二十三次集体学习时指出"考古遗迹和历史文物是历史的见证，必须保护好、利用好"。2022 年 7 月，全国文物工作会议确定了"保护第一，加强管理，挖掘价值，有效利用，让文物活起来"的新时代文物工作方针。同年习近平总书记给中国国家博物馆的老专家回信时说："博物馆是保护和传承人类文明的重要场所，文博工作者使命光荣、责任重大。"习近平总书记关于文物工作的系列讲话和党中央确定的新时代文物工作方针，充分凸显了做好考古遗产保护、管理、展示、利用的重要意义。在新时代，各方面的力量在考古遗址博物馆

图1 汉景帝阳陵博
物院外藏坑遗址展示
（来源：笔者自摄）

建设中形成一股综合能量旋涡，一大批高质量、现代化的遗址博物馆如雨后春笋纷纷向公众开放，据国家文物局发布的数据显示，截至 2020 年底，我国备案的遗址类博物馆 122 家，约占全国博物馆总数的 2.1%，具体数据还在逐年增加（图 1）。

　　另外，国际博物馆协会（ICOM）于 2019 年通过了博物馆最新定义："博物馆是为社会服务的非营利性常设机构，它研究、收藏、保护、阐释和展示物质与非物质遗产。向公众开放，具有可及性和包容性，博物馆促进多样性和可持续性。博物馆以符合道德且专业的方式进行运营和交流，并在社区的参与下，为教育、欣赏、深思和知识共享提供多种体验。"新的博物馆定义强调"多样性"及"持续性"，体现了博物馆作用与功能的外延性，其直接驱动力是新时代社会转型与政府政策而产生的新博物馆类型。在中国，考古遗址博物馆是保护并传承"中华民族文明发展史最具代表性的综合物证和弥足珍贵的文化遗产"，是最具中国特色的博物馆类型。

二、考古遗址博物馆展陈的叙事方式

（一）叙事是博物馆实现知识传播职能的有效方式

　　新博物馆学的研究视角自 20 世纪 90 年代以来，便开始关注博物馆社会职能的转变，英国学者彼得·维尔戈在其主编的《新博物馆学》一书中明确提出"彻底重新审视博物馆在社会中的角色"[1]，倡导博物馆应褪去自其诞生时刻起被赋予的"神庙""精英"标识，而应走向大众，承担起社会公共服务的职能，成为与大众互动的"论坛"[2]。

美国博物馆学会在题为《新世纪博物馆》的报告中指出：如果收藏是博物馆的心脏，那么教育就是博物馆的精神。博物馆作为公共文化教育机构，其根本的原则是关于信息和知识的生产和传播，博物馆担负的责任不仅要做好藏品的展示，也要对庞大资源库进行梳理和再建构，并主动将其以通俗易懂的方式传播给大众。博物馆和观众之间应存在活态的关系，它的角色不再局限于对文物的展示和保护，而应该实现藏品对全人类的共享，并进行不断地再阐释。

基于博物馆教育职能的扩展和由对"物"的关注到对"人"的关怀的理念转变，越来越多的学者讨论博物馆知识传播的有效方式，探索怎样才能高效、直接地将知识传播给大众，担负起社会教育的职能，关怀到更多的人。由此，叙事学理论被认为是一种最聪明的、最吸引人的知识传播的手段，并被欧美学者引入博物馆研究领域。叙事学进入博物馆研究领域的时间几乎与新博物馆学的兴起同时，也可以说是新博物馆学某种程度上为叙事学进入博物馆展示研究领域提供了契机。叙事学探讨的是叙事文本叙述方式、结构模式和阅读类型，意义在于为科学地认识叙事文本提供理论框架[3]。在博物馆传播领域，叙事学讨论的重点，一方面将其作为有效的博物馆学习手段，发挥博物馆的教育职能，正如有研究者提出："展览叙事的本质是博物馆从对'物'的关注持续转向对'人'的关注。"[4]另一方面是博物馆研究者将博物馆展示视作一种叙事文本，将叙事学的理论适用于博物馆展示的叙事结构与叙事方式，同时关注观众的阅读方式，由此建立博物馆叙事的有效方式。

（二）何为考古叙事

考古叙事是以叙事学所擅长的交流与建构故事为方法论，依托考古学与历史资料的科学性，将考古发掘品和研究成果以叙事的方式向公众传播文化遗产信息，同时，对于考古发掘尚未揭示的历史，进行合理有据的故事建构，以此还原历史，并引导人们认知过去。这种理论方法也被称为"阐释性的叙事考古学（Interpretive narrative Archaeology）"，这种考古叙事的方式能够将专业性较强的考古学，以情节性的讲述方式输出给观众，不断拉近普通观众与专业考古学之间的距离。"早在20世纪70年代，已有考古学家在论著中开始叙事探索，到20世纪90年代后半期，基于考古与历史资料的叙事渐成趋势，出现了许多以第一人称为视角进行叙事的考古学调查成果"[5]。

考古遗址博物馆以考古学为源科学，通过对考古成果的展示和传播引导大众认识中华文明起源和发展，充分展示中华文明发展过程中对人类历史作出重大贡献的高光时刻。随着我国考古遗址博物馆增长极的来临，如何做好考古遗址博物馆的展陈表达是博物馆学和展览研究，乃至考古学研究的重要课题。同时，国际古迹遗址理事会于2008年通过的《文化遗产阐释与展示宪章》中指出："促进对文化遗产地的理解与欣赏，培养文化遗产保护所需的公众意识和公众参与。"[6]因此，将考古叙事理论引入考古遗址博物馆的展陈，让考古成果的传播变得更为有效，并构建观众参与叙事的平台，让知识变得通俗易懂是当代考古遗址博物馆展陈的重要手段。

三、基于考古遗址博物馆特质的考古叙事

考古遗址博物馆依托考古学的发展而产生，自创建伊始，其保护、发掘、收藏、展示、教育等工作就显现出鲜明的学科特色。同时，考古遗址博物馆又以物化的方式参与考古学知识的构建与生产，推动考古学的发展与进步，它同一般的非遗址性博物馆有许多共性，也有自身的个性且表现出多元化的特质，如：对出土遗物的静态展示；对已完成发掘的遗址本体的静态展示；对边发掘、边保护、边展示的遗址进行动态展示；对遗迹、遗物保护研究过程的动态展示；对遗址范围内原生环境的展示；包括博物馆建筑和遗址保护建筑与周边原生环境和谐共生的展示等。这就要求考古叙事的展陈方式要基于考古遗址博物馆的特质而展开，突出考古遗址博物馆不同于其他类型博物馆的特点。

（一）突出考古特质

考古叙事应突出考古遗址博物馆的考古特质，即在地性、不可移动性、原真性、生长性。考古遗址博物馆是依托考古遗址，在考古遗址原地或者大遗址范围内兴建的专题性博物馆，除了遗址出土文物是重要的展示内容外，很多不可移动的重要考古遗存，如建筑基础、灰坑、窑址、墓葬与墓葬群、祭坛、水稻田等无法搬迁的遗存（图 2），进行原地保护展示是考古遗址价值呈现和价值阐释的鲜明特色，是区别于历史类博物馆的主要特质。

考古遗址博物馆中展出的每一件发掘品，同时也是艺术品，凝结着那个时代的审美观念。德国思想家本雅明在其《机械复制时代的艺术品作品》中提出艺术品的"原真性"是即时即地性，即它在问世地点的独一无二性 [7]。"一件东西的原真性包括自问世那一刻起可继承的所有东西，包括它实际存在时间的长短以及它曾经存在过的历史证据。" [8] 同样，考古遗址博物馆本身及展示的考古发掘品的"原真性"可理解为，当它们作为艺术品置于你眼前的时候，都是立体的，有历史纵深的，这种厚重的时代感只有放在它诞生的环境中，才能重现本雅明所讨论的"权威性""灵魂"以及被后人瞻仰的"膜拜价值"，而不是单纯地放在博物馆展柜中，仅拥有"展示价值"。对考古遗址"原真性"的保护，第二届历史古迹建造师及技师国际会议早在 1964 年便颁布《国际古迹遗址保护和修复宪章》（又称《威尼斯宪章》），开篇指出："世世代代人民的历史古迹，饱含着过去岁月的信息留存至今，成为人们古老生活的见证。人们越来越意识到人类价值的统一性，并把古代遗迹看作共同的遗产，认识到为后代保护这些古迹的共同责任。将它们真实地、完整地传下去是我们的职责。" [9]

生长性是考古遗址博物馆不同于任何一类博物馆的特质，也为考古叙事提供了惊喜和探索。考古遗址博物馆的源科学是考古学，考古学致力于解决"我们从哪里来"的人类谜题，在探索和发现的过程中，不断打破和推翻先前的认知，在延伸"历史轴线"的追诉中，揭开历史的谜题和未来的方向，这是一个具有生命力和能带给人不断惊喜的学科。例如，很多考古遗址博物馆采取

图2　宝丰汝官窑遗址博物馆遗址展示
（来源：作者自摄）

边展示、边发掘、边保护的形式，如三星堆博物馆在 2023 年新馆建成之前，所展示文物和研究成果大部分基于 1986 年发掘的 1 号、2 号"祭祀坑"，随着 2019 年 6 个埋藏坑的发现、1.3 万件文物陆续出土和新馆的开放，新的考古发现和科学技术的应用，解决了过去 30 年来关于祭祀坑埋藏年代的争议，也将揭开古蜀文明的宗教礼仪制度以及先民的宗教观和宇宙观。考古发掘对历史谜题的解读推动学者对已有研究成果进行调整和修正，旧的知识结构随时会被新的发现所延展抑或颠覆，最终带来考古遗址博物馆输出知识的更新，同时也为考古叙事带来了更新和颠覆。

（二）突出故事

考古叙事应突出考古学、考古人、考古发掘的故事。考古叙事展陈语言应关注考古调查、发掘、科学研究的过程，将考古工作本身作为展陈的内容之一。考古学通过"透物见人""透人见物"[10]，来研究物与人。中国考古学经历了百年的发展历程，以考古成果实证了中华文明五千多年的文明史，同时也形成了考古学中国学派。考古遗址博物馆不仅要将考古发掘的遗址和遗物作为研究的主体，也应该将重大考古事件展示给观众，从而起到"透人见人""以物育人"的效果。以二里头夏都遗址博物馆和盘龙城遗址博物院为例，二里头夏都遗址博物馆的展陈将1959年遗址发现至今60余年的考古发掘过程，夏文化专家对夏代历史的探索历程和研究成果作为重要内容，考古工作与考古发掘品的展示共同构建夏文化研究的最大展示平台。盘龙城遗址博物院的展陈内容将1954年以来考古学家筚路蓝缕的工作过程总结为"发现盘龙城""认知盘龙城""解读盘龙城"展示给观众，讲述考古学家们对遗址保护和研究做出的贡献。还有一些博物馆将考古工作以微观形式复制到展厅中，甚至将考古现场搬到展厅中，以直观的方式将考古工作展现在观众眼前："如刚刚建成开放的殷墟博物馆，将考古工作人员对车马坑的清理过程作为车马坑展示的一部分，为普通观众揭开考古工作的神秘面纱。"（图3）考古工作不仅为考古遗址博物馆提供强有力

图3　殷墟博物馆展厅中车马坑清理工作现场

（来源：作者自摄）

的学术支撑，是其展示传播的理论源泉，同时考古叙事为展陈提供了更为丰富的内容，为观众理解遗址的文化内涵提供多元化的思路。

（三）突出综合性

考古叙事应突出考古遗址博物馆的综合性，即空间的综合性和学科的综合性。考古遗址博物馆是文化景观、自然环境、考古遗迹和博物馆有机结合的场域空间，由中国博物馆协会编写的《中国考古遗址博物馆》一书认为："考古遗址博物馆对文化和自然遗址本体及（或）其出土（附属）的可移动文物进行保护、收藏、研究和展示。"表明考古遗址博物馆的内涵包含博物馆建筑本体，本体所保护的遗迹、遗物，以及馆内陈列的考古发掘品所体现的文化景观三方面，如秦兵马俑博物院、定鼎门遗址博物馆。除此之外，考古遗址博物馆甚至突破了馆舍的边界，与考古遗址公园形成有机的整体，其外延扩展到大遗址周边的自然景观，如良渚遗址博物院、金沙遗址博物馆、河姆渡遗址博物馆等。考古叙事应在更广阔和综合的空间中建构故事，让观众不仅可以与最真实的历史无限接近，得到精神世界的丰富，同时也与自然更亲近，享受身心的愉悦。

考古遗址博物馆具有学科的交融性：即考古学与历史学、考古学与博物馆学、文化遗产与遗址保护的交叉融合。考古叙事所承担的责任就是将考古遗址博物馆塑造成一个知识生产和建构历史轴线的场域，通过阐释保护、研究、展示考古发掘成果，将考古学、考古工作、考古成果与博物馆联系起来实现"博物馆活化"。在考古遗址博物馆中，不同学科紧密联系，共同完成对遗址的发掘、研究和保护工作。考古叙事的表达要将多学科的成果纳入叙事素材，建立和阐释各学科间的关联性，以此建构独特的叙事风格和丰富的故事内容。就像欧洲著名艺术史学家阿诺德·豪泽尔（Hauser Arnold）所说的："博物馆的任务是在作品之间建立有意义的联系。"[11]

事实上，当代考古遗址博物馆的展陈都在不断探索考古叙事的展陈方式，将考古研究中所蕴含的学科综合性传达给观众，如二里头夏都遗址博物馆的基本陈列，以发掘出土的青铜器、陶器、玉器、绿松石器、骨角牙器等 2000 余件各类珍贵文物，以及"夏商周断代工程""中华文明探源工程"珍贵文件为基础（图 4），融合考古学家、历史学家、夏文化研究学者、知名博物馆展陈专家、建筑师的集体智慧，项目展陈设计师充分研读相关考古学资料和素材，系统地展示夏代历史文献、二里头遗址考古六十年成果和夏文化的探索历程，使博物馆传递的知识结构具有专业研究的学术性又不乏对普通观众的知识普及性。

（四）实现"博物馆活化"

考古叙事探索多层次的叙事语言和故事架构，担负起公共考古推广的职能，实现考古成果的"博物馆活化"。习近平总书记在 2020 年中央政治局第二十三次集体学习时强调，考古工作不仅是一项重要的文化事业，而且是具有重大社会政治意义的工作 [12]。总书记指出，考古延伸了历史轴线，增强了历史信度，丰富了历史内涵，活化了历史场景，展示了中华文明起源发展的历史脉络，展示了中华文明的辉煌成就，展示了中华文明对人类文明的贡献。考古工作发现中华民族

图 4　二里头夏都遗址博物馆 夏商周断代探源工程概况展示

（来源：作者自摄）

五千多年文明史，公共考古将知识推广给大众，给大众输送文化营养，每一次的考古新发现都增强了考古工作者的自豪感，增强了大众的民族自豪感和文化自信。考古叙事在推动公共考古事业方面应探索通俗易懂的阐述方式，借助数字等新技术营造全新的感官体验向大众展示考古人、考古背后的故事。考古叙事架构的故事性要包含遗址、遗迹经历的历史变迁，讲述遗迹被考古学家发现、发掘的真实过程，这些消逝的历史和幕后的工作，需要以视觉传达（图 5）和各种沉浸式的体验方式，让普罗大众能够理解文物的历史价值，追寻先人留下的智慧结晶，不断增强民族自信心。

　　考古遗址博物馆依托考古遗址或者在考古遗址原地而建，以保护遗址、遗迹为目的，对文物进行保护、收藏、研究和展示。因此，考古遗址博物馆的展陈必须与遗址紧密相关，以考古叙事为展览主体语言，从而与传统的历史类博物馆区别开来形成自己的特色，正如中国博物馆协会理事长刘曙光先生讲："考古遗址博物馆首先是公众考古与应用考古的问题，是考古研究和历史研究的问题。"[13]

图 5　贾湖遗址博物馆展厅
（来源：作者自摄）

　　在中国考古遗址博物馆迎来新时代增长极的同时，也能看到一些考古遗址博物馆面临着文物、遗址和遗迹保护方面的难题和压力，从业者专业程度参差不齐，展览语言单一，展示语言混乱等问题。那么，思考建设具有中国特色的考古遗址博物馆，发挥考古遗址博物馆将考古学、考古工作、考古成果与博物馆联系起来实现"博物馆活化"的功能，通过研究考古遗址博物馆独特的展陈体系，发挥其作为知识生产领域，并将建构的知识体系传播给公众，是考古遗址博物馆理论研究和实践的关键。

注释

[1]　P.Vergo. *The New Museology*. London: Reaktion Book, 1989.

[2]　徐坚：《名山：作为思想史的早期中国博物馆史》，北京：科学出版社，2016 年，第 3 页。

[3]　胡亚敏：《叙事学》，武汉：华中师范大学出版社，2004 年。

[4]　许婕 :《展览叙事 :从方法到视角》,《博物院》2021 年第 4 期。

[5]　孔利宁 :《基于叙事学的考古遗址展示研究》,西北大学学位论文,2016 年。

[6]　国际古迹遗址理事会 :《文化遗产阐释与展示宪章》,国际古迹遗址理事会官方网站 : http://www.icomos.org/charters/interretation_cn.pdf.

[7]　〔德〕瓦尔特·本雅明,王才勇译 :《机械复制时代的艺术品作品》,南京 :江苏人民出版社,2006 年,第 51 页。

[8]　〔德〕瓦尔特·本雅明,王才勇译 :《机械复制时代的艺术品作品》,南京 :江苏人民出版社,2006 年,第 53 页。

[9]　国家文物局 :《关于古迹遗址保护与修复的国际宪章(威尼斯宪章)国际文化遗产保护文件选编》,北京 :文物出版社,2007 年,第 52 页。

[10]　朱泓、方启 :《考古发掘应注重科学发展》,《中国社会科学报》2013 年第 444 期。

[11]　〔英〕维多利亚·D·亚历山大著,章浩、沈杨译 :《艺术社会学》,南京 :江苏美术出版社,2013 年,第 172 页。

[12]　习近平 :《建设中国特色中国风格中国气派的考古学,更好认识源远流长博大精深的中华文明》,《求是》2020 年第 23 期。

[13]　刘曙光 :《评〈中国考古遗址博物馆〉——考古遗址博物馆的时代担当》,《光明日报》2022 年 7 月 14 日第 11 版。